中华当代学术著作辑要

现代大中型企业的经营与发展

陈佳贵 著

商务印书馆
The Commercial Press

图书在版编目(CIP)数据

现代大中型企业的经营与发展/陈佳贵著.—北京：商务印书馆,2022(2023.7重印)
(中华当代学术著作辑要)
ISBN 978-7-100-20743-0

Ⅰ.①现… Ⅱ.①陈… Ⅲ.①大型企业—企业经营管理—研究 Ⅳ.①F276

中国版本图书馆 CIP 数据核字(2022)第 028164 号

权利保留，侵权必究。

中华当代学术著作辑要
现代大中型企业的经营与发展
陈佳贵 著

商 务 印 书 馆 出 版
(北京王府井大街36号 邮政编码100710)
商 务 印 书 馆 发 行
北京通州皇家印刷厂印刷
ISBN 978-7-100-20743-0

2022年5月第1版 开本 710×1000 1/16
2023年7月北京第2次印刷 印张 17¾
定价：98.00 元

中华当代学术著作辑要

出版说明

学术升降,代有沉浮。中华学术,继近现代大量吸纳西学、涤荡本土体系以来,至上世纪八十年代,因重开国门,迎来了学术发展的又一个高峰期。在中西文化的相互激荡之下,中华大地集中迸发出学术创新、思想创新、文化创新的强大力量,产生了一大批卓有影响的学术成果。这些出自新一代学人的著作,充分体现了当代学术精神,不仅与中国近现代学术成就先后辉映,也成为激荡未来社会发展的文化力量。

为展现改革开放以来中国学术所取得的标志性成就,我馆组织出版"中华当代学术著作辑要",旨在系统整理当代学人的学术成果,展现当代中国学术的演进与突破,更立足于向世界展示中华学人立足本土、独立思考的思想结晶与学术智慧,使其不仅并立于世界学术之林,更成为滋养中国乃至人类文明的宝贵资源。

"中华当代学术著作辑要"主要收录改革开放以来中国大陆学者、兼及港澳台地区和海外华人学者的原创名著,涵盖文学、历史、哲学、政治、经济、法律、社会学和文艺理论等众多学科。丛书选目遵循优中选精的原则,所收须为立意高远、见解独到,在相关学科领域具有重要影响的专著或论文集;须经历时间的积淀,具有定评,且侧重于首次出版十年以上的著作;须在当时具有广泛的学术影响,并至今仍富于生命力。

自1897年始创起,本馆以"昌明教育、开启民智"为己任,近年又确立了"服务教育,引领学术,担当文化,激动潮流"的出版宗旨,继上世纪八十年代以来系统出版"汉译世界学术名著丛书"后，近期又有"中华现代学术名著丛书"等大型学术经典丛书陆续推出，"中华当代学术著作辑要"为又一重要接续，冀彼此间相互辉映，促成域外经典、中华现代与当代经典的聚首，全景式展示世界学术发展的整体脉络。尤其寄望于这套丛书的出版，不仅仅服务于当下学术，更成为引领未来学术的基础，并让经典激发思想，激荡社会，推动文明滚滚向前。

商务印书馆编辑部

2016年1月

再版序言

陈佳贵先生一生研究涉猎广泛，如果概括一下的话，可以说是围绕企业成长、产业演进和经济发展的规律开展了系统、深入的研究。而企业方面的研究是他研究的起点，尤其是早在1988年他就提出了自己的企业生命周期理论，这比美国管理学家提出企业寿命周期理论还要早一年。到1995年，陈佳贵先生认为，随着我国经济与世界经济接轨，经济要快速增长必须造就一批具有国际竞争力的大中型企业，所以必须重视现代大中型企业的经营与发展问题。基于他对企业成长规律的认识以及企业生命周期理论的研究，他撰写了《现代大中型企业的经营与发展》一书。

《现代大中型企业的经营与发展》系统研究了大中型企业与小企业"双向协调"发展趋势，企业的生命周期理论和企业蜕变概念，企业经营与发展过程中专业化与多元化、集权与分权、企业集团、企业国际化经营、经理革命等一系列重大问题，以及如何正确处理企业的改革、管理和发展关系的问题。当时在国内系统论述现代大中型企业发展的著作还很少见。该书1996年1月由经济管理出版社出版后，在短短的半年内加印三次，总印数达到一万余册，受到了社会的广泛关注，2001年后获得第六届"五个一工程奖"。

2020年商务印书馆在组织出版"中华当代学术著作辑要"过程中联系我，提出将《现代大中型企业的经营与发展》这本著作纳入"中华当代学术著作辑要"中重新出版，我感到很欣慰。商务印书馆编辑此套丛书的目的是系统整理当代学人的学术成果，展现当代中国学术的演进与突破，更立足于向世界展示中华学人立足本土、独立思考的思想结晶与学术智慧。虽然陈佳贵先生已经离开了我们，但是他的学术思想得到了学术界朋友们的传承和发扬，还在为我国的企业发展发挥着重要的指导作用。我希望该书的再版能够为中国的经济学、管理学的学术研究做出一些贡献。

在本书即将付梓之际，作为陈佳贵的妻子，我要感谢商务印书馆对学术传承的重视，得以促成该书的出版。同时我也感谢中国社会科学院人事教育局王永磊处长的热心推荐，感谢黄群慧研究员、余菁研究员在选题筛选及出版的前期准备中提供的大量帮助，以及商务印书馆李彬编辑的辛勤工作。还有很多为该书出版做出贡献的人士，一并在此表示感谢！

王兆芬

2022 年 1 月 19 日

目 录

前言 ……………………………………………………………… 1

第一章 大中型企业与小型企业 ………………………………… 3
 一、"双向协调"发展的总趋势 ……………………………… 3
 二、企业规模呈现"双向协调"发展趋势的原因 …………… 9
 三、大中型企业的地位与作用 ……………………………… 14
 四、大中型企业的优势与劣势 ……………………………… 18

第二章 公司化与产权关系 ……………………………………… 25
 一、大中型企业与股份有限公司 …………………………… 25
 二、大中型企业采用股份有限公司形式的原因 …………… 27
 三、日本、美国、德国股份有限公司特征的比较 ………… 29
 四、我国国有企业股份制改造的提出 ……………………… 34
 五、国有企业的公司化改造与产权关系的重组 …………… 35
 六、国有企业的公司化改组与政企分开 …………………… 46
 七、国有企业的公司化改造与减轻企业负担 ……………… 50

第三章 "王国"与"国王" ……………………………………… 55
 一、"经理制"的产生与"经理革命" ……………………… 55
 二、大中型企业经理层的主要特点 ………………………… 57
 三、大中型企业高层经理人员的主要特征 ………………… 62
 四、大中型企业高层经理人员的激励与约束机制 ………… 67
 五、大中型企业高层经理人员的培养与选拔 ……………… 70

六、搞好我国的大中型企业需要造就大批的职业经理 ………… 74

第四章 集权与分权 …………………………………………… 78
一、集权与分权：大中型企业经营管理的中心环节 ………… 78
二、管理组织结构的变革 ……………………………………… 83
三、划小经营单位 ……………………………………………… 95

第五章 人才工程与人本管理 ………………………………… 107
一、运用行为科学，重塑人际关系 …………………………… 108
二、增加人力资本，提高劳动力质量 ………………………… 113
三、改善劳动管理，充分利用劳动力资源 …………………… 122
四、推行民主管理，提高职工参与意识 ……………………… 125
五、培养企业文化，塑造企业形象 …………………………… 132

第六章 新产品的研究与开发 ………………………………… 137
一、新产品的研究开发与企业的发展 ………………………… 137
二、新产品的研究与开发的关系 ……………………………… 144
三、新产品研究开发的新趋势 ………………………………… 148
四、新产品研究开发的策略 …………………………………… 154
五、新产品研究与开发的风险防范 …………………………… 160

第七章 专业化与多样化 ……………………………………… 165
一、多样化经营的产生和发展 ………………………………… 165
二、企业采用多样化经营战略的原因 ………………………… 171
三、多样化经营战略的类型与选择 …………………………… 175
四、多样化与专业化的关系 …………………………………… 185

第八章 企业联合与企业集团 ………………………………… 187
一、企业集团的兴起和发展 …………………………………… 188
二、企业集团的地位与作用 …………………………………… 191
三、企业集团的类型及特征 …………………………………… 195

四、我国企业集团的现状 205

　　五、我国企业集团的发育与完善 213

第九章　跨国公司与企业的国际化经营 218

　　一、跨国公司的特征 219

　　二、跨国公司产生和迅速发展的原因 221

　　三、跨国公司发展的新趋势 227

　　四、我国跨国公司的兴起与发展 231

　　五、发展我国跨国公司的意义和作用 234

　　六、深化改革，推进我国跨国公司的发展 237

第十章　企业的生命周期与企业的蜕变 242

　　一、企业的生命周期 242

　　二、企业的蜕变 252

　　三、企业的改革、管理和发展 261

参考文献 270

前　言

近年来，讨论大中型企业改革的书已经不少，但是，讨论大中型企业经营和发展的书并不多见。毫无疑问，在现阶段大中型企业的改革是非常重要的。实践已经证明，不对国有大中型企业的体制进行改革，建立适应社会主义市场经济的现代企业制度，从根本上转变它们的经营机制，国有大中型企业是不可能获得快速、健康、高效发展的。但是，我们也应该看到，除体制的因素外，现代大中型企业在经营和发展方面也还存在一些自身的规律，出现了一些新的发展趋势。研究这些规律和新趋势，不仅对我国大中型企业的经营与发展是很有帮助的，而且对我国大中型企业的改革也是很有促进作用的。正是出于这种考虑，我把这本专著奉献给广大的读者。

由于本书是专门研究大中型企业的经营与发展的，所以，我们的注意力主要集中在关系企业生存和发展的一些重大问题上，如企业制度变革、企业内部组织结构变化、集权和分权的关系、现代经理人员的选拔和培养、研究与开发、多样化经营、企业集团、跨国经营等等，研究国内外特别是国外大中型企业是如何对待和解决这些问题的，它们在解决这些问题的过程中有些什么经验、教训，以及我国大中型企业存在的差距、努力的方向等等。当然在研究这些问题的时候，也会涉及企业的改革问题、管理问题等，但是主要注意力不在这些问题上，特别是对企业的一般的专业管理涉及得很少。

第一章主要讨论了大中型企业与小企业"双向协调"发展的总趋

势，大中型企业的地位、作用、优势与劣势等问题。这些问题虽然与本书讨论的中心内容关系不大，但是它却是研究大中型企业经营与发展的前提。如果大中型企业的发展并不重要，或者如有些人所说，由于科学技术的发展，大中型企业的优势正在丧失，大中型企业的重要地位也正在削弱，那我们也无须花大的精力去研究它们。因此，这一章也可看成是本书的序言。本书的最后一章讨论的是企业的生命周期，企业的蜕变和企业的改革、管理和发展等问题。它们所涉及的是企业经营发展中的一些综合性问题，因此，它也算是对全书内容的一个小结。本书是把国内外大中型企业的经营与发展作为研究对象的，因此，也是国内外大中型企业经营与发展问题的一种比较研究。进行这种比较研究时，一般有两种方法：一种是以国家作为比较的主体，先谈国外的，然后谈国内的；另一种是以内容作为比较的主体，即在研究某项内容的时候，既谈国外的，又谈国内的。本书主要采用的是第二种方法。但是，由于在公司化与产权关系、企业集团、跨国经营等方面我国企业与国外企业存在很大差别，所以在研究这些问题时又运用了第一种方法。这样做的目的主要是为了将这些问题谈得清楚些，使文章的结构更活泼点。

大中型企业的经营与发展是一个大题目，加上我国正处在经济体制的转轨时期，企业制度也正在深入进行改革，这就增加了研究的复杂性和难度。本书只能集中精力对它的一些主要问题进行研究，而且对这些问题的看法也是一家之言。我诚恳地希望广大读者能对书中的缺点和错误提出批评。

第一章 大中型企业与小型企业

本书的目的不是去争论大的是美好的或者小的是美好的，而是要探讨如何才能使大的变得更美好这一重大课题。大中型企业的重要地位和作用是研究这一课题的前提，如果大中型企业的发展并不重要，或者如有些人所说，由于科学技术的发展，大中型企业的优势正在丧失，大中型企业的重要地位也正在削弱，那我们也无须花大的精力去研究它们。因此，在进入主题之前，我们先要对企业规模的发展总趋势、大中型企业的地位与作用、大中型企业的优势与劣势等问题作一些简单的探讨。

一、"双向协调"发展的总趋势

早在企业发展的初期阶段，亚当·斯密就对企业规模的发展趋势作过分析。他指出，由于劳动分工和专业化的发生，企业规模呈不断扩大的趋势，而且他认为，大企业有利于提高劳动生产率。在马克思的《资本论》中也涉及企业的规模问题。与斯密所不同的是马克思不仅从生产力的发展（如劳动分工、协作、机器的运用及工厂制度的产生）方面来分析企业规模扩大的趋势，而且还从生产关系的发展（如竞争、合并、垄断、股份公司的产生）等方面来分析企业规模扩大的趋势，深刻地揭示了企业规模发展的规律。从企业制度的产生到20世纪中叶这200多年中，经济发展史验证了马克思等人的论断。集中化、大型化确实是企业规模的发展趋势。例如，在德国雇用50个工人以上的大企业，1882年只占工业企业总数的0.3%，而这些企业雇用的工人却占全国工人总数的22%；1907年，这种大企业在工业企业总数中所占的比例增加到0.9%，这些企业雇用的工人在全国工人总数中所占的比例则增加到37%，占用的蒸汽动力占总蒸汽动力的75.3%，使用的电力占全部电力的77.2%。进入20世纪以后，美国企业的集中化和大型化的趋势也十分明显。1909年在美国工业中产值在100万美元以上的大企业占企业总数的1.1%，而它们所雇用的工人却占工人总数的30.5%，它们的产值占工业总产值的43.8%。[①]特别是第二次世界大战以后，一方面，由于技术的发展和生产工艺发生了巨大的变革，生产规模迅速扩大。比如，20世纪50年代，发电机最大容量为5万千瓦，60年代达到30万千瓦，70年代达到了100万千瓦，现在已经达到了130万千瓦；钢铁工业的高炉容积，50年代中后期最大的是2000立方米，60年代达到3000立方米，70年代末就达到5580立方米；石化工业的乙烯设备，50年代末最大的只有2.4万吨，70年代发展到30万吨，80年代达到60万吨。另一方面在西方工业化国家，企业兼并的浪潮多次发生，跨国公司有了空前的发展。不少跨国公司拥有数百亿，甚至上千亿美元的资产，其分支机构、所属工厂分布在几十甚至上百个国家和地区。有些企业的年销售额超过数个国家一年的国民生产总值。它们称得上一个个经济王国。因此，在20世纪中叶之前，在企业规模问题上认为"大就是好"、"大就可以多得收益"的观念似乎是不容置疑的。

但是，70年代中期以后，伴随着能源危机而来的西方经济危机，以及新技术革命的影响，人们的看法开始改变了。英国的德裔学者舒马赫在他的一部著作中揭露了西方大企业管理层次多、运转不灵、技术进步

---

① 于光远、苏星：《政治经济学》（资本主义部分），人民出版社1978年版。

慢等弊病，认为现代生产是"大众生产而不是大量生产"[①]得出了"小的是美好的"结论。接着《第三次浪潮》《大趋势》等书的作者也提出了类似的观点，他们认为，生产力发展的第二历史阶段，即工业化阶段已被第三历史阶段即信息阶段取代，企业规模的大型化、集中化趋势将停止，企业将出现分散化、小型化的新趋势。近年来上述观点已经广泛流传，受到了许多人的重视。但是，对这种观点，我们还不敢苟同。

我们知道，企业产生以后，在生产组织和管理组织方面大体经历了四个发展阶段，即工场手工业时期、工厂工业时期、公司制时期和跨国公司时期。前三个时期企业逐渐集中化、大型化的趋势是很明显的。但是，到了跨国公司阶段，情况就复杂了。

确实，如上所述，战后小企业在某些部门如雨后春笋，日益增多，在社会经济中发挥着越来越重要的作用。美国自50年代以来，每年新出现小企业40万—50万家，除倒闭和被大公司吞并的以外，每年净增的约有20万家。1954年小企业只有328万家，1975年增加到535万家，1981年又增加到581万家，90年代小型企业仍在增加。其他国家的小企业也发展很快。

但是，我们也应该看到，在小企业加速发展的同时，大企业的数目也在增加，大企业的规模仍在增大，企业集中的趋势并没有停止。据统计，在日本，资本在10亿日元以上的大企业，1955年只有169家，1974年增加到1576家。在美国，工矿企业中资产在10亿美元以上的大公司，1953年只有3家，1958年为12家，1960年为29家，1970年为109家，1978年迅速增加到206家；销售额在50亿美元以上的大企业，1984年只有71家，1993年增加到104家；销售额在100亿美元以上的大企业，1984年只有32家，1993年增加到47家（见表1-1）。

[①] F.F.舒马赫：《小的是美好的》，商务印书馆1984年版。

6　现代大中型企业的经营与发展

表 1-1　美国大公司的变化

年份 规模	1984	1987	1988	1993
销售额 50 亿美元以上的企业	71	82	93	104
销售额 100 亿美元以上的企业	32	35	37	47

资料来源：根据美国《财富》杂志公布的美国最大的 100 家工业企业的资料整理。

全球大企业的规模和数量也在增加。销售额在 200 亿美元以上的超级大企业，1988 年全世界只有 38 家，1990 年增加到 51 家，1991 年增加到 53 家，1992 年又增加到 61 家。销售额在 300 亿美元以上的超级大企业，1992 年全球就有 35 家（见表 1-2）。

表 1-2　1992 年销售额 300 亿美元以上的 35 家超级大公司

排名	公司名称	国别	销售额（百万美元）	排名	公司名称	国别	销售额（百万美元）
1	通用汽车	美	132774.9	15	西门子公司	德	51400.9
2	埃克森公司	美	103547.0	16	日产汽车	日	50247.5
3	福特汽车	美	100785.6	17	菲利普莫里斯公司	美	50157.0
4	壳牌集团	英、荷	98935.3	18	三星公司	韩	49559.6
5	丰田汽车	日	79114.2	19	菲亚特公司	意	47928.7
6	工业复兴公司	意	67547.4	20	尤尼莱佛公司	英、荷	43962.6
7	IBM	美	65096.0	21	国家碳化公司	意	40365.5
8	奔驰汽车	德	63339.5	22	埃勒夫-阿基坦公司	法	39717.8
9	通用电气	美	62202.0	23	雀巢公司	瑞士	39057.9
10	日立公司	日	61465.5	24	谢夫隆公司	美	38523.0
11	英国石油公司	英	59215.7	25	东芝公司	日	37471.6
12	松下电器	日	57480.8	26	杜邦公司	美	37386.0
13	莫比尔公司	美	57389.0	27	德士古公司	美	37130.0

(续表)

排名	公司名称	国别	销售额（百万美元）	排名	公司名称	国别	销售额（百万美元）
14	大众汽车	德	56734.1	28	克莱斯勒公司	美	36897.0
29	雷诺汽车	法	33884.9	33	瑞典通用电气-布朗-博韦里公司	瑞士	30536.0
30	本田汽车	日	33369.6	34	阿尔卡特-汤姆逊公司	法	30529.1
31	飞利浦电气公司	荷	33269.7	35	波音公司	美	30414.0
32	索尼公司	日	31451.9				

资料来源：根据美国《财富》杂志公布的世界最大的500家工业企业的资料整理。

综上所述，在现阶段，企业规模并不是呈单向地向小型化、分散化方向发展的趋势，而是出现了集中与分散、大型与小型"双向协调"发展的趋势。那种认为大企业的发展势头已经停止，大企业的优势已经消失的观点显然是十分错误的，是与实际情况不相符合的。对发达国家来说，大企业的数量和规模都发展到了一定水平，因此，在发展大企业的同时，应该充分注意中小企业的发展是完全应该的。

从近十年的情况来看，这种集中与分散、大型与小型"双向协调"发展的势头在我国也已经出现（见表1-3）。

表1-3 1988—1991年我国大中小企业的变化　　　　单位：个

企业规模 \ 年份	1988	1989	1990	1991
大企业	3178	3657	3965	4257
中企业	7498	8505	9450	10687
小企业	410253	407809	403667	403925

从表1-3可以看出，1988—1991年，我国大中型企业都在增加。其中，大型企业增加了1079个，增长了34.0%；中型企业增加了3189个，增长了42.9%；小型企业减少了6328个，减少了1.5%。

表 1-4 1988—1991 年我国大中小企业工业总产值的变化

单位：亿元

年份 企业规模	1988	1989	1990	1991
大企业	4484.65	5769.30	6509.21	7956.64
中企业	2872.71	3459.29	3693.93	4409.49
小企业	7229.09	8950.31	8486.08	9722.56

从表 1-4 可以看出，我国大中小型企业的产出规模都在增长，1991年与 1988 年比，大型企业的总产值增长了 77.4%，中型企业的总产值增长了 53.5%，小型企业的总产值增长了 34.5%，大企业的产值增长比中小企业要快。

但是，我们又应该看到，我国企业在规模上与发达国家比还有很大差距。

1. 我国大企业的数量少。我国的大企业在个数和规模上不仅远不如发达国家，就是与发展中国家相比也有很大的差距。在伦敦出版的英国《南方》杂志，按照 1988 年的营业额的多寡列出了第三世界国家和地区的 600 家大企业，排在第 2 到第 10 位的国家和地区是：印度 88 家，韩国 70 家，中国台湾 40 家，中国大陆 37 家，阿根廷 33 家，中国香港 25 家，墨西哥 21 家，委内瑞拉 18 家，菲律宾 12 家。在前 100 家大企业中，韩国占 21 家，印度占 13 家，中国香港占 6 家，中国台湾占 5 家，中国大陆只有 4 家，它们是中国五金矿产进出口总公司（60 亿美元）、大庆石油公司（17 亿美元）、鞍山钢铁公司（16.6 亿美元）和武汉钢铁公司（13.3 亿美元），分别位居第 14、67、71 和 92 位。营业额最大的 10 家企业中国大陆没有一家。1994 年全球 500 家大企业中，中国大陆也只有 3 家，即中国银行、中国粮油进出口总公司、中国化工进出口总公司。中国大陆的工业公司没有一家进入世界 500 家大企业的行列。

2. 我国工业企业的平均规模要比发达工业国家企业小得多。从资产看，发达国家一些大企业的资产达几百亿美元，有的甚至达到上千亿美元。我国最大的企业资产也只有几十亿美元。产出的差距更大，名列我国500家大企业第9位的第一汽车制造厂其销售额在我国机电行业中居首位，但与世界500家大企业的末家相比尚差一半以上。

3. 我国的单厂企业多，真正复合体的公司企业比较少。许多企业名为公司，但它们并不拥有许多工厂、分公司和子公司，实际上是单厂企业，没有形成托拉斯和大企业集团，在一定程度上影响了企业的组织程度。

4. 即使在现有的生产力水平下，我国能达到合理规模的企业也很少。据统计，我国的汽车工业还没有一家达到合理规模的，在全国1600多家造纸厂、400多家啤酒厂中，达到最小合理规模的分别为8%和12%左右；全国130多家洗衣机厂中，只有9家达到年产量20万台的最小合理规模，仅占全部企业的6.9%。

5. 大中小企业没有形成合理的分工，企业的规模结构也不合理。多数中小企业并不是围绕着为大企业提供零部件和其他服务而建立起来的。据统计，机械部系统所属的6100多个企业约有80%是"大而全""小而全"的全能厂。大中小企业的结构也不合理——中小企业多，尚没有国际级的大企业。

以上这些差距说明，我国企业的规模在朝"双向协调"发展的同时，其平均规模必须进一步扩大。在企业规模上，我国当前和今后一个相当长的时期内的主要任务应该是发展大中型企业，特别是发展大企业和超级大企业，使它们成为国民经济的骨干，而且我们还要积极创造条件，建立和发展跨国公司，使某些大企业向国际化方向发展。那种认为应该将主要精力放在小企业上的观点是站不住脚的。

二、企业规模呈现"双向协调"发展趋势的原因

企业呈现集中与分散、大型与小型"双向协调"发展趋势是生产力

和生产组织形式发展的必然结果。主要原因是：

1. 多样化、多层次的科学技术的发展。随着科学技术的发展,特大功率、特大容积、特高精度的动力、运输和生产设备日益涌现,这必然会促进生产和使用这些设备的生产企业也向大型化方向发展,如建立生产流水线、自动线使生产过程实现连续化、自动化。另一方面,科学技术也使某些技术设备向小型化方向发展,如出现了小型和微型电动机、柴油机和发电设备,小型精密机床,微型计算机等,这些设备都具有体积小、重量轻等特点。比如,有的超小型水电设备,重量只有60公斤、发电能力2千瓦。不久前美国一个工程师研制出一种超小型计算机,其体积是一个边长不到8厘米的立方体,它的运转功率为20瓦、允许温度为71摄氏度,可以管理16台每秒能处理800万个指令的微机并行运行。这些设备的广泛运用,使一些企业朝"小而精""小而专"的方向发展,从而取得了较好的经济效益,在某些部门和行业,其优越性甚至超过大型企业。

2. 专业化协作的发展。在现代经济中专业化已经由"产品专业化"过渡到"零部件专业化""技术服务专业化"。因为现代工业产品,特别是机电产品结构十分复杂,许多产品由成千上万个零部件组成,比如,一部汽车有2万多个零部件,而一架B-747飞机所有零件多达450万个。这些产品都必须经过协作才能完成。一般做法是总装厂生产部分主要零部件和进行组装,它们的规模比较大,而一般的零部件则由许多中小企业来生产。比如,日本的丰田汽车公司,它是一家大企业集团,但是丰田汽车公司只生产汽车引擎、车体等30%的零部件,其余70%则由协作厂生产。丰田汽车公司只有10个工厂,而协作企业达1240个。其中240家工厂生产零部件,其余的1000家工厂为丰田公司制造机械设备、卡具等。美国通用汽车公司也有6000多家中小企业与之协作,日本松下电气公司向中小企业采购零部件的比率也达80%以上,日本柴油汽车工业公司甚至达到90%以上。这样做的好处是:大企业不仅可以减少零部件种类的生产,集中力量主攻某些关键部件和建立流水线、自动线完成产品的组装,形成大批量生产;而且可以集中人力、物力、财力进行科研和新产品开发,加速产品的更新换代,提高产品的市场竞争力,取得好的经济效益。小企业虽然设备、技术比大企业要差,但是由于它们往往只生产一种或几种零部件,产品比较单一,技术专门,不仅有利于它们扩大产品的批量,进行大量生产,而且有利于它们在技术上精益求精,并有所突破。据美国商务部统计,20世纪科学技术的发展,有一大半是由小企业创造出来的。① 据美国1978年4月《国会记录》所载,战后美国工业生产中共有61项基本发明,其中,45项是中小企业的科研成果。② 可见,在现代生产中,由于分工协作的深入发展,大、中、小企业各有其优势,它们互相协作、互相依存、共同发展。

3. 行业规模经济性的差别。随着分工的深化和科学技术的发展,工业的行业越来越多,各个行业企业的规模大不相同,这是由于:

(1)行业发展阶段的差别。行业在不同发展阶段,规模的发展趋势是不同的。一般说来,传统产业,包括电力、钢铁、汽车、机械、纺织等工业,由于发展历史较长,行业发展已经到成熟阶段,规模总是比较大些;相反,一些新兴产业,如电子、计算机、光纤通信、生物工程、新材料等工业,它们还处在初创阶段,技术发展快,产品更新快,小规模经营更能适应技术和市场的变化。

(2)行业产品和服务性质的差别。产品和服务的性质、用途不同,其规模的要求也不同。如电力、煤炭、钢铁、有色金属、石化、汽车等行业的产品,多作生产资料用,它们的产品的品种比较单一,或同一规格的产品需求量大,有条件采用大功率设备,或组成流水线、自动线生

---

① 《美国经济考察》,中国社会科学出版社1980年版。
② 美国1978年4月《国会记录》。

产,因此,一般说来,这些行业中,大企业比较多;相反,像轻工、食品、纺织等行业的产品,多作生活资料,它们具有品种规格多、市场需求变化快、原料分散等特点,适宜中小企业生产。比起生产资料行业的企业来说,它们的规模就要小得多。表1-5反映的是美国主要行业的公司规模分布情况。

表1-5　1975年美国公司的分布

部门	公司数（个）	按资产规模分类的百分比（资产单位：百万美元）							
		0—0.1	0.1—0.25	0.25—1.0	1.0—5.0	5.0—25.0	25.0—100	100—250	250以上
农业、森林业、渔业	55962	44.6	24.9	24.8	5.2	5.0	0	0	0
采矿业	14436	43.5	17.6	23.0	11.5	3.1	0.9	0.2	0.2
建筑业	190138	57.9	20.5	15.8	4.9	8	0.1	0	0
制造业	217979	44.5	19.7	22.3	10.0	2.5	0.6	0.2	0.2
运输、公用事业	80108	59.8	18.7	15.1	4.7	4.7	0.3	0.1	0.3
批发、零售业	615043	52.8	21.4	19.6	5.4	0.7	0.1	0	0
金融、保险、不动产	409802	54.0	20.0	15.7	5.0	3.3	1.5	0.3	0.2
服务业	436743	79.5	11.1	7.3	1.8	0.3	0	0	0
其他	1587	57.8	31.6	—	—	10.6	—	0	0
各部门合计	2021778	58.4	18.6	16.1	5.0	1.3	0.5	0.1	0.1

表1-5虽然不是专门为分析工业内部各行业的规模分布的,但是大体上可以看出,由于行业不同,企业规模存在一定的差距。在表中所列的几大行业中,农业、森林业和渔业、建筑、批发和零售、服务以及其他部门的资产在1亿美元以上的一个都没有,而采矿、制造、运输和公用事业有0.4%的企业资产在1亿美元以上,金融、保险、不动产有0.5%的企业资产在1亿美元以上,尤其是农业、森林业、渔业,服务业和其他行业的企业,其资产都是在2500万美元及以下的中小企业。

（3）行业产品标准化方面的差别。所谓产品标准化,就是指其外形、内部结构和性能等方面的同一化。产品标准化了就可将类似的产品集中起来,进行大量生产,这势必导致生产的专业化和集中化。但是,由于行业不同,产品标准化方面存在很大的差异,有的行业的产品甚至是一件一个样,这就决定了只能以小规模的企业进行生产。这种差异,最典型的例子莫过于汽车行业和工艺美术行业。汽车行业的产品和零部件标准化程度很高,适宜组织流水线、自动线大量生产,有的汽车制造公司的生产量能达到几百万辆的规模;而工艺美术行业则正好相反,许多产品都是一件一个样,因此,只能单件生产,这就决定了企业的规模不可能大。

4. 市场需求的差异。如前所述,企业规模要受市场需求的制约。在现实生活中市场需求的大小、稳定性和多变性是并存的,这就在客观上要求有不同规模的企业来适应市场的需求和变化。比如,某些矿产品、石油、电力、原材料、交通工具等,通用性强,需求量大,市场也比较稳定,适宜大量集中生产,生产这些产品的企业,其规模无疑是要大些。相反,由于科学技术的进步,生产力的发展,人们收入水平的提高,许多产品正在朝多样化、系列化方向发展,而且新产品层出不穷,产品生命周期也大大缩短。据报道,美国的许多公司 70% 的产品在 20 年前是没有的;50% 的产品是 10 年前没有的;25% 的产品是 5 年前没有的。此外,如果一种新产品在 50 年代能在市场上保持两年无竞争状态,那么在 70 年代,这个期限便缩短为一年。战后日本的新产品更是层出不穷,据 1977 年《经济白皮书》的统计,1969 年日本的工业品总产量比 1950 年增长 17 倍,而 1950 年以前的传统产品却下降至 61.9%,其余 38.1% 都是 1951—1964 年间陆续发展的新产品,其产量相当于 1950 年全部工业产品产量的 7 倍。这种新形势又必然促进中小企业的发展。因为中小企业"船小好掉头",具有较强的适应市场的能力,能及时调整自己的经营方向和生产方向,按照市场变化推出新品种、新款式满足市场的需要。

5. 企业成长规律。对一般企业来说，都有一个由小到大的过程。这首先是因为受技术水平的制约。某些产品开始生产时，或功能没有被充分认识，或成本高、价格昂贵，一般人买不起，因而不能大量生产。其次是资金的制约。许多企业在初创阶段，自有资金都比较少，又没有条件贷款或向社会筹集资金，只能先建成小企业，然后再发展壮大。比如日本的松下电器公司现在已经成为日本最大的生产电视机、磁带录音机、电冰箱、立体声装置等民用电器产品的企业。它拥有150个工厂（其中36个在国外），现有职工11.7万人。可是它在1918年创建时却只是一个小作坊，资本只有100日元，只能生产电灯插座。[①]在我国也有不少大企业是从小企业发展起来的。比如四通公司就是从一个小公司发展壮大起来的。

同时，大企业的破产、蜕变、分解的情况也在不断发生。

根据上述情况，现代科技要求巨型生产与微型生产同时存在；专业化协作要求大企业与小企业配合；行业规模经济性并不是以"一刀切"的方式规定经济效益；市场已经给那些竞争的优胜者提供有利条件，而不仅垂青于大中型企业或小企业；在企业演变规律的作用下，不断形成大企业也不断产生小企业。所以"双向协调"发展的趋势是不以人们意志为转移的规律性现象。

三、大中型企业的地位与作用

大中型企业特别是大型企业在各个国家的人民生活和国民经济中有十分重要的地位，起着非常重要的作用。有的西方学者认为，在一个国家的整个经济运行的过程中，并不只是政府在进行宏观调节，市场对

---

① 《日本松下电器公司的经营管理》，中国社会科学出版社1987年版。

微观经济也在进行调节。他们认为,大企业由于其经济规模、实力和所处的特殊地位,它们通过所控制和影响的子公司、关联公司将企业之间的市场行为变为企业内部的行政性行为。因此,它们是政府和市场之外的第三个调节主体,在调节经济中它们是作为"看得见的手"起作用的。比如诺贝尔经济学奖得主之一的赫伯特·西蒙就持这种观点。当然,对这种观点,也有一些不同的看法。但是,大企业在经济中有十分重要的地位和作用,这是无须争议的客观事实。

1. 大中型企业作为国民经济的支柱,在某种程度上代表着一个国家的经济实力。据统计,1982年,占美国公司总数0.7%的大公司,其利润额占全部公司利润总额的75%,就业人数占全部职工人数的67%。1984年列入《财富》杂志的500家美国大企业的税后利润占全部美国公司税后利润的59%,1987年这一比例达到66%,占全美国工商界利润总额的2/3。1987年,美国最大的500家工业公司的销售额和资产额分别为18795亿美元和17057亿美元,相当于美国国民生产总值的41.9%和38.0%。最近一些年,这一比例还在上升。日本九大综合商社的年销售额占日本国民收入的30%。韩国的大宇、三星、现代和乐喜四大集团公司几乎控制了韩国的经济命脉。近年来,韩国前50家大型集团公司的营业额一直占韩国国民生产总值的70%—80%;占企业总数1.2%的大型企业集团公司所雇用的职工占韩国企业职工总数的40.2%。德国全部企业销售额的1/4都集中在100家大公司中。1990年,奔驰集团年销售额达855亿马克,西门子为631.85亿马克,赫希斯特为448.62亿马克,占德国前20家大型企业年销售额的23.7%。

我国大中型企业在社会发展和国民经济中的地位也十分重要。我国500家最大的工业企业占全国独立核算工业企业总数不足0.12%,但其工业总产值、销售总额和利润总额所占的比重却很大,而且在逐年提高。1991年，它们的工业总产值达到4928.9亿元，占全部独立核算工业企业总产值的39.8%，销售总额达到4795.3亿元，占全部独立核算工业企业销售总额的40.16%，利润总额达到819.94亿元，占全部独立核算工业企业利润总额的53.15%；1993年这500家工业企业利润总额达到1911亿元，占全部独立核算工业企业利润总额的63.7%。

2. 大中型企业是科研和新产品开发的强大阵地。许多国家的研究费用和研究力量基本集中在大中型企业。大中型企业成了当代技术发展的主角和国际技术转让的载体。1980年，联邦德国的研究费用中，80%集中在100家最大的公司；85%的研究人员也集中在这些大企业。德国大众公司所属的奥迪公司1991年开发费用为8亿马克，约占销售额的5%，为当年税后利润的2.16倍。IBM在采用高技术方面所花费用也是很高的，每年它的科研费用占公司流通费用的7%以上，从而使它获得了大量的专利权，为大量的新产品投入市场创造了条件。在韩国，制造业平均研究开发费占销售额的2.2%，但是，大企业的这一比例要高得多。三星集团高达5.4%，三星电子公司的研究开发费用达到8.2%，其半导体部分达到15%。如此大的投入，中小企业是望尘莫及的。

3. 大中型企业是发展对外贸易的主力军。大中型企业在进出口业务中有十分重要的地位。早在70年代中期，美国149家加工工业公司的出口额就占全国出口额的1/3，英国40家大工业公司经营的出口额占全国出口额的35%。德国最大的19家企业的出口额占全国出口额的35%。日本3家企业集团的出口额和进口额分别占日本进出口总额的37%和43%。进入80年代以后，这种情况更为明显。80年代初，日本从事对外贸易的企业共有1.2万多家，其中，属各企业集团并起重要作用的综合商社的出口额占全日本出口总额的63%，进口额占进口总额的67.2%，而九大综合商社进出口总额一直占日本进出口总额的

50%，占世界贸易总额的9%。美国约有3万家制造业企业经营出口业务，其中最大的100家公司集团的出口额占美国全部制成品出口额的50%以上。1988年，法国的13.56万家出口企业中，最大的1000家出口企业的出口额占全国出口总额的3/4，最大的250家占1/2以上，而最大的25家则高达1/4。[①]1984年，韩国50家大企业集团的10家最大贸易商社的出口额占同年韩国出口总额的48%。

4. 大中型企业是改善产业组织结构的核心力量。产业组织理论认为，一个行业的大企业越多，行业集中度（一个行业内部最大的若干家企业销售额在整个行业销售额中所占的份额）越高。行业集中度作为市场结构的一个重要因素，对企业行为和行业绩效有很大影响：集中度越高，大企业支配市场的能力越强，从而行业的利润越高。据西方一些学者的实证研究，当集中度超过50%以后，行业间的利润率和集中度的正相关关系就开始出现。而且，以大企业为中心能够形成各种各样的企业集团，它们对改善产业的组织结构也有十分重要的作用。所以，发达的市场经济国家的工业部门的集中度都比较高。表1-6是美国制造业的集中度（1972年）。

表1-6 美国制造业的集中度

产业	企业总数（个）	最大4家占的%	最大8家占的%
轿车	—	99	100
平板玻璃	11	92	—
麦片早餐食品	34	90	98
汽轮机与汽轮发动机	59	90	96
电灯	103	90	94
家用冰箱、冰柜	30	85	98
香烟	13	84	—
原料铝	12	79	92
电视显像管	69	83	97

---

① 黄文杰："美日欧国家外贸企业集团初探"，《世界经济文汇》1993年第3期。

(续表)

产业	企业总数（个）	最大4家占的%	最大8家占的%
肥皂与洗衣粉	577	62	74
啤酒与麦芽饮料	108	52	70
炼油	152	31	56
水泥	75	26	56
报纸	7461	17	28
瓶装与罐装饮料	2271	14	21
妇女服装	5294	9	13

资料来源：美国国家普查局，1972年制造业普查资料。

四、大中型企业的优势与劣势

大中型企业的优势与规模经济性（economics of scale）理论有关。所谓企业的规模经济性是指在一定限度内，企业规模的扩大能够引起单位成本的降低，从而取得比小企业更好的经济效益。

引起规模经济性的一些主要原因，也就构成了大企业的优势。它们包括：

1. 专业化和劳动分工。专业化和劳动分工是密切联系的。企业只有达到一定规模才能使用专业化的机器设备，才能雇用成批在工程、生产、市场、财政以及信息处理等方面有特殊技能的职工。现代大企业采用流水线方法生产就是如何实行专业化和劳动分工以及产生规模经济性的一个明显例证。例如在生产线上生产汽车，单个工人只是在每辆汽车经过他们面前时把螺丝拧紧就行了，生产线的方法在小企业就不能采用。

2. 不可分性。不可分性产生规模经济性的原因主要有以下几种：

（1）技术装备的不可分性，引起规模经济性。其典型例子是企业机器设备必须配套才能有合理的利用率。企业的工艺流程往往是以某些关键设备为中心来设计的，如果企业未达到一定规模，其中的某些设备生产能力不足就会影响整个生产线的正常运转。反之，如果企业具有相当规模，这些设备都能按其能力的最小公倍数配置，经济效益就会明显改善。

与技术装备相联系的另一种类型的不可分性表现为机器设备尺寸的大小与其表面积之间的关系，以及机器设备的容积与产量之间的关系。许多机器设备的成本通常与其内部容积有密切关系。当这类设备表面积增大时，它们的容积（圆柱体型的设备尤其是这样）会以更大的比率增大，这就是说，机器的能力比机器的成本增长得更快。而且，机器设备投入运行后，劳动力方面的成本的增加一般也将大大低于机器设备的容积和产量的增加。例如，烧一台5吨的锅炉，需3个人，烧一台10吨的锅炉并不需要6个人。

（2）销售不可分性引起的规模经济性。如果企业销售产品的人员和机构潜力比较大，不作更多的努力和不花更多的钱就能销售现有生产线上生产的产品，其成本增加的比率一定会比产量增加的比率低。

（3）财政不可分性引起的规模经济性。它表现在企业经营的各个方面。例如广告，其价格不会因为企业的大小而变化。大批量生产的企业，其单位产品所负担的广告成本一定会比小批量生产的企业要低。而且，对通过广告使其产品已经取得消费者承认的企业来说，如果扩大生产规模，增加产量，其广告费用也要比最初取得消费者承认时低。又如，在与调查贷款前景或调查新的投资可能性相联系的成本方面，调查50万元贷款或投资与调查500万元的贷款或投资的差别是甚微的，如果调查贷款或投资的成本增长率低于贷款或投资规模的增长率，那么，这种规模经济性对大企业是有利的。

（4）研究和开发的不可分性引起的规模经济性。假如大企业和小企业都设研究开发部门，靠自己的力量开发新产品，就其投资来说，大企业可能要比小企业多，但是单位产品分摊的研究开发成本，大企业肯定要比小企业低得多。

3. 先进技术和生产组织的采用。企业规模大，有条件采用先进的工艺和技术装备，也为流水线、自动线等先进生产组织形式打下了基础，这样可以降低成本，提高经济效益。

4. 大量购买。在一般情况下，企业的采购成本会随着大量购买而降低。这不仅因为采购人员签订数量大的购买合同并不一定比签订数目小的合同需要付出更多的努力，而且大量购买时，卖主在价格上也会作某些让步（如以批发价销售），运输费用也会降低。

5. 储备的节约。企业要正常生产和经营，必须储备一定数量的原材料和备品配件，对于一些需求容易变化或有风险的物资更是这样。但是，使用几台相同机器设备的企业比只使用一台机器设备的企业所需储备的备品配件就要少，因为前者的机器设备的某一部位不可能同时都被损坏。相同的经济性在原材料、制成品、货币储蓄等方面也一样存在。

当然我们也不能完全用规模经济性理论来解释大企业的优势，因为除以上原因外，大企业在生产经营过程中也存在一些优势，主要是：

1. 可以降低交易费用。由于大公司可以发挥内部化优势，将许多经营单位之间的市场交易行为变为企业内部的行政行为，因此，可以大大降低交易费用，节约交易成本。

2. 由于竞争，一些大企业迫使它们的供应商按低于市价的价格为它们供应原材料、零部件或半成品。这是一个大企业利用垄断势力去挤压另一个企业的结果。这种行为是单纯地把一个企业的利益再分配给另一个企业，一些企业的获得就是另一些企业的损失。从全社会来看，它并不增加效益，但这种情况在存在激烈竞争的市场经济中是确实存在的。

3. 大企业能够吸引高素质的劳动者。由于收入、福利、荣誉感等方面的原因，重点大学、名牌大学的学生一般都愿意去大企业工作。

4. 在筹集资金方面，大企业比小企业也有许多优势。由于大企业的信誉比较高，其利润率比较稳定，取得贷款不仅比较容易，利息也可能比小企业要低,发行债券也比较容易,因此,大企业获得资金的成本也通常比小企业低。

大企业的优势运用得好,就会转化为效益,因此,一般来说,大企业的经济效益比小企业要好。在我国这种情况特别明显。据对10个行业的统计,它们的前四家最大企业的平均销售利润率为17.4%,而各行业的平均销售利润率只有4.3%,前四家最大企业的平均销售利润率高出行业平均销售利润率13.1个百分点。差距大的是烟草、文教体育用品和饮料业。其中,烟草行业最大的四家企业平均销售利润率为64.9%,行业平均销售利润率只有0.3%;文教体育行业的前四家最大企业的平均销售利润率为27.2%,而行业平均只有8.3%;饮料加工业的前4家最大企业的平均销售利润率为21.4%,而行业平均只有2.5%(详见表1-7)。

表1-7 1990年中国部分工业企业规模与利润率比较

行业 \ 利润率	四家最大企业销售利润率	行业平均销售利润率
纺织业	9.0	5.3
食品业	9.9	4.5
工艺品制造业	8.2	6.1
饮料加工业	21.4	2.5
烟草加工业	64.9	0.3
饲料加工业	9.0	4.2
缝纫业	8.9	5.0
皮毛及制造业	8.0	2.6
家具制造业	10.6	3.9
文教体育用品	27.2	8.3
平均	17.4	4.3

资料来源:《1990年中国500家最大工业企业及行业50家评价》。

当然,我们也绝不能把大企业的优势绝对化,大企业要受到资金、技术、资源等方面条件的限制,而且,企业规模扩大到一定程度后,如果再扩大规模,也会带来规模的不经济性,如图1-1所示。

在图 1-1 中，SAC 表示企业的短期成本曲线，LRAC 表示企业的长期成本曲线。我们知道，在短时期里，企业的厂房、设备等固定资产不会发生变化，经常变化的只是能源、原材料、劳动力等的数量。因此，在这种情况下，产量与成本的关系构成了短期平均成本曲线 SAC；企业的长期平均成本曲线与短期平均成本曲线不同。因为从长期来看，企业的所有投入要素，包括厂房、设备、能源、原材料、劳动力等的数量都是可以变化的。因此，长期平均成本曲线 LRAC 只能根据短期平均成本曲线来形成。它是短期平均成本曲线的包络线。

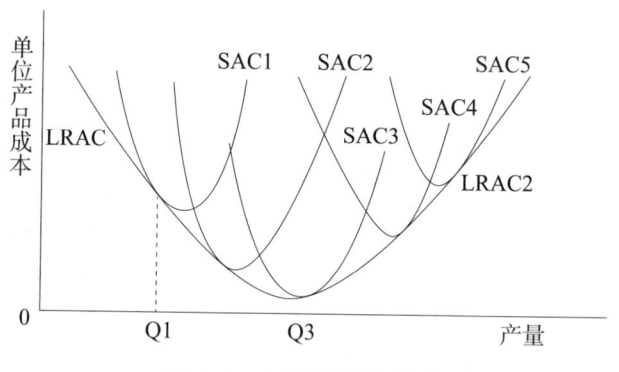

图 1-1 企业的规模经济性

从图 1-1 可以看出，当企业规模从 SAC1 扩大到 SAC3 时，企业产品的单位成本是降低的，因而存在着规模经济性，Q3 这一点是最佳规模点。企业规模超过这一点，产品的单位成本就上升，就出现规模的不经济性(diseconomics of scale)。因此，企业的规模也不是越大越好。造成规模不经济性的原因也就构成了大企业的主要劣势。这些原因主要来自以下几个方面：

1. 技术条件问题。产生规模经济性的许多技术方面的因素，在一定条件下又可产生规模的不经济性。例如，倍数原则表明，企业的专业化设备要按倍数原则配置，如果违反了这一原则，某些设备就不能得到充分利用,造成浪费;又如,一些设备容积增加到某种程度之后,其外壁就要加厚或采用某些特殊贵重材料,才能保证安全使用,这就会加大成本。同时,安装设备的技术标准也会高,设备体积大了,还会带来运输方面的困难。要解决这些问题,也都要增加支出,从而影响企业的经济效益。

2. 管理上可能产生的失控现象。随着企业规模的扩大,管理越来越复杂,管理机构也更加庞大,从上层管理到基层管理环节增多,"管理链"延长。企业高层领导人的命令、意见、意图传递给基层领导人时容易被遗漏、误解或歪曲,而且容易产生互相指责、推诿的作风,使传递的速度也受到影响。下层和外界的信息传递给企业高层领导人时也会出现类似的情况。企业管理机构越庞大,这种失控的现象就越严重。尤其当上级管理层次和下级管理层次的目标不一致时,下级可能歪曲上级的意图或向上级传递不真实的信息,如对上级的决策阳奉阴违,隐瞒生产能力,夸大困难的程度等,用这些办法来维护自己的利益。

3. 职工的积极性问题。在小企业里,职工更能把自己的工作和企业生产方面的成果联系起来。管理人员,特别是企业领导人能较多地和职工保持直接的接触,听取他们的意见,关心他们的工作和生活。因此,在小企业里,职工会更忠于自己的企业,积极性也能得到更好的发挥。相反,在大企业里,职工众多,有的达几万人,一般的工人和管理人员可能感觉到他们是默默无闻的——他们的贡献任何人也分辨不出来,对他们的辛勤工作也很少有人去鉴别,这就使他们的积极性不能像小企业的职工那样得到很好的发挥。

此外,大企业在经营过程中也还有一些其他劣势,如企业大了,就不容易组织多品种、小批量生产;在市场多变的情况下,很难改变自己的产品方向。

但是,大企业的优势与劣势,并不是一对一的关系,总的来看,优势要远远大于劣势,而且它们的劣势也是相对的,是可以克服的。比如,随着规模的扩大,可能引起企业规模的不经济性问题只是在单厂企业才可能发生,为了避免出现这种情况,可以变单厂企业为多厂企业;管理上出现的问题,也可以通过正确处理集权和分权的关系来解决。本书的目的就在于研究大企业在市场经济条件下的发展规律,总结大企业在经营和发展方面的成功经验,以使人们能充分发挥它们的优势,最大限度地减少它们的劣势,让大企业变得更美好。

第二章 公司化与产权关系

一、大中型企业与股份有限公司

从产权关系和法律形态来考察，企业制度经历了独资企业、合伙企业和公司企业的发展过程。

历史上最早出现的独资企业又称单一业主企业、个人业主企业、个体企业（the single proprietorship）。这种企业由业主个人出资兴办，业主直接经营，业主享有企业的全部经营所得，同时对企业债务负无限责任，出现资不抵债时，业主要用自己的全部财产来抵偿。单一业主企业的局限性是规模小，筹资较困难，业主负无限责任，风险大，而且企业生存时间有限。这些缺点使单一业主企业逐渐发展到合伙企业。

合伙企业（the partnership）是由两个或两个以上的投资者共同出资兴办的企业。这种企业一般通过合同来规定投资者的收益分配方式和亏损责任。它的优点是：扩大了资金来源和信用能力；能够分散经营风险。合伙企业的缺点是：合伙人必须以其全部财产对企业的债务承担无限责任，风险较大；合伙人都有较大的决策权，一些有争议的问题，很难及时做出决策；企业的寿命有限，任何一个合伙人死亡或退出，都可能威胁到企业的生存。

继合伙企业以后出现的是公司企业（the corporation）。公司出现于15世纪，那时地中海沿岸贸易比较发达，在自主制贸易中就出现了公司的雏形。16世纪英国、法国、荷兰都出现了发展海外贸易、开拓殖民地的公司，不过当时很不规范，而且成立时要得到政府的特许，所以也称特许公司。17世纪上半叶英国明确了公司是独立的法人，具有和自然人相同的民事权利与义务。17世纪下半叶英国出现了稳定的公司组织，股本变为长期投资，股权只能转让，不能退股，定期发放股息，股票市场也开始出现。不过公司企业在国民经济中起主导作用，还是19世纪末尤其是20世纪初的事。

公司是指由比较多的投资者出资共同创办的企业。由于投资者承担的责任不同，公司在法律形态上又可以划分为无限责任公司、有限责任公司、股份有限公司、两合公司和股份两合公司等五种形式。但是，必须指出的是，大陆法系和英美法系是有所不同的，区别之一是大陆法系承认无限责任公司、两合公司和股份两合公司是法人企业，而英美法系则把这三种形式看作与合伙企业相同，不承认它们具有法人地位。所以，按照英美法系，只存在负有限责任的公司形式。在这些公司中，有些公司的资本不被分为等额股份，股票也不上市交易，它们被称为私公司或者封闭公司（the private corporation or closed corporation）；有些公司的资本被分为等额股份，股票上市交易，它们被称为上市公司或者公公司（the public corporation）。在我国，前者一般被称为有限责任公司，后者被称为股份有限公司。

在西方市场经济的国家里，虽然独资企业、合伙企业和公司企业这三种企业组织形式都还同时并存，而且从企业个数来看，前两种企业还占多数，但是它们大多是一些小企业。从占有的资产、产出和雇用的职工等指标来看，公司企业都占80%左右。以美国为例，美国约有1000万家企业，其中，个人业主企业约为700万家，合伙企业约为100万家，股份公司约为200万家，但是股份公司资产、产出和雇用的职工都占全国的80%左右。制造业、交通、公用事业、金融等产业的企业几乎全都是采用的股份公司的形式;在贸易、建筑等行业中,大约 1/2 的企业采用股份公司的形式;股份公司只在农业和某些特殊的服务业,如医药、会计等行业不占主要地位。[1]可见,公司企业在西方市场经济国家的经济中起着十分重要的作用。

由于企业规模等因素的差异,企业采用的股份公司形式也不同,一般来说,小企业多采用有限责任公司的形式,而大企业则多采用股份有限公司的形式,一部分大型企业的股票还上市交易。在日本,资本金越多的企业采用股份有限公司形式的比重越大,比如,资本金在 1000 万日元的企业采用股份有限公司形式的只占 59%,而资本金在 10 亿日元以上的企业 98% 以上都采用了股份有限公司的形式(见表 2-1)。

表 2-1 日本不同规模的企业采用股份有限公司形式的情况

企业规模 项目	1000 万日元 以下	1000 万日元以上 10 亿日元以下	1 亿日元以上 10 亿日元以下	10 亿日元以上
企业总数	1100159	412354	22227	3745
股份有限公司数量	649345	335831	20939	3697
所占百分比	59%	81%	94%	98%

美国的股份有限公司数量只占企业总数的 16%,但从资产份额和销售额来看,则分别占全部企业的 85% 和 89%,显然,美国的大企业绝大多数都是采用的股份有限公司的形式。

二、大中型企业采用股份有限公司形式的原因

我们知道,公司制度是随着商品经济的产生、发展而逐步建立起来的,一些西方的经济学家和法学家将股份公司的产生称为"新时代"的

---

[1] 利普西:《经济学》第 9 版,纽约,Harper & Row 出版公司 1993 年版。

伟大发现，以至可以与自然科学中的蒸汽机的发明和电力的发现相媲美，特别是股份有限公司这种企业组织形式，与其他企业组织形式比较，有其明显的优势。

1. 为扩大生产规模实行资本社会化创造了一种好形式。单一业主企业、合伙企业以及其他形式的公司企业都有一个共同的缺陷，就是企业资本有限，公司规模受到限制，不利于建立大型企业和建设大型工程项目，而股份有限公司弥补了这一缺陷。正如马克思所说，由于股份有限公司的出现，"生产规模惊人地扩大了，个别资本不可能建立的企业出现了。同时，这种以前由政府经营的企业，成了公司的企业"。"假如必须等待积累去使某些单个资本增长到能够修建铁路的程度，那么恐怕直到今天世界上还没有铁路。但是，集中通过股份公司转瞬之间就把这件事完成了。"① 股份有限公司的发展历史也证实了马克思的论断。无论是在欧洲各国还是在美国、日本，这种公司形式都是先在铁路、采矿、银行等需要大量资金的行业开始的，然后再发展到加工工业。现在，在市场经济国家，大型企业尤其是特大型企业基本都是采用这种形式。

2. 产生了合理的资源配置机制。某些公司企业是通过向社会公开发行股票而建立起来的，企业的效益和实力通过股票发行的数量和价格的涨落反映出来，形成了完备的市场评价体系，有利于社会资源的配置按照社会效益不断调整，在竞争中实现优胜劣汰和生产结构的转变。

3. 为企业产权的流动创造了合理的机制。上市公司的股票要在股票市场进行公开交易，个人和企业可以通过购买这些企业的股票成为它们的股东。这样，可以促进这些企业产权的合理流动，也为一些有实力的企业对别的企业参股、控股创造了条件，促进企业的联合、兼并，

---

① 马克思:《资本论》第1卷，人民出版社1975年版。

促进提高产业的组织程度。

4.完成了现代意义上的所有权和经营权的分离。在独资企业和合伙企业中,投资者既是资本所有者,又是财产的支配者。在公司企业中,资本的所有权和经营权出现了分离现象。首先,参加公司的投资者很多,但起主要作用的却只是少数大股东,公司的决策实际上是由这些人作出的。因此,实际执行职能的资本家成了别人的资本的支配者,而大多数资本的所有者则转化为单纯的所有者,即单纯的股票持有者。其次,随着公司企业的产生和发展,企业管理工作更加复杂,需要有专门知识的专家来承担,由此,经理制度逐步发展起来。实际执行职能的资本家和有关的人员组成董事会,只决定企业的大政方针和重大的经营决策,而把一般的经营决策和日常的经营管理工作交给企业的经理去执行,经理可以从股东中选择,也可以在社会上招聘,但不管由哪种方式产生,经理经营管理的财产已不是或者主要不是自己的财产。所有权和经营权的适当分离,为大批职业企业家管理企业创造了条件,保证了企业管理水平的提高。

三、日本、美国、德国股份有限公司特征的比较

世界各国的大企业虽然一般都采用股份有限公司的形式,但是,由于各国的金融制度、公司法律等存在着差异,它们的公司制度也形成了一些自己的特点。下面我们将日本、美国和德国股份公司的特点作一些比较。

(一)日本股份有限公司的主要特点

1.法人股东持有上市公司的绝大部分股票,而且法人之间相互持股比较普遍。在日本的上市公司中,个人股东持有股票的比重在下降,

法人股东特别是金融机构持有股票的比重在上升。战后初期,个人股东持股的比重占70%左右,法人持股占20%左右,现在两者的比例已经完全颠倒过来,1990年在日本已经发行的全部股票市价总额中,法人持股高达72.1%,自然人的持股只占23.1%,[①]其他为政府、公共团体和外国公司持股。

在法人股东中,各种金融机构的持股又占有很大的比重。近些年金融机构持股保持在占45%左右。表2-2是日本上市公司各类股东分布状况。

表2-2 日本上市公司各类股东分布状况

股东分类	股东数		股票数	
	数量(人)	比重(%)	数量(千股)	比重(%)
中央和地方政府	1361	0.1	2509405	0.7
金融机构	133184	0.5	176861507	46.0
事业法人	814231	3.2	95461061	24.8
证券公司	81065	0.3	7697757	2.0
个人	24087872	95.2	87046483	22.6
外国人	174136	0.7	14846161	3.9
合计	25291849	100	384422377	100

资料来源:转引自吴家骏:"日本股份制企业值得注意的一些特点"一文,见《中国工业经济研究》1992年第9期。

法人股东和个人股东的投资行为有很大的差别。一般来说,前者着眼于长期的利益,希望与被投资的企业保持长期的生产经营联系或业务联系;后者则着眼于股息、红利和股票的价格,他们的行为短期化。据统计,日本的个人股东股票的周转率要比法人股东高3倍左右。由于在日本的上市公司中法人股东所占的比重较大,这些大公司的股权结构比较稳定,不容易兼并,国外企业也很难达到控制这些企业的目的。

[①] 日本经济企划厅:"1992年度经济白皮书",《东洋经济》,1992年8月28日。

日本大股份公司股权结构的另一特征是公司之间相互持股的现象比较普遍，有些学者称之为环状持股。这种特征使得日本的一些企业围绕着大银行和大型产业企业形成了不少企业集团。表2-3是日本六大企业集团内部成员企业之间相互持股的状况。

表2-3　日本六大企业集团成员企业之间相互持股率（%）

年度 项目	1970	1975	1977	1979	1981
旧财阀三企业集团平均	25.68	27	28.35	28.61	29.08
非财阀三企业集团平均	17.68	20.78	18.23	18.88	18.48
六大企业集团平均	21.68	23.89	23.29	23.75	23.78

资料来源：日本公正交易委员会事务局：《关于企业集团的现状》（概要），1983年6月21日。

2. 经营者的权力大，主银行的监督有力。日本股份有限公司的股份虽然多数为法人股东所掌握，但是法人股东持股的目的主要是与企业保持长期的生产经营或其他业务上的联系，而不是为了短期的红利，没有必要干预和控制企业的经营活动，再加上法人企业之间相互持股，因此，大股东之间的对企业的影响力因企业之间的相互依存而抵消，企业经营者的权力很大。经营管理的大政方针基本上不受股东影响而由经营者独立制定。对企业经营活动的经常性监督也由公司的监事会来承担。但是，企业如果经营不善，或者发生亏损，法人持股者特别是主银行会利用它们所处的特殊地位，及时发现，并进行干预。它们或给企业发出警告，或联合起来通过股东大会撤换公司的高层领导人，通过这些措施对公司进行有效的监督。

（二）美国股份有限公司的主要特点

1. 个人股东所占比重大，股权分散。与日本相反，美国吸取了1929年经济大危机的教训，法律禁止银行对企业持股，对企业间的相互持股也有严格的规定，因此，在美国的上市公司的股权结构中，法人持股的比重较低，它们的股票绝大部分掌握在个人股东手中。70年代，美国上市公司的股票70%为个人股东持有，80年代虽然这一比例有所降低，但1990年也达到56%。在美国，直接持有上市公司股票的人数有上千万之多，加上间接持有股票的人数则超过1亿，占美国全国人口的一半以上，这种情况是其他西方国家不能比的（据统计，英国持股者占全国成年人口的比重不到10%，其他欧洲国家只有2%—3%）。而且，每个上市公司的股权十分分散，单个投资者的资本份额很低。例如，美国最大的企业通用汽车公司，它的股东人数多达200多万，股票总数为4亿股，平均每个股东只持有200股，没有任何股东持有的股票超过公司股票的1%。

机构投资者所持的股份近年有所增加。近年来美国的退休基金、共同基金（mutual fund）等所谓机构投资者持有的比重上升，1990年，其持股比重达到36.6%。机构投资者除了具有中介性质和持股较集中等特点外，在投资目的和行为上与个人股东并没有什么区别。他们都是为了直接的投资收益，对与企业保持长期的关系不感兴趣，一有风吹草动，就会转手。

由于上述情况，美国上市公司的股权结构的稳定性比日本公司的要差得多。

2. 股东对经营者的约束力弱，经营者的权力大。由于美国股份有限公司的股票大部分掌握在个人手中，股权非常分散，它们不可能联合起来对公司的经营者施加影响。法人股东虽然也掌握美国股份有限公司的一部分股票，但是它们主要是机构投资者，它们购买股票的目的是为了股息和红利，因此，也不是稳定的投资者，对企业的决策并不感兴趣，也不可能对公司施加有效的影响。这两方面的原因决定了股东对公司经营者的约束力很弱，经营者的权限很大。一些经营者甚至利用这种权限为自己谋私利，所以美国的企业家的收入在全世界是最高的，以致前几年某些企业发生了股东联合起来迫使经营者下台的事情，有的学者把这种现象称为"所有者的觉醒"。

（三）德国股份有限公司的主要特点

1. 法人特别是工商企业持股比重大。1990年，在德国股份有限公司的股份中，个人股东持股的比重为17%，非金融法人占42%，人寿保险占12%，银行占10%，在法人持股高这一点上，德国与日本极为相似，而且德国的工商企业法人持股甚至高于日本。德国银行持股的比重虽然不如日本的高，但持股比日本集中。日本商法规定金融机构对企业的持股率不得超过5%，而德国无此限制。德国少数银行持有大企业的股份高达30%—40%。

2. 实行"双委员会"制度和"职工参与决定"制度。德国股份有限公司实行监事会和理事会"双委员会"制度。它的监事会权力大，相当于欧美国家公司的董事会，其主要职责包括：决定公司的基本政策，任免公司理事会成员，监督理事会工作，决定理事会成员的报酬等。而理事会则相当于欧美国家公司的执行机构。监事会不参与公司的具体管理，一般也不对外代表公司进行活动。公司的日常经营由理事会负责。理事会要定期向监事会汇报公司的经营情况，监事会还可以随时向理事会了解公司事务，也可以随时审查公司的账目。

德国公司权力机构的另一个特征是实行"职工参与制度"。德国法律对不同规模的企业监事会中的职工代表有具体规定，少的也要占监事会成员的30%，多的达到50%。1988年，在德国100家大股份有限公司的1496名监事中，职工代表占729名，职工代表监事平均占48.9%。因此，职工对企业的决策有相当大的发言权，尤其关系职工切身利益的决定没有职工代表的同意是很难获得通过的，这在一定程度上弱化了股东对企业的直接支配权。

四、我国国有企业股份制改造的提出

从1978年到现在,我国的国有企业改革大体上经历了扩大企业自主权试点(1978年年底至1984年9月)、实行以承包制为主体的多种经营方式(1984年10月至1986年年底)、转换企业经营机制(1987年年初至1993年年底)和建立现代企业制度等四个阶段。在改革的前两个阶段,即在1987年前,中国企业改革基本上走的是一条扩权让利,以利益刺激为主的路子。当然,这绝不是说不需要调整国家、企业、职工的利益关系。在高度集中的计划经济体制下,国家在财政上实行统收统支的政策,企业没有独立的经济利益,经营好坏一个样,挫伤了企业和职工的积极性,不调整三者的利益关系,企业就不能产生内在的经济动力,搞好经营管理,提高经济效益,职工也缺乏长期的积极性和创造性。问题是调整利益关系必须以经营机制的转换为目标,离开经营机制的转换去单纯调整利益关系,就给企业留下了"利益谈判"的空间。企业利益的获得,不是完全依靠自身的努力,而在很大程度上要依靠与政府的"讨价还价"的谈判。而且,由于企业内部没有形成自我约束机制,当外部约束减弱以后,企业的不合理行为就泛滥起来,如盲目贷款,盲目投资,滥发奖金、财物等。

1986年年底,在经济学家们的推动下,有关部门提出了"改革微观机制"和"完善企业内部机制"的问题,这是人们思想认识上的一大飞跃。但是,在实际工作中仍然是普遍推行新一轮承包,这种经营方式虽然对落实企业的经营自主权、增强企业活力起过一定作用,但是,由于它存在一些先天性的弊病,如政企难以分开,不规范,缺乏平等的竞争条件,容易受经济环境变化的影响,企业短期行为严重,资产存量不容易调整等等,它仍然未触动传统企业制度本身。事实证明,实行这种经营方式虽然能使企业经营机制有所改善,但是达不到转换企业经营机制的目的,换句话说,在传统的国有企业制度下,企业经营机制是不可能得到根本性的转变的。这一阶段有开创性的工作是扩大了股份制的试点,尽管不少试验是不规范的,是没有得到政府各个部门全力支持的,但是试验证明,采用股份制的企业在落实企业自主权和转换企业经营机制方面仍然取得了突破性的进展。到1993年年底,中国的股份制企业已经发展到1.12万个。据国家经贸委等单位的调查,在股份制试点企业中,14项自主权落实得比较好的占80.2%,比一般企业高出一倍;有78%的股份制企业认为企业经营机制发生了根本变化和很大变化。这足以说明,不解决产权问题和建立现代企业制度,以重塑市场主体,使企业成为独立的法人实体,企业经营机制不可能发生根本性的转变,这就促使企业改革从扩权让利,以利益刺激为主转到建立现代企业制度的轨道上来。因此,1993年11月,中共十四届三中全会通过了《关于建立社会主义市场经济体制若干问题的决定》,指出,国有企业改革的方向是建立产权明晰、权责明确、政企分开、管理科学的现代企业制度,并指出,国有企业实行公司制,是建立现代企业制度的有益探索。公司可以有各种类型。具备条件的国有大中型企业,单一投资主体的可以依法改组成国有独资公司,多主体的可以依法改组成有限责任公司或股份有限公司。上市公司只能是少数。与此同时,我国的《公司法》也于1993年11月获得通过。这标志着我国企业改革进入了以国有企业公司化改造为主要内容的建立现代企业制度的新阶段。

五、国有企业的公司化改造与产权关系的重组

(一)理顺和重组国有企业产权关系的指导思想

1.理顺和重组国有企业的产权关系,要坚持用是否有利于发展生产力的标准来衡量改革的措施。要纠正"国有制是公有制的高级形

式""公有制程度愈高愈好"等旧观念,从有利于提高生产效率和发展社会生产力的观点来选择公有制的形式和结构。一般来说,在成熟的市场经济下,国有制在自然垄断和信息垄断性强的产业、幼稚产业以及一些生产特殊产品或提供特殊服务的行业具有相对优势。因此,从总体上看,现在我国国有制存在着涉及面过宽、战线过长的问题。要通过明确国有资产的投资领域、出售小型国有企业、出售部分大中型国有制企业的股权等形式,适当收缩战线、优化国有资产的配置结构。

2. 理顺和重组国有企业的产权关系要坚持公有制是在实践中不断发展的、公有制的实现形式是应该探索的观点。按照马克思原来的设想,无产阶级取得政权以后,要将一切生产资料归全社会所有,因此,只存在单一的全民所有制,但是,在社会主义的实践中,各社会主义国家根据自己的具体情况,又采用了集体所有制的形式来发展经济,南斯拉夫还长期广泛进行了社会所有制的试验。我国实行改革开放政策以来,不仅对国有企业的经营管理方式进行了多方面的改革,采取了多种经营方式,而且,在公有制的实现形式上也进行了一些可贵的探索。比如,在国有企业的改革中,进行了公有股份制的试验;在发展集体经济中,发展了农村乡镇企业,进行了股份合作制企业的试验。这些都是有益的探索,有的已经取得了较好的成效。随着改革的深入,养老基金、共同投资基金等具有公有制特征的产权组织形式也会出现,而且将会具有很强的生命力。所以,公有制是在不断发展的,公有制的形式是多种多样的。我们应当在实践中不断探索适合我国生产力发展水平,能够促进生产力快速发展的公有制形式。

3. 理顺和重组国有企业的产权关系要把国家的一般社会职能、经济调控职能和所有者的职能分开。国家的职能一般可以分解为一般社会职能、经济调控职能和国有资产所有者的职能。国家的一般社会职能,包括保卫国家安全、维护社会治安、开展外交活动、保护人类生存环境等等；经济调控职能包括控制货币发行和银行准备金、控制利率、调控供给和需求以及实施社会保障等；所有者职能包括对属于国家的资产进行管理和委托经营，对所属或控股、参股的企业派遣相应的经营人员、取得资产收益等。国家的一般社会职能和经济调控职能是超越所有制界限的；国家作为全民财产的所有者，它只能对全民所有制企业或控股、参股的企业履行所有者的职能。

4. 理顺和重组国有企业的产权关系要把所有和经营的职能分开。国家在履行所有者职能时，应当将管理和经营分开，国家通过有关的国有资产管理机构从制定方针、政策、法律法规等方面管理国有资产，把国有资产的经营委托给国有资产经营组织和企业去进行。

5. 理顺和重组国有企业的产权关系还要对国有资产实行金融化、价值化管理，促进国有资产的流动。永远会有国有企业，但没有永远不变的国有企业。对国有资产的管理要由实物形态的管理转变为价值形态的管理，要改变国有制企业的封闭式经营，形成国有资产合理流动的机制，通过对小型国有企业的拍卖、企业之间的兼并合并、国有股权的转让等形式，促进国有产权的流动，将国有资金投入到急需的产业，优化国有资产的配置。

（二）国有产权关系的界定

1. 国有资产的分级所有。按照现行体制，国家对国有企业资产的管理实行的是国家统一所有、政府分级监管、企业自主经营的体制。所谓统一所有，就是所有国有资产都由国务院统一行使所有权；所谓分级监管，就是具体的监督管理由各级政府实施，各级政府对其监督管理的资产享有资产收益权、处分权和选派管理者等项权力。这种管理体制实质上是承认各级政府对其监管的国有资产拥有有限所有权。这种管理体制的好处是中央对国有资产有较大的权力，减少界定产权的工作量。但是这种管理体制存在着产权关系不明晰，不利于发挥地方政府的积极性等缺陷。为了适应国有企业股份制改造的新形式，分级监管将来应该发展为分级所有，即根据谁投资，谁管理和谁收益的原则来确定国有产权的归属问题。

从实质上看，我国现有的国有企业与资产不能量化到人的城镇集体所有制企业以及农村的乡镇企业（合作企业另当别论）之间并不存在性质和公有化程度方面的区别，而只存在公有化范围和管理方法的区别。村办企业的资产属于某一个村的全体村民所有，由村民委员会行使所有权；乡镇企业的资产属于某一个乡镇的全体居民所有，由乡镇政府行使所有权。同样，根据国外的做法和我们过去的经验，根据谁投资，谁所有和谁收益的原则，我们也应当将国有企业和国有资产公有化范围适当缩小，把它们界定在某一级政府的管辖范围内。按照现行的行政体制，国有资产可以分解为中央、省（自治区、直辖市、计划单列市）、市、县四级所有，并分别由同级政府来行使所有权。由此，各级政府所有的资产也不应该笼统称为国有资产，而应该视为一级政府所有的资产；由各级政府单独投资建立的企业（包括在界定产权时划归它们的企业）以及它们联合投资形成的企业也不应该再笼统称为国有企业，而应该称它们为公共企业（包括乡镇企业）。如果一定要称为国有的话其含义也发生了变化，即变成了某一级政府所有的"国有"企业。

将公有财产落实到一级政府所有是实行市场经济的国家和地区普遍采用的一种公共财产管理制度。在美国，联邦政府有自己的财产，州政府、县政府等地方政府也有自己的财产；在北欧的一些国家，它们把政府拥有的企业称为公共企业（the public enterprises），而不笼统称为国有企业，如瑞典的公共企业就分为"国家所有（中央政府所有）、地区政府所有，以及地方的市镇所有"；[①] 在意大利，除国有企业（中央政

[①] 萨昂·卡尔森：《瑞典国有企业管理》；周叔莲等编：《公共管理与经济改革》，经济管理出版社1987年版。

府所有），如伊里公司、埃尼公司、埃菲姆公司等外，还有地方政府所有的企业，如市镇企业就属于市政府所有；在日本，"国有企业一般称为'公营企业'，其资产分别属于中央政府和地方政府所有"，[①] 如东京的地铁就分属日本政府所有、东京都所有和财团所有（非私有）。将公有财产落实到一级政府所有，有利于明晰产权，解决企业的所有者缺位问题，加强各级政府对自己所有财产的管理。

在我国，将国有资产落实到一级政府所有，可以在不改变企业公有制性质的前提下，实现投资者主体多元化，为国有企业的股份制改造创造条件。从某种意义上说，没有所有者（投资者）主体的多元化，就没有真正规范化的公司。虽然我国的公司法允许在个别行业建立少数国有独资公司，但是实践已经证明，国有独资的企业形式难以将企业的财产和国家的其他财产区别开来，难以做到政企分开，弄得不好，还会出现大量的翻牌公司，败坏公司的声誉。对采取这种公司形式，应该持特别慎重的态度。因此，对绝大多数企业来说，进行公司化改组，必须以实现所有者（投资者）主体多元化为前提条件，并根据国家规定和自身的不同情况，改造成有限责任公司和股份有限公司。而实行分级所有，可以在不改变公有制性质的前提下形成成千上万个投资者主体，为国有企业顺利进行股份制改造创造前提条件。实行分级所有还有利于正确处理中央和地方的投资关系，较好地发挥中央和地方的积极性。随着投资体制改革的深入，中央和地方、地方和地方联合投资的项目会越来越多，这种投资项目只能采用股份制的形式，并根据谁投资，谁受益的原则来处理相互之间的财产关系和利益关系。如果将这种联合投资的资产和形成的企业都笼统说成是国务院统一所有，就很难处理好各方的投资关系，会影响地方政府的投资积极性。

[①] 徐向艺：《四个主要资本主义国家国有企业管理制度的比较》；周叔莲等编：《国有企业的管理与改革》，经济管理出版社1989年版。

2.国有资产的授权经营。当国有资产落实到一级政府所有以后,政府也不能直接经营这些国有资产,它们必须授权给国有资产的经营组织去经营。在实行股份制的企业,政府或国有资产的经营组织还要派出代表进入这些企业去参与经营决策。有些人将这种授权关系称为委托与代理关系。无论怎样去概括这种关系,总之,它与私有资产的所有者可以直接去经营自己的资产有很大的不同。

授权经营的关键是正确确定国有资产的代表。这是一个难度较大的问题,解决得不好,就会出现两种趋向:一是产权关系仍不能理顺,继续存在多方插手、政企不分的状况,不利于企业经营机制的转换和企业活力的增强;二是产权代表形同虚设,不能发挥应有的作用,特别是产权的约束不能增强,不能保证国有资产的有效增值。

但是,解决这个问题的思路目前还不够清楚,《公司法》和十四届三中全会的《决定》等都没有对此作出明确的规定。在公司化改组的试点中,政府的财政部门、国有资产管理部门、工业主管部门以及行业公司等都认为自己应该是国有资产的所有者代表,都有权行使所有者的职能。我们认为,这种主张和做法不利于理顺国有企业的产权关系,不利于政企分开,会给国有企业公司化改组造成许多困难。为了避免出现上述两种趋向,国有资产的产权不能由政府机构来代表,而应该由经济组织来代表。这种经济组织可以是国有资产经营公司、投资公司、控股公司,也可以是大型企业集团公司,这些经营国有资产的经营公司必须是纯国有企业,国家授权它们作为国有资产的代表,对国有资产进行经营。它们以国有股的股东身份依法享有获取资产收益、选择管理者、影响控股参股企业的投资决策以及转让股权等权力,而不干涉被投资企业内部的生产经营活动。企业对包括国家在内的股东投入到企业的资产拥有法人财产权和经营自主权。这种企业不再隶属于政府机构,它们是无上级主管部门、无行政级别的独立法人实体。

3. 国有产权的重组。企业制度由单一业主企业和合伙企业向公司企业转变的时候，美国学者伯利（A. A. Berle）就曾经说过：股份公司"并非仅仅给个人企业穿上一件法律的外衣而已。股份公司给企业加上一层新的物质，即多重所有权的物质"。① 同样，国有企业进行公司化改造，不仅要明晰产权关系，更重要的是要对传统的国有产权关系进行重组，以形成符合股份公司要求的新的财产组织形式。

（1）所有者（投资者）主体的多元化。国有企业进行公司化改组必须实行所有者（投资者）主体的多元化。从某种意义上说，没有所有者（投资者）主体的多元化，就没有真正规范化的公司。在某些西方国家，虽然也允许建立私人独资公司，但是由于这种公司很难把投资者个人的财产和公司的财产分开，社会不容易对它们进行监督，这种公司的信誉较低，不容易发展，在公司总数中它们所占的比例较小。我们对国有企业进行公司化改造，是要有效地实行出资者所有权与企业法人所有权的分离，实现政企分开，摆脱行政机关对企业的直接控制，解除国家对企业承担的无限责任，使企业拥有法人财产权，即对所经营的资产具有占有、使用、收益和处分权，成为自负盈亏的法人实体。因此，对绝大多数企业来说，进行公司化改造，必须以实现所有者（投资者）主体多元化为前提条件，并根据国家规定和自身的不同情况，改造成有限责任公司和股份有限公司。国有独资公司很难成为独立的、能自负盈亏的法人实体，很难达到国有企业的改革目标。弄得不好，还会出现大批的翻牌公司，败坏公司的声誉。对采取这种公司形式，应该持特别慎重的态度。

实现所有者（投资者）主体多元化，除实行分级所有外，还可以有多种形式，包括：采取各种方式吸收职工入股；资产折股，明确产权，变

---

① 伯利：《现代股份公司与私有资产》，台湾银行出版社1981年版。

为股份制经营；一些退休职工很多、负担过重的老企业，经过有关部门批准可将部分国有资产划归企业职工集体持股，以解决退休职工的工资和其他社会保险问题；经过有关的部门批准，将企业的部分资产折股变卖；通过发行股票，增加企业的资本金；在企业的横向联合中实行股份制经营；在企业兼并中实现所有者主体（投资者主体）多元化；个人承包、租赁企业，在经营过程中由承包者或承租者增加对企业的投资；某些新建企业一开始就可以实现所有者主体（投资者主体）的多元化。

（2）股东权益与公司的法人财产权。投资者向企业投资，就成为企业的股东，按照国家法规和公司章程，拥有股东权，包括收益权、重大决策和选择管理者的权力；企业拥有法人财产权。

目前，对法人财产权的解释有不同的说法。有的认为，法人财产权是指占有、收益和处分权；有的认为法人财产权就是指人们以前常说的经营权；也有人认为法人财产权是指财产的支配权。我们认为法人财产权就是指的法人所有权，即占有、使用、收益和处分权。

不同意公司对其经营的资产拥有法人所有权的人坚持的理由主要有两条：①认为这种提法否定了财产所有权具有独占性和排他性的特征，违背了一物不能有二主的原则。这条理由站不住脚。其错误不在于他们坚持的原则，而在于他们对企业法人财产关系的错误分析。他们认为，法人企业的财产权仍属于投资者，因此，公司不可能再有法人所有权。这种看法无疑是错误的。因为在公司企业中，所有者并不是游离在企业之外的旁观者，他们已经进入到企业之内。在公司治理结构中，设立了代表所有者行使所有权职能的财产管理机构，比如，在股份有限公司中，股东大会就是行使所有权职能的财产管理机构，它也是公司的最高权力机构。因此，根本就不存在一物二主的问题。当然，投资者资金投入到公司后，公司根据生产经营的需要，把这些资金变成了资产，投资者个人不可能也没有必要区分哪些资产是由自己的资金购买的，也不可能代表企业去承担民事责任。但是，投资者可以通过股东大会行使自己的股东权力，也还可以通过股票的买卖和收益来实现自己的所有权。正因为如此，有些西方学者认为，股东对投入公司中的资本只拥有"消极所有权"，而公司对其经营的资产拥有"积极的所有权"。②认为收益权应该属于股东，而不应该属于公司，因为公司的全部资产等于股东权益加负债，所以公司对其经营的资产只应该拥有占有、使用、处分的权力，而不应该拥有收益的权力，换句话说，公司不能对其经营的资产拥有法人所有权。初听起来，这种说法似乎有一定道理，但是仔细分析，它也是站不住脚的。其主要错误是将两个层次的收益权混为一谈了。我们知道，公司作为一个整体，作为一个法人组织，它在生产经营过程中，必须有自己的收益权，才能形成企业的整体收入；公司取得收入以后，扣除公积金、公益金后，才能在股东中按股进行分配。正因为如此，有些人把这两个层次的收益权区分为初始收益权和最终收益权。初始收益权归公司，最终收益权归股东。所以笼统否定公司具有收益权也是不对的。

（3）建立规范化的公司治理结构与发挥企业党组织和工会的作用。国有企业现行领导体制的主要形式是厂长（经理）负责制。这种领导制度是按照单一投资主体的国有制企业组织形式确定的，其主要缺陷是：所有者或所有者的代表没有进入企业，缺乏行使所有者职能的机构，职能划分不清，缺乏相互监督制约的机制，不能适应公司制的需要。国有企业进行公司化改造，必须设立股东会、董事会、监事会和经理办事机构等分层次的组织结构和权力结构，并明确规定它们的权责和相互之间的关系，各司其职，各负其责，相互制约，形成层次分明、逐级负责的纵向授权的领导体制。

要建立这样一种规范化的公司治理结构，必须处理好它们与党委会及职代会的关系。党组织作为一个政治组织，在以公有制为基础的股份制企业中，处于政治核心的地位，发挥政治核心作用。党组织要围绕生产经营开展工作，其主要任务是：贯彻执行党的基本路线，保证监督党和国家的方针政策在企业得到贯彻执行；对企业的生产经营、技术开发、行政管理、人事管理等方面的重大问题提出意见和建议，参与企业重大问题的决策；加强党组织的思想、组织、作风建设，在企业的改革和发展中充分发挥基层党组织的战斗堡垒作用和先锋模范作用；领导企业的思想政治工作和精神文明建设，培育适应现代企业制度和企业发展的有理想、有道德、有文化、有纪律的职工队伍；支持股东会（股东大会）、董事会、监事会和经理（总经理）依法行使职权，领导工会、共青团等群众组织，协调企业内部各方面的关系，引导、保护和发挥各方面的积极性，同心同德办好企业。党组织主要成员应具备能做好党务工作与经济工作的双重素质，党组织的负责人可与董事会、监事会负责人或经理、副经理适当交叉任职。条件具备的，党委书记和董事长或者党委书记和总经理可由一人担任，规模较大、职工和党员人数较多的企业应设专职党委副书记。党委书记与董事长、总经理分设的，董事长或总经理具备条件的可以兼任党委副书记。党委成员进入董事会、监事会，董事、监事、经理、副经理进入党委的领导班子，要严格按照《党章》《公司法》和其他有关规定办理。股份制企业的党组织，要从股份制企业的资产结构、领导体制、经营机制、用工与分配制度等方面的特点出发，认真改进工作方法和活动方式。对企业生产经营方面的重大问题党组织要认真研究讨论，向董事会、经理提出意见和建议，而不应该直接决策和指挥。要把加强党的思想政治工作与培育企业精神、建设企业文化、解决职工实际问题结合起来，要在国家有关股份制企业的法律、法规范围内，紧紧抓住生产经营这个中心，围绕企业改革和发展，积极主动地开展党的活动。

在股份公司中，一般不应该再设职工代表大会，但在董事会和监事会成员中，应该有一定比例的职工代表，同时要发挥工会的作用。公司在研究决定有关职工工资、福利、安全生产以及劳动保护、劳动保险等涉及职工切身利益的问题时，应当事先听取公司工会和职工的意见，并邀请工会或者职工代表列席有关会议；公司在研究决定生产经营的重大问题、制定重要的规章制度时，应当听取公司工会和职工的意见和建议。工会应该在党组织领导下，在参加企业的民主管理、维护工人的正当权益、活跃职工的业余文化生活等方面积极开展工作。

（4）国有资产与企业组织形式。经过产权关系的重组和股份制改造，我国的国有资产将形成以下五种企业组织形式：①单一主体的公共企业，包括中央投资的企业和某一级地方政府投资的企业，它们由中央或某一级地方政府分别投资建立。②多主体的公共企业。它们有的由中央政府和地方政府共同投资建立；有的由地方政府与地方政府共同投资形成；有的由政府投资的多个国有企业联合投资形成，但这些企业已经股份化。③政府控股的企业。在这种企业内部已经实现了各种所有制的混合、融合，它们已经成为一种混合所有制企业，但政府股起主导作用。④政府参股的企业。这种企业政府只参股，不控股。⑤有国家股份的多个法人单位以及由它们和无国有股的法人企业共同投资建立的企业。国家对这些法人单位再投资形成的企业，不表现为直接的所有者关系。同时，我国集体所有制的实现形式也会带来相应的变化。以上企业组织形式及其变化可以用表2-4来表示。

表2-4　国有资产重组后企业组织形式的变化

企业形式＼企业形式	中央投资的企业	地方投资的企业	政府控股的企业	政府参股的企业
中央投资的企业	多主体公共企业	多主体公共企业	混合所有制企业	混合所有制企业

(续表)

企业形式＼企业形式	中央投资的企业	地方投资的企业	政府控股的企业	政府参股的企业
地方投资的企业	多主体公共企业	多主体公共企业	混合所有制企业	混合所有制企业
政府控股的企业	混合所有制企业	混合所有制企业	混合所有制企业	混合所有制企业
政府参股的企业	混合所有制企业	混合所有制企业	混合所有制企业	混合所有制企业

（5）国有资产的流动。要稳步培育产权交易市场，进行多种形式、多种渠道和多层次的产权交易。上市公司的国有股必须和其他股一样，可以进入股票交易市场交易，限制国有股在股票交易市场交易的做法是错误的，既不符合股份公司的法律法规，也不利于国有资产的流动和优化组合。必须为有限责任公司的股权转让建立必要的市场，创造必要的条件。企业可以通过产权交易市场，兼并、租赁其他企业，向其他企业投资、参股，也可以出售自己的股票。为了优化国有资产的配置，要有步骤地将小型国有企业的资产转让给集体或者个人。破产企业可以通过产权交易市场出售自己的资产，以清偿公司的债务。

六、国有企业的公司化改组与政企分开

（一）国有企业的公司化改组与政府职能转换

政府和企业是两种不同性质的组织。政府是政权机构，是政治组织；企业是生产、经营单位，是以营利为目的的经济组织。为了充分发挥各自的职能，首先，要把这两种不同性质的组织从组织形式上分开。既不能把一个国家、一个部门、一个行业或一个地区当作一个个大企

业,"以政代企",让它们成为类似企业的经营管理组织,也不能把企业变成一级小政府,"以企代政",让企业成为类似政府的政治组织。其次,要把政府职能和企业职能分开。在传统体制下,政府不仅承担社会管理职能和宏观经济管理职能,而且还直接介入企业的生产经营活动,"集运动员、裁判员和规则制定者的身份于一身";企业也管了许多应该由政府管理的事。在市场经济条件下,政府应当最大限度地减少对企业的直接管理,只有这样,它才能集中精力、客观且冷静地从社会总体利益出发,履行其社会管理职能、宏观经济调控职能以及国有企业和国有资产的所有者的职能。因此,就国家的经济管理职能来说,政府转换职能的总方向应该是实行政企分开,变直接管理为间接管理,变单项管理为综合管理,变实物形态管理为价值形态管理和总量管理。企业应当成为真正的企业,一心一意搞好生产经营,提高自己的经济效益。

(二)国有企业的公司化改组与国有资产的经营管理

按照现行的国有资产监督管理法规,国家对国有企业资产的监督管理分为三个层次,即政府的国有资产行政管理部门、政府授权的监督机构和由监督机构派到企业的监事会。但是,这种管理条例只适用于管理国有企业的资产,而不适用于股份制企业,因此只能是过渡性的。为了适应股份制企业的需要,使政企职能真正分开,促进政府职能的转换,必须将国有资产的管理和经营分开,建立完善的国有资产管理和经营系统。各级政府的国有资产管理和经营系统可以按照以下三个层次设置:

第一个层次是国有资产的行政管理机构。其职能主要包括:会同有关部门制定并贯彻国有财产的占有、使用、处置的各种法规制度;组织清产核资、产权登记、产权界定、资产评估等基础管理工作;汇总和整理国有资产的信息、建立企业财产统计报告制度,并纳入国家统计体系；制定国有资产保值增值指标体系，从整体上考核国有资产经营状况；建立并管理国有资产经营组织，包括国有投资公司、国有资产经营公司、控股公司和大型企业集团公司，它们的投资范围、投资方式、经营方针、高层领导人员等都应该由政府的资产管理部门规定和审批，而且，政府的资产管理部门还要对所属的资产经营组织的投资经营活动进行指导和考评；对非营利性单位的国有资产进行授权管理；配合审计、财政等有关部门按照国家的有关法规和本部门制定的资产管理制度，对国有资产的使用、经营情况进行监督，督促各单位合理利用国有资产，提高经济效益；在国务院规定的职权范围内，会同有关部门协调解决国有资产产权纠纷；政府赋予的其他职责。

但是，现在的国有资产管理部门还不具备这些职能，必须加以改造，给予它们更大的权力，可设想将经贸委和现有的国有资产管理机构合二为一，组成各级政府的国有资产管理委员会，由它们代表同级政府统一行使所有者的职能。

第二个层次是从事国有资产经营的组织。为了从组织上保证实行政企分开，各级政府必须建立一批管理和经营国有资产的经营组织，如各种国有投资公司、国有资产经营公司、控股公司、大型企业集团公司等，它们受托作为国有资产所有者的代表对生产经营性企业进行持股、控股和对国有股进行买卖，其主要职能包括：筹集资金；开展投资和产权转让业务；参与对投资企业的管理；研究、制定公司的发展战略，并对子公司的发展方向、发展战略、投资重点以及重大的投资项目进行指导；在信息、产品研究开发、市场开发、政策咨询、职工培训等方面为子公司提供服务；根据自己的投资方式、投资数量，以不同的形式参与企业的收入分配，取得相应的资金收益；通过向国家上交部分资产收益、保证资产增值等形式独立地承担对国家的经济责任；参与对破产企业财产和债务的清理，维护国家的利益。

当然，在上述四种资产经营公司中，大型企业集团的集团公司和另外三种资产经营公司的职能又应该有所区别，大型企业集团的集团公司不应该是一种纯资产经营公司，它应该是生产经营性的实业公司，也就是说它们应该有自己的生产经营业务，而同时可以被授权经营管理集团中成员企业的国有资产。目前，一些企业集团的集团公司把自己变成一个纯资产经营公司，从长远来看，这样做是不合适的。

第三个层次是生产经营性企业中的国有资产管理机构或国有资产的所有者的代表。生产经营企业的法律形式不同，国有资产的管理组织和管理方式也不一样。如果是没有进行公司化改造的国有企业，必须按照现行的"国有企业国有财产监督管理条例"和其他有关的法律法规执行，国有资产的管理主要由外部的国有资产监督机关和企业内部的监事会来承担；如果已经改组成国有独资公司，由于这种公司内部不设立股东大会，只设董事会，由它行使股东会的部分职权，在公司内部的国有资产的管理职能可以由董事会和监事会承担；如果不是国有独资公司，而是国家控股、参股的股份公司，在公司内部国有资产的管理职能应该由政府授权部门派入公司的股东代表来承担，他们以"国有股"股东的身份依照国家的法律法规和公司章程享有相关的权力。

（三）国有企业的公司化改组与人事制度的改革

国有企业改组成股份公司，企业的人事制度也必须作相应的改革。从事国有资产经营的公司和国有独资公司的董事会成员以及董事长、总经理等企业领导人员，应该由政府的国有资产经营机构会同党的组织部门确定，由政府的国有资产管理部门任命；在国家参股、控股的生产经营性公司，代表国有股进入公司的董事会成员，应该由国有资产经营公司提出候选人，经过股东大会选举产生，并可被选举担任董事长、副董事长、总经理、副总经理等职务。公司的部门经理、中层领导应该由董事长、总经理提名，经过公司党组织和人事部门考核后由公司任命。公司及公司的领导人员都不应再具有行政级别。公司的各级领导人员、一般管理人员、工程技术人员都是企业的职员，必须能上能下，能进能出，不设"铁交椅"，不端"铁饭碗"。

七、国有企业的公司化改造与减轻企业负担

（一）国有企业的公司化改造与减轻企业的债务负担

在国有企业公司化改造过程中遇到的另一大难题是企业债务过重。造成企业债务负担重的原因是多方面的，主要是：①长期以来，国家对已投产的企业很少追加流动资金，在改革前企业又把利润全部上交国家，使企业的自有流动资金很少，企业的生产规模扩大了，所需流动资金却得不到补充，不得不主要依靠贷款来解决。②实行"拨改贷"政策以后，本应该由国家作为投资拨给企业的技改基金和基建基金也改由企业向银行贷款，要企业还款付息，而由这些资金形成的资产又全部归国家所有，这显然是不合理的，也加重了企业的负担。③国有企业原来的机制使一些企业领导人对投资效果不负责，不考虑企业有无偿还能力，盲目借债，使企业的投资效果差，企业没有还债能力，债务包袱越来越重。④企业在经营过程中形成的一些呆账、死账，造成了一些资金损失长期没有得到解决。由于这些原因，我国企业的负债率很高。据对1994年已完成清产核资的12.4万家工商企业的统计，它们的资产总额为41370.1亿元，负债总额为31047亿元，平均负债率为74.3%，所有者权益仅为10321.1亿元。权益的流动资金负债率高达91.5%，权益自有流动资金仅占8.5%。问题还不仅仅只是企业的负债率高，更严重的是企业的资金利润率较低，只有7.4%，企业缺乏偿还能力。许多企业的资产负债率接近1：1的安全系数，有些甚至资不抵债。这种状况给国有企业的公司化改造造成了极大困难。

为了合理解决这个问题，在进行公司化改造时，应该区别不同情况，采取不同的办法调整企业的资产负债结构。解决亏损挂账和资产损失确有困难的，在经过有关部门审核后，分别按冲销企业公积金、资本金，冲销银行呆账准备金贷款余额，挂账停息等办法处理。

对企业中由"拨改贷"投资和基本建设资金贷款本金所形成的历史债务，也应该区别不同情况处理。如，符合国家产业政策，需要重点支持的企业，可以将这部分贷款余额一次性地转为国家资本金；企业无资本金或者资本金未达到法定限额的，经过有关部门审定后，应该按照不低于法定注册资本金的原则转为国家投资，作为国有资本金。

无"拨改贷"投资和基本建设基金贷款的，应该由其批准设立的政府部门确认的出资者注入法定的资本金。对非金融机构的债务，经过对方同意，也可以将债权变为股权，使债权单位变为公司的股东。

（二）国有企业的公司化改造与减轻企业的社会负担

除某些大城市的少数企业外，国有企业在进行公司化改造时都面临着"大而全"、"小而全"、机构臃肿、人员富余、企业办社会等问题，造成了劳动生产率低、资金利润率低的状况。以武汉钢铁公司为例，1993年，全公司有职工12.17万人，而直接从事钢铁生产的，除矿山外，只有2.79万人，占全体职工的22.7%；如果加上能源、运输、机关管理人员等必要的管理和生产辅助系统，也只有4.99万人，占全体职工的40.57%；非钢铁生产人员高达7.18万人，占全体职工的59.4%。[1] 武汉钢铁公司在我国大型企业中是一个经营得很好的企业，它尚且如此，别的企业的情况可想而知。如果不改变这种状况，在股份制改造时，非生产经营性的资本就会过大，股利会很低，股东就不会愿意投资。因此，

---

[1] 杨家志："从武钢的剥离重组看国有企业的股份制改革"，《中国工业经济研究》1994年第7期。

国有企业要进行公司化改造，建立现代企业制度，必须采取切实可行的措施解决企业社会负担重的问题。

减轻企业的社会负担有以下两种做法：

1."金蝉脱壳，主体再生"。企业在进行公司化改造时，为了减轻股份公司的社会负担，可以把主体的全部或一部分拿出来进行公司化改造，使它们成为一个新的法人企业，而原来的企业仍然保留，而且将企业办社会部分也留给原来的企业，原企业实际上成了新成立的股份公司的大股东，它们经过重组逐步向控股公司的方向发展。如牡丹江毛毯厂把毛毯部分分离出来，与加拿大MIC（北美）有限公司合资建立了加利华针织品有限公司，主要生产印花高弹复合地毯和经编高级拉舍尔针织毯、簇绒印花针织毯和高档童毯、腈纶精梳纱等系列产品，而把棉毯生产和企业办社会部分留给原企业，使新设立的股份公司完全按照新的经营机制运行，产生了较好的效果。四川长虹机器厂也是一个成功的例子。长虹厂是一个生产无线电产品的军工企业，在军转民的过程中它开发了彩色电视机产品，这部分逐渐壮大后，从主体厂分离出来，改组成了一个股份制企业，主体厂成了它的母公司，生活服务部分自然也留给了母公司，现在该股份公司的彩电产量已是全国电视机厂的第一名。

由于这种做法不需要将辅助部门从原主体上分离出来，因此对新分离出来的部分进行股份制改造比较容易进行，工作量小，进展快。缺点是将加重原企业的负担。从形式上看它们是新成立的股份公司的参股或控股企业，但是实际上是依靠新成立的股份公司上交的投资收益维持，它们的经营会遇到很大困难。

2."剥离辅助，精干主体"。为了避免上述方式的缺点，更多的企业在进行公司化改造时，要将为职工生活服务的部分和辅助生产部分独立出来，然后将主体部分改造成股份公司。一些企业将这种办法称为"剥离辅助,精干主体"。在"剥离辅助,精干主体"时,要区别不同情况,采取不同的办法:属于应该由政府、社区负责的,如学校、医院等,可划给当地政府、社区,由它们来统一组织;纯粹为企业服务的,可以组成服务性的经济实体,进行独立核算,成为股份公司的分公司;既为企业服务,又可以为社会服务的,可以组成独立的经济实体,赋予它们法人地位,让它们自主经营,逐步做到自负盈亏;有的可以改为非营利的事业法人,通过政府资助、社会赞助和服务收费等方式弥补开支;企业还要积极进行住房制度的改革,向住房社会化、商品化的方向过渡;有条件的地方和企业,还可以将辅助生产部门独立出来,自主经营,在为本企业服务的基础上,为社会提供服务,充分发挥它们的生产服务能力。

被分离单位的产权经过界定后,要区别不同情况采用不同的办法处理:凡改为国有独资公司的应该由改制后的公司持有;主体部分改造成股份公司后,在其上面设立国有控股公司的,应该由控股公司持有;移交地方政府的,应该办理财产移交手续。

企业的具体情况不同,"剥离"的方式也不同,一般可采取两种方式:一种是整体分离方式,即把一些单位成建制地从主体内分离出来,给予它们法人地位,进行自主经营、自负盈亏。采取这种方式的,被"剥离"单位原来的独立性就较强,有较稳定的服务方向,有比较好的经营条件。另一种是重新组合式,即把需要剥离出来的一些单位经过重新组织,让它们形成新的经营实体。采取这种方式的,有的在服务方向上有一定联系,或有某些相同、相似;有的是互相需要,结合在一起,可以优势互补。

无论采取哪种形式,从一些做得好的企业的经验来看,都必须注意几个问题:①不能把"剥离辅助"单纯看成是甩包袱,而应该将其看成是一个企业由单一经营向多样化经营转变的契机。能否实现这个转变,关键是能否变"福利型"的无偿服务为"经营型"的等价交换,能否变只为主体服务为既为主体服务又为社会服务。②剥离出去的部分一定要合理。不能一说剥离,把必不可少的服务部门和生产辅助部门都剥离出去,即使在发达国家的一些企业里,自己也办有职工食堂、职工培训大学、培训中心等,这些一般也不能完全进行企业化经营。因此,在剥离时必须要有合理的界限,以不影响正常的生产经营秩序和合理的利润率为前提。③对剥离出去的部分,不是撒手不管,而是要"扶上马,送一程"。原企业要给予被分离单位一定的人、财、物方面的支持,帮助其扩大经营,增强实力。在这个过程中要使被分离出来的单位形成新的经营机制,逐步成长、壮大,做到自食其力。④必须做好被分离单位干部、职工的思想工作。被分离单位的职工长期在企业里工作,对企业有一定的感情,而且他们担心分离出去以后会降低收入,许多人都会有一种被遗弃的感觉,在思想上产生某些抵触情绪。因此,一定要对他们做深入细致的思想工作,对他们的安排有切实可行的办法,否则就可能会激化矛盾,甚至影响社会的安定。

第三章 "王国"与"国王"

我们在第一章中曾经分析过,一个个大企业就如一个个大的经济王国,要考察这些"王国"是如何运营的,就不能不考察有效地管理着这些"王国"的"国王"。否则,就跟演出《王子复仇记》而王子不登场一样可笑。当然,我们不是仅仅考察管理这些大中型公司的总裁或董事长,而是要考察经营管理这些大公司的整个领导层,包括董事长(总裁)、副董事长(副总裁)、总经理、副总经理以及董事、经理等,为行文的方便我们将笼统称他们为经理。

一、"经理制"的产生与"经理革命"

大中型企业与小企业不同,在小企业里,管理企业的往往是它们的所有者,即人们通常所说的老板,而在大中型企业里,控制公司的却是一些职业企业家。换句话说,在大企业里,扮演主要角色的不是所有者,而是一群职业经理。造成这种状况的原因主要来自以下两个方面。

1. 由于大中型公司管理复杂,需要具有专门知识、技能的企业家来管理。公司规模的扩大,现代科学技术的采用,市场范围的扩大和变化的加剧,使管理更加复杂、重要,促进了专业经理登上企业管理的舞台。有关资料显示,经理制产生于19世纪40年代。最先采用经理制的是美国的铁路部门。19世纪40年代,美国铁路虽然还不普及,但是由于铁路运输的特殊性,要求有严格的管理。当时,由于管理工作跟不上，西部铁路线常常发生事故。最大的一次事故发生在1841年10月5日，由于两列客车相撞，造成一名列车员和一名乘客死亡，17人受伤。这一事故引起社会舆论哗然，强烈要求改善铁路运输的管理。在马萨诸塞州议会的推动下，铁路公司进行了改革，选配了有专业知识和管理才能的两名高层经理（总主管和董事长）协调各区段的工作。这样，西部铁路线成为美国第一家以专职支薪的经理人员通过相应的管理机构管理的企业，"经理制"由此而产生。

2. 由于大中型企业多是采用股份有限公司的企业组织形式，股权分散，造成了所有权和经营权的分离，企业家掌握了企业的经营权。"经理制"产生后，之所以能在其他产业部门得到广泛推行，与现代股份公司这种企业组织形式的采用有很大的关系。股份公司这种企业组织形式的产生虽然可以追溯到16世纪，但是，现代股份公司的推行却是19世纪末至本世纪初的事情。1862年，英国颁布了《公司法》后，公司达到691家，1879年达到1034家，1877—1887年的10年中，登记的公司共有15165家，[①]1897年新创立的公司达5148家，1880年仅奥耳德姆一地纺织业的股份公司就占了英国全部纱锭的1/7。[②]到19世纪末20世纪初，股份公司在英国成为一种主要的企业组织形式。1817年，美国已有股份公司1800家。到19世纪末，股份公司在采掘业、制造业、运输业、银行业、保险业等行业中已经成为主要的企业组织形式。

股份公司推行以后，一些上市公司的股权向分散化的方向发展，据统计，1929年，无论是美国钢铁公司，还是美国电话电报公司，没有一个股东所持的股票超过股票发行总额的1%，股权如此分散，投资者不

---

① 克拉潘：《现代英国经济史》（下卷），商务印书馆1977年版。
② 李崇淮主编：《股票基础知识》，中国金融出版社1986年版。

可能都去经营企业,所以出现了所有权与经营权分离的现象。

对所有权和经营权分离这种现象,马克思在《资本论》中就进行过分析,他指出:"与信用事业一起发展的股份制企业,一般地说也是一种趋势,就是这种管理劳动作为一种职能越来越同自有资本或借入资本的所有权分离。"① 他还认为,企业主是"能动的、执行职能的资本家","执行职能的资本家与工人相比,不过在进行另一种劳动。因此,剥削者的劳动,像被剥削的劳动一样是劳动"。② 对股份公司所有和控制作出全面、深入分析的是美国学者伯利(A. Berle)和米恩斯(G. Mearns),1932年,他们在《现代股份公司与私有财产》一书中对美国200家大公司进行了分析。他们发现,在这200家大公司中,占公司总数量44%、占公司财产58%的企业是由并未握有公司股权的经理人员控制的,由此他们得出结论:现代公司的发展,已经发生了"所有与控制"的分离(the separation between ownership and control),公司实际上已经为由职业经理组成的"控制者集团"所控制。③ 后来人们把这种现象称为"经理革命"。尽管现在一些人对"经理革命"的结论仍有保留,但是谁也无法否认这种事实,所以这种观点在西方已被广泛接受,伯利也因此而闻名于西方学术界。

二、大中型企业经理层的主要特点

为了使读者对大企业的经营者们有一个总体的概念,我们先来分析大企业领导层的一些特点。

---

① 《马克思恩格斯全集》第25卷。
② 同上。
③ 伯利:《现代股份公司与私有财产》,台湾银行出版社1981年版。

1. 主要领导人多数来自企业内部。据调查，在西方国家的大公司的领导层中，主要经历是在本公司任职的比例很高（2/3 以上的经历在本公司任职），英国大公司的总裁达到 56%，其他经理董事达到 72%，所有经理董事达到 69%；美国大公司的总裁这一比例达到 96%，其他经理董事达到 88%，所有经理董事达到 91%。可见，这两国大公司的主要领导人员绝大部分是由公司内部培养、选拔的（见表 3-1）。

表 3-1　美英两国大公司经理董事的经历

国家	职务	2/3 以上的经历在本公司任职（%）	从其他公司的经理位置转来的（%）	被合并的其他公司的经理人员（%）
美国	总裁	96	4	0
	其他经理董事	88	8	4
	所有经理董事	91	6	3
英国	总裁	56	32	12
	其他经理董事	72	13	15
	所有经理董事	69	17	14

2. 企业的领导层比较稳定。据英国学者 A. D. 科斯和 A. 休斯对美国和英国的 54 家大公司的调查，它们的领导层都比较稳定。特别是企业的董事长、总经理等高层领导人任职期都比较长。

表 3-2　英美两国大企业董事会成员的稳定性

职务	1971—1981 年留在董事会中的董事所占比例（%）	
	英国	美国
总裁	48	74
其他经理董事	20	22
非经理董事	25	33
所有经理董事	24	32

表3-3 董事会成员的年龄和在本公司任职的平均年份

国家	职务 年龄及任职年数	年龄	在本公司任职的平均年数
美国	总裁	58.3	28.7
	所有经理董事	55.6	25.8
	所有非经理董事	60.3	9.8
	所有经理董事	58.6	15.5
英国	总裁	56.9	22.9
	所有经理董事	56.0	21.9
	所有非经理董事	61.4	7.5
	所有经理董事	58.9	14.9

资料来源:《经济译丛》1993年第2期。

从表3-2和表3-3可以看出,这两个国家大企业的领导层都是比较稳定的。相比之下,美国大企业的领导层比英国的更稳定些。在这10年中,英国公司的总裁只变换了52%,董事长在本公司任职的平均年份为22.9年,所有经理董事的任职年份达到21.9年;美国公司的总裁只变换了26%,董事长在本公司的任职年份达到28.7年,所有经理董事在本公司的任职年份达到25.8年。企业的领导层稳定,不仅可以使领导成员能够熟悉本企业的情况,在企业中树立起他们的领导权威和威信,而且也有利于他们对企业的发展有长远的战略、发展规划和目标。

3. 高层领导人的年龄都比较大。从表3-3我们可以看出,英美大公司的高层领导人的年龄都比较大,英国公司董事长的平均年龄为56.9岁,所有董事的平均年龄达到58.9岁;美国公司董事长的平均年龄为58.3岁,所有董事的平均年龄为58.6岁。美国公司领导人的平均年龄比英国公司还要大些。从表3-3我们还可以看出,非经理董事的平均年龄比经理董事的平均年龄还要高些,这是因为这些非经理董事多是处于二线的资深的企业家或其他专业人员。相比之下,我国企业的经理人员年龄比他们要年轻,据调查,我国国有企业经理的平均年龄只有49.5岁，51岁以上的只占45.3%。所以，一味地强调厂长、经理的年轻化也是片面的，尤其是大企业的经理人员必须经过长期的培养才能胜任。

4. 董事交叉任职比较多。据A. D. 科斯和A. 休斯对美英两国54家大公司的调查，美国公司中约50%的董事兼任外公司的董事，英国公司30%多的董事兼任外公司的董事，特别是非经理董事，他们的兼职比较多，其中，有4个及4个以上兼职的，美国公司为40%，英国公司为30%。在两国中，典型的非经理董事平均拥有3个以上的职务。这种交叉兼职现象在日本的大公司中也较普遍。以日本的六大集团为例，1989年，三菱集团接受董事的企业比率最高，为96.55%，也就是说，几乎所有的成员企业都有外来的董事；三井集团的比率最低，为41.66%；六大集团成员企业平均为62.66%。其中，接受本集团银行派来的董事的比率，最高的也是三菱，为75.86%，最低是住友，为35%，六大集团企业平均为50.78%，也就是说，有一半集团成员企业有银行派来的董事。从接受董事人数来看，比率最高的也是三菱，为12.85%，最低的是三井，为2.2%，六大集团的成员企业平均为12.85%。其中，银行派来的董事比率，六大集团的成员企业平均为2.96%，最高的是第一劝业银行，为4.05%，最低的是三井，为1.62%。①

大企业间相互派遣董事的理由主要有三条：一是相互持股；二是有信贷业务；三是虽无资产和资金联系，但是在生产经营方面有密切的联系。

5. 学历比较高。日本大企业的高层领导人大多数都毕业于大专院校，不少人毕业于名牌大学。据对在日本东京、大阪、名古屋、京都、广岛、福冈、新潟、札幌八大证券市场上市的1678家企业的调查，在1669

---

① 中国企业集团代表团："日本企业集团发展经验及启示"，《管理世界》1994年第1期。

名经理中,大专院校毕业的经理共有1378名,占82.5%。其中,毕业于东京大学、庆应大学、京都大学、早稻田大学和一桥大学等五个名牌大学的有763人,占大专院校毕业的经理的57%。① 另外,到1983年为止,在日本东京证券交易所企业名录中刊载的1772名董事长、总经理中,有1338人为大学毕业,占75.5%。其中,毕业于名牌大学的占有大专学历的董事长、总经理的68%。② 据《科学美国人》杂志调查,1964年,拥有大学学历的大公司经理人员已经由1900年的28.3%上升到74.3%,其中,科学或工程学位的由7%上升到33%。1976年,美国《财富》杂志对全美国最大的500家工业公司、50家商业银行、保险公司、金融公司及零售商、运输公司和公用事业的800名首脑进行了调查,结果表明,其中一半以上曾经学过商学或经济学,1/4曾在研究院学过商学,学过法律和金融的占2/5。进入80年代后,由于高技术产业的发展,拥有大专学历的大企业经理人员的比重上升到80%以上。

6. 技术型经理人员的比重增加。近些年来,在企业领导层中引人注目的是技术专业出身的经理人员增多,象征着新技术革命的到来。据日本经济新闻社对248家大企业的调查,技术专业出身的专家71名,占28.6%。尤其是电子技术革命的带头企业日立、富士通以及三菱重工等企业,1/3的经理是技术专业出身的。1982年,这一趋势进一步加强,在208家企业的经理更迭中,技术出身的经理所占比例上升到36%。③ 近年来我国企业经理从技术专业出身的也在增加,1992年我国从技术专业出身的经理已经达到36%,国有大中型企业达到38%以上。

---

① 国头正义编:《日本的社长》,1977年版。
② 《金融时报》,1984年4月2日。
③ 陈红梅:"日本的新型企业家",《现代日本经济》1989年第3期。

三、大中型企业高层经理人员的主要特征

无论是经营大企业的企业家，或是经营中小企业的企业家，都有一些共同的特征，如创新精神、敢冒风险、利润冲动、竞争意识、实干精神、时效准则、注重信誉和信息等。但是由于经营大企业的企业家所处的特殊地位，与经营中小企业的企业家比较，又有他们自己的一些特征，比如强烈的成就欲、具有战略眼光、能统率全局、注重长期目标、锐意改革、社会责任感强，等等。而经营中小企业的企业家也有自己的一些特征，如身体力行、具有行业经验、存在投机心理、生活节俭、与员工关系融洽，等等。他们的共性与个性可以用图3-1来表示：

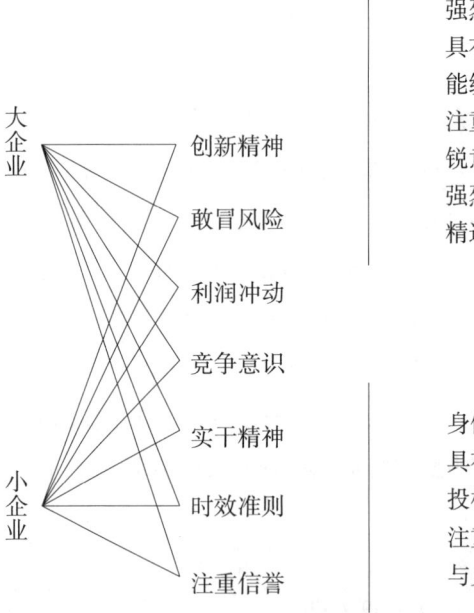

共同特征	各自特征
创新精神	强烈的成就欲
敢冒风险	具有战略眼光
利润冲动	能统率全局
竞争意识	注重长期目标
实干精神	锐意改革
时效准则	强烈的社会责任感
注重信誉	精通国际商务
	身体力行
	具有行业经验
	投机心理强
	注重节俭
	与员工关系融洽

图 3-1 企业的特征

小企业的企业家的特征与本书讨论的题目无关,所以,下面我们来进一步讨论经营大企业的企业家的一些主要特征。

1. 具有强烈的成就欲。一般企业家都有利润冲动,不想赚钱就当不了企业家。但对大企业的企业家来说,强烈的成就欲也是激励他们搞好企业的重要因素。换句话说,这些人在很大程度上是由于强烈的事业心的驱使而拼命工作的。而且对有些人来说,支配他们行为的主要因素不是占有经营利润的动机,而是事业心、社会地位、个人荣誉等非金钱的东西。香港中文大学工商管理学院的讲座教授闵建蜀先生在分析香港企业家的特征时指出:"包玉刚从航运业扩展到地产、贸易、航空及银行等部门;李嘉诚从塑胶花扩展到地产及贸易;已过世的冯景禧由地产转入证券,再至银行;邱德根由经营戏院扩展至银行、地产及电视传播等。实例说明了香港大企业家多具有高度的成就欲,从事企业活动并不单只是为了追求财富。因为对大企业家而言,财富的累积可能已并非主要目的,而只是为了达到'高度成就'这一目的的工具。"① 已故香港著名企业家冯景禧在一次访问中曾谈到他对金钱的看法,他说:"对我来说,钱财乃身外物。我不爱唱什么高调,我个人所注重的,是去建立事业。"② 对经营大企业的企业家来说,像冯景禧这样的人不在少数。

2. 具有战略眼光。这些大公司的高层经理人员在从事企业经营时,能高瞻远瞩,具有战略眼光,有统帅的风度,他们能从总体上把握形势,不拘泥于一时一地的得失。他们能够处理好当前工作和长远工作的关系,在抓当前工作的同时,不忽视为了企业未来所需做的工作,

---

① 闵建蜀:"香港的华人企业家:过去、现在、将来",载《论企业家精神》,经济管理出版社1989年版。

② 同上。

如新产品开发、人才培养等，而且把主要时间和精力放在抓关系企业长远利益的工作上。美国管理协会工场研究会的"高级管理计划与控制"小组的专家们通过实证研究得出结论，一个大公司的经理往往只把1%的时间用在今天的工作上，2%的时间用在将来一周的工作上，30%的时间用在将来3—4年的工作上。

3. 能统率全局。企业的经营管理人员的才干可分为三类：第一类为综理全局的才干，即分析、判断、决策等方面的才干；第二类为人事管理才干，即处理同事之间、上下级之间，或部门与部门之间关系的能力；第三类是技术业务方面的才干，即解决具体问题的能力。根据笔者的研究和长期在企业工作的经验，认为不同规模的企业的领导对这三方面的才干的要求也有所不同，其具体结构如表3-4所示。

表3-4　不同规模的企业领导人所需的才能结构

企业类型	才干类型 综理全局的才干（%）	人事才干（%）	技术业务才干（%）	合计
大型企业	60	25	15	100
中型企业	50	30	20	100
小型企业	40	35	25	100

从上表所列数字可以看出，对企业家来说，首先需要的是综理全局的才干，其次是人事才干，第三才是技术业务才干。而对大企业来说，综理全局的才干尤为重要，占所需才干的60%，比经营中小企业的企业家要高出10%—20%。这是因为大企业规模大，生产单位多，管理部门复杂，经营大企业的企业家就更需要统帅全局的才干，来处理好局部和整体的关系，近期目标与长远目标的关系，当前利益与长远利益的关系，以发挥本企业的整体优势，适应市场的变化，在激烈的竞争中立于不败之地。

4. 注重长远目标。一般来说，经营小企业的企业家的成就欲比较低,就算获得了巨利,也未必愿意用于投入扩大再生产,来扩大企业规模和经营范围。他们往往是稍有成就,就感到满意,不再作扩展的打算,在缺乏长远目标的情况下,企业自然就不能发展了,这也是许多小企业不能成长为大中型企业的重要原因之一。而经营大企业的企业家则不同,他们不仅有近期目标而且有长远目标和实现目标的具体措施。在经营企业时,能处理好长远目标和近期目标的关系,不满足于实现近期目标,而是着眼于长远目标,尤其是在处理企业当前利益和长远利益的关系时,不是只顾当前的利益,而是既考虑当前利益,又考虑长远利益,所以他们经营的企业能不断发展。

5. 锐意改革。经营大企业的企业家一般都不满足于现状,能锐意改革,不断开拓进取。在创业阶段,他们能克服资金少、人才缺乏等困难,使企业很快发展壮大,得到社会的承认。事业成功后,他们又不满足于已经取得的成就,具有追求更高、更远发展目标的强烈愿望,并能审时度势,抓住企业成长的机会,使企业不断发展壮大。在企业发展顺利时,他们能保持清醒的头脑,看到企业的不足,追求更新、更高的目标。在企业陷入困境时,他们能临危不惧,使企业摆脱"山重水复"的处境,迎来"柳暗花明"的新天地。我们从许多大企业的领导者身上都可以看到企业家的这种特征。比如,美国通用汽车公司的董事会主席罗杰·史密斯就是这样的一个企业家。他 1981 年就任通用汽车公司的董事会主席后,对公司的发展采取了许多举措。首先,他为了推动通用汽车公司进入新的业务领域,收购了一些很有发展前途的公司,特别是收购了电子资料系统公司,给通用汽车公司的管理带来了巨大的变化。其次,对内部管理体制进行了大的改革。作为公司的最高主管,他唱起了强化这个庞大企业的进行曲,这首进行曲的主旋律就是:改革!改革!改革!通过改革将汽车的设计、装配到分销的整套体制中所有陈旧的、失去竞争力的办事方法统统去掉,使大企业像小企业一样灵活经营。再次,新建"农神公司",开发新型汽车。"农神公司"虽然为通用汽车公司所拥有,但是,它们完全独立自主经营,包括有自己的总裁,拥有自己的推销网,独立地与汽车工业联合会订立劳资合同,并且由电子资料系统公司提供一切设备,生产和销售完全电脑化,整座工厂的管理完全免除文书工作,免除许多不必要的报告。由于通用汽车公司永远不满足于现状,不断开拓进取,它总是处于世界汽车工业的前列,领导世界汽车工业的新潮流。日本佳能公司也是这方面的一个很好的范例。在第一次石油危机后的萧条时期,该公司首次出现了赤字。但是他们以此为契机,在产品发展战略、管理组织结构等方面进行了一系列变革,1976 年提出了争取成为"世界优秀企业"的设想。到 5 年后的 1981 年 12 月,他们就成功地将销售额提高了 3.7 倍,利润提高了 13.3 倍。该公司生产的主要产品,除了照相机非常好销之外,复印机及办公用计算机、个人电脑传真机、文字处理机、电子翻译机之类的办公自动化设备也都畅销。佳能公司在第一次石油危机后的萧条期,能取得如此好的成就,其成功的因素固然很多,但是根本因素是领导者的改革、开拓精神。

6. 强烈的社会责任感。经营大企业的企业家不是只为了企业赚钱,而置社会利益于不顾。日本的松下幸之助先生就认为,一个企业的目标不仅仅是为了赚钱,而应该把企业的营利性和社会的福利性结合起来。他要求公司的所有员工都要有强烈的社会责任感,都要树立起为社会服务的价值观。我国许多大企业的企业家都把"服务于社会,便利群众,开发产业,富强国家"作为办企业的宗旨。一些海外华人企业家富裕起来后不忘故土、国家,也正是这种精神的体现。

7. 精通国际商务。大企业的产品既面向国内市场,又面向国际市场,这些企业的企业家一般都对国际市场的情况比较熟悉,而且具有国际贸易方面的知识和经验。

当然,不是每个大企业的高层管理者都必定具有上述全部特征。具体到每一个人,有的可能在改革开拓、精通国际商务方面突出些;其他人可能在别的方面突出些。

四、大中型企业高层经理人员的激励与约束机制

1. 经理的收入与激励机制。大公司的高层经理人员从企业获得的报酬一般由三个部分组成:薪金、奖金和股票或股票期权(options)。

许多国家大公司的高层经理人员都实行的是年薪制。工资标准是采取不同的方法确定的。一般来说,董事长、总经理的工资标准是由董事会提出方案,由股东大会通过;副董事长、副总经理,以及董事、经理的工资标准由董事长和总经理提出方案,由董事会决定。

除工资外,各种各样的奖金也是企业家收入的一个重要组成部分。有的是根据企业的收入情况,按照季度、年度给予一定的奖励;有的平时没有奖金,只有年度奖。奖金的标准由企业统一掌握,每一个人的具体数额则由其直接主管确定,也不公开。也有些企业把奖金和业务成效挂钩,比如,有些企业对销售经理就采用这种方式,把他们的奖金与销售额挂起钩来。

许多国家的大公司为了刺激经理们的长期经营积极性,除给他们发放奖金外,还给他们奖励一定数量的股票或者允许他们在公司发行股票或配股时有优先购买本公司股票的权利。这种办法刺激经理们拼命为公司工作。公司效益好了,股票升值了,他们就能取得很高的收入。比如,美国的大公司从1980年起就实行了优先认股权制度。实行这种制度后,美国大公司的经理们的收入大幅度增长。《商业周刊》调查了美国365家最大公司的730名经理的薪水问题,结果发现,其中467名经理的薪水超过100万美元。列入前茅的有普赖姆里卡公司的

桑福德·韦尔，他挣了 6760 万美元；"R" 玩具公司的查尔斯·拉扎勒斯为 6420 万美元；美国瑟吉康公司的利昂·赫希为 6220 万美元；克莱斯勒公司前董事长季·亚科卡为 1690 万美元。在非总经理中，薪金最高的是刚辞去可口可乐公司董事长职务不久的唐纳德·基奥，他 1992 年的收入为 4080 万美元。另据有关资料显示，1992 年，美国各大公司的总经理平均收入达到创纪录的 384.22 万美元，比 1992 年增长 56%。进入前 10 名的总经理的收入都超过 2280 万美元。1993 年，美国收入最高的公司经理是 HCA 医院公司董事长兼总经理托马斯·弗里斯特。他挣了 1.27 亿美元，但大部分来自优先认股权。这一特权是他 1989 年领头全部购买了纳什维尔卫生保健公司后赢得的。沃尔特·迪斯尼制片公司的迈克尔·艾斯纳 1993 年 11 月通过优先认股权获得 1.97 亿美元，这个数字无疑使他登上 1993 年排行榜的榜首。布鲁金斯学会的经济学家玛格丽特·布莱尔说："总经理最初几次兑现优先认股权时赚了 500 多万美元，人们对此感到震惊，但以后赚上上千万也不足为奇。如今只有赚 5000 万或者上亿元才会使人惊讶不已。"随着优先认股权与日俱增，其他形式的报酬降低。根据《商业周刊》的"总经理报酬记录表"，1992 年，总经理们的平均工资和奖金减少了大约 2%，降至 110.48 万美元。

　　近年来由于大企业的经理们的收入大幅度增加，他们和普通员工的收入差距拉大。1980 年，美国经理们的平均收入只是一般员工的 42 倍，1992 年这种差距扩大到 157 倍。在日本，1986 年公司经理平均收入只是一般员工收入的 10 多倍，1992 年这种收入差距已经扩大到 32 倍。这些经理人员则认为，计算他们的收入时，不应该把由于行使优先认股权获得的收入包括在内，因为这是一种风险收入。不管怎么说，事实是：高收入一方面刺激高层经理人员好好工作，这是它的积极因素，另一方面也加剧了高层经理与股东和一般员工的矛盾。这是需要进一步解决的新问题。

2. 经理的约束机制。大中型公司的高层经理人员的权力也不是无限的，他们的权力也要受到约束。

（1）公司高层经理人员要受到权力结构的约束。大公司实行的是一种纵向授权的法人治理结构，这种结构有合理的权力约束机制。公司的最高权力机构是股东大会，股东大会选举产生董事会和监事会并向它们授权；董事会选举产生董事长和总经理并向他们授权。换句话说，经理向董事会负责，董事会、监事会向股东大会负责。当然，由于各个国家金融制度和公司股权的分散程度不同，股东大会对董事会和经理的约束程度也有差异。日本、德国的大公司的主要大股东是银行，它们对董事会和高层经理们的约束力强。银行如果发现企业经营情况恶化，现任高层领导人又无力改善，它们就会要求召开股东大会或者董事会来撤换公司的最高领导层。美国的大公司的股权结构和日本、德国公司的有所不同。由于美国法律规定，银行不能直接对生产经营性企业参股、控股，所以美国大公司的股权非常分散，股东对公司的监督不如日本、德国公司那样强有力，但是并不是无所作为的。据美国的有关报道，近几年来，由于投资者不满意公司的效益，一些大公司的所有者联合起来，迫使公司的总经理辞职。如国际商业机器公司（IBM）、通用汽车公司、数字设备公司、康柏电脑公司、古德耶橡胶公司、田纳西科技公司、美国快运公司、西屋机电公司、西尔斯百货公司、花旗银行、汤迪电脑公司等，其中，不少是被《财富》杂志列为美国最大的500家大公司的企业。

（2）高层经理人员还要受到三重市场竞争的约束，即商品市场竞争的约束、资本市场竞争的约束和经理人员劳动力市场竞争的约束。能否在前两种市场的竞争中取得有利地位决定着企业的效益，也是对他们经营管理大公司的能力的检验，后一种市场决定他们晋升的机会和被取代的压力。在这三重市场竞争的激励和鞭策下,高层经理人员必须兢兢业业地工作。

(3)高层经理人员受到国家法律的约束。经理人员的行为违反了国家法律,要受到法律的制裁。这种情况在市场经济国家是屡见不鲜的。

五、大中型企业高层经理人员的培养与选拔

企业家特别是经营大公司的企业家必须进行系统的培养和严格的选拔,许多西方国家的大公司在这方面有许多值得借鉴的经验。

1. 有明确的标准和要求。各个国家的企业都根据本国的实际情况、时代特征等要求对企业家的培养和选拔提出了相应的标准。

一些美国的企业家认为,经营现代企业的企业家应该具备八项条件:①贵在行动。按照"干起来再整顿、再实验"的典型步骤行事。②能紧靠用户,向用户学习。在为用户服务中标新立异,独树一帜。③行自主,倡创业,鼓励讲求实际的冒险和尝试。④重视人的因素,把每位工人都看成是有头脑、能出主意、有创造力的劳动者,而不是只凭双手干活的人。⑤能深入基层、深入现场解决问题。⑥不离本行。⑦精兵简政。做到企业基本结构形式和体制都很简单,高层班子精干。⑧紧中有松,松中有紧。既集权又分权,把自主权一直落实到基层。

日本《中央公论经营问题》杂志编辑部征询了27位日本一流企业家的意见,提出了培养、选拔日本现代企业家的13条标准。它们是:①堪为全体职工的楷模,孚众望,能合群。②品德高尚,见识广博,工作勤奋,基本功过硬。③头脑灵活,对时代有预见性和洞察力。④有人情味,总能考虑别人的痛处,在上下级、同事雇主之间造就融洽气氛。⑤能够把最高管理层的意向正确传达到基层,而且有充分的信心和勇气把职工的真正声音带到经理层,并提出解决问题的方案和办法。⑥能自觉

认清企业对社会应负的道义和责任,并在行动中恪守无误。严守信誉,在任何情况下,不为浮利轻举妄动。⑦经营企业的思想基础是:把企业的收益与全体职工的生活和福利联系在一起,即把企业与全体职工形成不可分离的整体关系。⑧果敢的判断、勇敢的实践和坚韧不拔的毅力。⑨有旺盛的进取精神,有独创精神。⑩遇到困难不畏缩,不是先考虑"为什么",而是研究"怎样才能完成"。⑪对上级不阿谀奉承,不光做表面上的事情。⑫不文过饰非。⑬不排斥别人,不踩着别人的肩膀并用花言巧语等虚伪手段向上爬。① 香港中文大学的闵建蜀教授对香港未来企业家的要求向部分企业进行过一次调查,并依照分数高低列出了未来香港华人企业家的要求(见表3-5)。

表3-5 未来香港华人企业家应该具备的条件(样本数为35)

企业家的条件	平均值(5分制)	标准差
1. 应变能力	4.829	0.065
2. 成就欲	4.800	0.069
3. 远见	4.800	0.080
4. 果断力	4.714	0.077
5. 责任感	4.714	0.088
6. 说服力	4.657	0.081
7. 把握机会	4.657	0.136
8. 分秒必争	4.600	0.102
9. 了解世界政治经济环境	4.571	0.103
10. 能建立企业精神	4.571	0.077

资料来源:闵建蜀:"香港的华人企业家:过去、现在、将来",载《论企业家精神》,经济管理出版社1989年版。

2. 坚持在实践中培养和选拔。在企业领导人的培养和选拔上,大企业特别强调实践的作用。许多日本的企业家认为过早地指定某人为企业的接班人是不高明的,必须注重实践。昭和电工公司经理铃木

---

① 杨书臣:"八十年代日本企业家的形成及其主要特点",《财经论坛》1989年第4期。

治雄曾经指出:"企业家不是根据出身和阶层能选出来的,也不是只通过特殊训练能培养出来的。"通用电气公司经理田丸秀治说:"我们公司新录用的人员都是大学毕业生。从进公司那天起,都是企业家的候选人。经过一定时间,通过考核,企业家人才自会筛选出来。凡是一位人才,大约到50岁,基本可以成为企业家。"东京芝浦电器公司经理岩田武夫也指出:"在企业家的选拔上,最忌急于求成,必须重视实践。"所以许多日本公司规定,新进的大学毕业生,不论是学什么专业的,一律都要当三个月工人,然后再到公司门市部去当三个月的销售员。经过这样的锻炼才能去做各自的专业工作。有的日本大公司还建立了接班候补者制度,规定每个管理者均有义务在两年内培养两个候补者,以使本人随时可以调任它职。对经理人员的培训、选拔更是严格,他们不仅需要接受管理训练,而且要接受技术训练。对于经过实践锻炼,可以重点培养的人员,还要他们轮流在不同的岗位上工作,获得不同部门工作的知识和经验。经过这种方式培养出的人才,走上领导岗位后,能很顺利地开展工作,能较全面地考虑和处理问题。

美国的大公司也很重视通过实践培养经理人员。通用汽车公司规定,各级管理人员的重要任务之一,就是在实际工作中对下级人员进行培养,提高管理人员的业务水平,发现有培养前途的人。据分析,培养下级管理人员差不多要占去该公司管理人员一半的工作时间。因此,该公司能不断涌现出各种优秀人才。在美国,许多大公司每年都要去大学或研究院选拔获得管理硕士学位的优秀者到公司工作。这些人经过一段时间的培养和观察后,再派到一些分公司去担任经理职务。有的公司让管理人员轮流到各种不同岗位上去工作,以便让他们逐渐熟悉全公司的情况,从而担任更重要的领导工作。

德国大公司在培养经理人员方面也有它们的独到之处。西门子公司坚持与在校的优秀大学生保持联系,鼓励他们到公司工作。这些大学生到公司工作后,公司为他们提供各种进修机会,有的还被派到国外的分支机构去学习生产技术、管理知识等实际业务知识。他们到公司工作 3—5 年后,其主管业务领导和人事部门会对他们进行考核,指出其优缺点和今后努力的方向。对有培养前途的人员,公司还会让他们参加各种专题研讨会。在研讨会上,5—6 个人组成一个小组,对公司发展的一些重要问题,如新产品开发、市场开发、提高产品质量、降低成本等进行讨论,发表自己的见解,设计解决这些问题的方案。然后由权威性的考核对他们的表现作出评价。考核成绩优秀的,公司把他们作为重点培养对象。根据缺什么补什么的原则,对他们进行轮岗锻炼。一般来说,经过 10 年左右的培养,可以进入经理岗位,如果要担任高层经理,需要更长的时间。

3. 形成竞争机制和淘汰机制。在经理人员的培养和选拔中,他们不搞"一锤定音",而是坚持竞争机制和淘汰机制。西方许多企业家和管理专家把经理人员的培训和选拔称作"金字塔"模型。第一层是庞大的塔基,可以有许多人参加,培训内容是与本企业有关的工程技术和管理知识。经过这一层次的培训,可以使一些候选人进入基层领导岗位。第二个层次是经过筛选后,从基层领导人中培养部门副经理。要求他们具有全面掌握公司某个方面技术业务工作的组织能力。这一层次的培训、选拔可以多次进行,使未来的经理人员能具备多方面的技术业务知识,也要淘汰一些没有培养前途的人。第三个层次是培养选拔负责公司全面工作的经理"老总"。据介绍,西门子公司就是将职员分为高、中、低三级来培训、选拔。西门子公司在国内的 17 万人中,中级职员有 3.1 万人,高级职员有 4300 人。他们根据 1∶3 的比例培养后备人员。中间要淘汰大部分,只有 1/3 的人能得到晋升。一般情况是,每年有 450 人由初级升为中级,150 人由中级升为高级。

六、搞好我国的大中型企业需要造就大批的职业经理

我国国有企业的改革方向是建立现代企业制度,主体形式是公司制,特别是大型企业有条件的要改造成股份有限公司,这是企业制度的根本性变革。为适应这种变革,不仅需要改革国家管理企业的方式、方法,而且需要改革企业内部的管理体制,特别是要改革企业的干部制度和企业的领导制度,建立起适应公司制度的法人治理结构。为此,必须造就大批职业经理,即大批有专业知识、懂管理、会经营、有胆识、有谋略的企业家。这是一项非常重要而艰巨的任务,需要做大量的工作。

1. 改革企业领导人的管理体制。首先,要打破人才的地区、部门和单位所有制。现在多数企业的领导干部仍然是由企业的主管部门或上级人事组织部门来直接管理的,存在着严重的地区、部门和单位所有的现象。在这种体制下,一般干部的流动尚且困难,企业领导干部的流动就更不容易。因此,随着公司制的建立和企业独立商品生产者地位的确立,国家对企业领导干部的管理也要进行改革,必须由直接管理改为间接管理,即主要是制定合理流动的方针政策,制定企业家招聘的各种法规和企业家的各项标准,以引导企业家的合理流动,为竞争者创造平等的竞争条件和保障企业家的素质,而不应该再对企业的领导干部进行直接管理。其次,要打破企业领导干部的终身制。现在企业领导干部和政府官员一样,基本上实行的仍然是终身制,一任命就端上了"铁饭碗",坐上了"铁交椅",这既不利于企业领导干部的更新,又不利于形成人才运用上的竞争机制。要培养和造就大批的职业经理,就必须打破这种终身制,建立能上能下的制度。

2. 废除企业等级制度。长期以来,由于我们把企业当作行政机构的附属物,实行政企不分的管理体制,对企业用行政办法进行管理。因

此，给每个企业都规定有行政等级，企业的领导人也就有相应的行政级别。企业的级别又是按照隶属关系和企业规模来确定的。中央管的企业、大企业级别就高，地方管的企业、小企业的级别就低。而企业领导人的政治待遇、工资级别又与其行政级别挂钩。这就引导企业的领导人把不少精力放在企业的升级上，而不是放在提高企业的经济效益上。同时，也影响企业领导人的流动，特别是从高级别的企业流向低级别的企业。企业是独立的商品生产者，不应该有高低贵贱之分。企业家的待遇只应根据他们经营企业的好坏确定，而不应该根据等级确定。当然，从客观上来看，大企业的领导人的收入一般都要比小企业的高些，但这并不是由于他们的行政级别高，而是由于他们要承担更大的风险，需要付出更大的精力。

3. 把企业家当作一个独立的利益主体，提高他们的收入。企业能否经营得好，在很大程度上取决于企业家的素质、事业心和努力程度。日本著名企业家松下幸之助认为，一个企业的兴衰，70%的责任要由经营者来承担。随着企业改革的深化，企业独立性的增强，市场竞争的加剧，我国企业家会承担更大的风险。只把企业家视为与其他职工一样的利益主体，使得他们的收入太低，必然影响他们的经营积极性。许多国外的管理专家都认为，国外的高层经理人员，绝大多数不是企业的股东，或者说不是主要的大股东，但他们却有很强的事业心和责任心，主要原因就在于他们有较高的待遇、受人尊敬的地位和竞争机制。而我国除沿海和经济特区的一些企业的领导人外，多数企业的经理人员的收入还不高。据中国企业家调查系统1993年对我国企业家现状的调查，国有企业企业家月平均收入在300元以下的占30.8%，301—500元的占53.6%，501—700元的占11.9%，701—1000元的占3.1%，1000元以上的只占0.6%。与1988年相比，厂长、经理认为自己的经济地位没有变化的占51.9%，认为自己的经济地位下降的占13.8%，认为上升的只占34.3%。多数经理人员对自己的经济地位不满意。为了使更多的优秀人才成为企业家，应当把企业家作为企业的一个独立的利益主体对待，提高他们的经济地位和社会地位，使企业家真正成为一种令人羡慕的职业。

4. 制定经理人员的标准。经理人员从事的是一种专业性很强的经营管理工作。他们不仅要懂得国家的方针政策、法律法规，具备经济理论、企业经营管理、工程技术、财政金融、国际贸易等方面的知识，而且要具备决策、计划、组织指挥、开拓创新、交际谈判等方面的业务能力。而且不同规模、不同行业的企业对企业家的要求也不一样。所以高层经理人员的职位不是任何人都可以胜任的。为了提高经理人员的素质，应该根据企业规模、行业等的特点制定出对各类企业高层经理人员的具体要求。它们至少要包括以下几个方面的内容：①政治素质、思想品德。如要有爱国心，拥护社会主义，行为要端正，为人要诚实，等等。②文化水平。大企业的高层领导一般都应该具备大专以上的文化程度。③专业技术职称。大型企业的高层领导一般都应该有名符其实的高级技术、业务职称。④工龄。大企业的高层领导人一般都应该有15年以上的工龄，并具有5年以上本行业的工作经历。⑤能力。企业家不仅要具有决策、计划、组织指挥、开拓创新、交际谈判等方面的业务能力，更主要的是要具有统率全局的能力。这些方面应该有比较详细明确的标准，防止"滥竽充数"。

5. 完善企业家的聘任制度。中国企业家调查系统提供的资料表明，到1993年，我国85.8%的企业厂长、经理仍是由企业主管部门和上级人事组织部门任命的，其中，国有企业这一比例高达92.2%。随着股份制的推行，企业的高层经理人员逐步要由任命制改为聘任制。为此，必须制定《企业家聘任条例》，明确规定聘任程序、推荐、考核、录用办法，使大批有胆识、有事业心、有创新精神的企业家脱颖而出。

6.完善企业家组织。要培养和造就大批企业家,应该有企业家自己的组织,以维护企业家的合法权益,并负责向有关部门、人才交流中心和招聘单位推荐合格的应聘者。企业家组织推荐的应聘者既可以是现在的厂长、经理,也可以是具备条件但尚未成为厂长、经理的人。因此,企业家组织的成员,除现任的厂长、经理外,还应该包括有希望成为企业家的中高级管理人员,如企业的总经济师、总会计师、总工程师,以及企业各专业部门的负责人,等等。企业家组织要和有关的人事组织部门、人才交流中心、各个企业保持紧密的联系,协助它们搞好企业家的选拔、培训和招聘工作。近几年,一些城市已陆续建立一些企业家俱乐部、厂长(经理)研究会等组织,全国性的企业家协会也已经成立,但是这些组织目前还局限于开展一些交流情况、联络感情等类的工作,而且不少城市还没有这类组织,远远不适应形势发展的需要。因此,要促进企业家组织的完善,并使其将配合人事组织部门、人才交流中心进行企业家的选拔、培训、招聘等工作作为一项重要任务。

第四章 集权与分权

第三章考察了治理大中型企业的"国王""大臣"们自身的一些情况，但是我们没有考察他们是如何治理这些"王国"的。这些问题将从本章起分别加以阐述。本章的主要任务是研究大中型企业如何处理集权与分权的关系。

一、集权与分权：大中型企业经营管理的中心环节

大中型企业在管理上面临许多问题，最重要、最关键的是处理好集权和分权的关系。只有将这个问题处理好了，它们才能克服自身的弱点，发挥自己的优势，调动企业各个方面、各个环节的积极性，使企业获得健康发展。因此，处理好集权和分权的关系是大企业管理的中心环节。近年来，国内外大企业采取的许多改革措施和新的管理办法在很大程度上都与这个问题有关。

（一）影响集权或分权的因素

影响企业管理组织机构、公司总部与各经营单位之间权力划分的因素很多，主要有以下四种：

1. 公司规模。企业规模小，决策和经营管理方面的重要权力都集中在公司总部，中下层管理机构和生产经营单位只有执行权。但是随

着企业规模的扩大，企业经营单位和管理组织的数量会大大增加，企业的管理层次也会增加，管理链会延长，企业仍旧把大量权限集中在总部就必然会出现一些弊病，如在决策方面，公司总部获取决策信息会遇到某些困难，影响决策的质量；而且，贯彻总部的决策需要经过许多中间环节，这些中间环节可能会对总部的决策出现领会上的偏差或出于本身利益的考虑而对决策的执行采取消极态度，从而影响执行决策的速度和质量。因此，大企业更多会采取适当分权的模式，有的甚至采取分权模式。

2. 公司产品种类。公司规模虽然是影响企业采取集权或分权模式的重要因素，但它并不是决定性的因素。公司在权力的划分上采取什么模式还要看产品的多少。如果是专业化生产的企业，如汽车制造、钢铁冶炼等企业，尽管企业的规模很大，集权模式对它们仍是适用的。相反，如果公司生产的产品种类很多，即采用的是多样化经营战略，公司规模不太大，也要采用适度分权或分权的模式。所以有的管理专家认为，公司的多样化经营和分权模式是一对孪生姐妹，公司产品多样化的发展产生了具有分权特征的事业部制，事业部制的出现，又加速了企业向产品多样化发展。这种关系我们可以从表4-1看出来。

表4-1 世界500家最大公司采用集权模式与分权模式情况

产品结构	公司数目	集权模式		分权模式	
		公司数	占总数%	公司数	占总数%
单一产品	30	30	100	0	0
主导产品	70	25	36	45	64
相关产品	300	15	5	285	95
非相关产品	100	0	0	100	100
合计	500	70	14	430	86

资料来源：根据有关资料整理。

从表4-1中可以看出，在世界500家最大的公司中，实行集权模式的有70家，占14%；实行分权模式的有430家，占总数的86%；生产单一产品的公司 100% 实行集权制；实行多样化经营的公司几乎都采用分权模式。

3. 公司经营单位的数量、区域分布和产品的市场范围。公司的分公司、子公司的数量少，而且集中在某一区域或某几个区域，就有可能采取集权模式管理；公司的经营单位数量多，分布的区域较广，特别是在国外设有许多分支机构或子公司，为了使这些分支机构、子公司适应当地的情况，根据所在国的法律、习惯采取灵活的措施经营，就应该采取适当分权的模式。同样，企业产品的市场范围小，比如产品只在国内销售或只在国内某些地方销售，公司对产品的销售比较容易管理，总部集中的权限就可以多些；相反，公司产品的市场范围大，特别是要进入国际市场，在许多国家生产和销售，就应该采用分权的模式。所以，跨国公司多采用分权的模式。

4. 公司发展战略。公司的发展战略与企业所采取的管理模式也有很大的关系。一般来说，采取向多种经营领域扩张战略的企业更多的趋向采用分权的模式。1995 年 6 月，笔者在美国的波士顿曾考察过 Hermo 电子公司的经营管理。1967 年前，这个公司主要是从事研究、开发和咨询业务。1967 年以后，该公司向产业方面发展，但是，在 1983 年前的 16 年间，企业在发展过程中遇到了不少困难，发展缓慢。从 1983 年起，公司开始采用一种称为 "Spin-off" 的发展战略，使企业逐步摆脱了困境，走上了高速发展的道路。所谓的 "Spin-off" 战略，用通俗的话来说，就是 "甩出去" 经营的战略，公司将一些有发展前途的产品分离出来，成立独立的公司，选派有技术、懂管理的人去经营。与此相适应，公司管理模式由集权型向分权型转变，总公司只对子公司进行财政支持和战略方面的管理，子公司进行独立自主的经营。这种战略取得了极大的成功，现在公司已经拥有 16 个独资或控股的子公司。实行这一战略以来，公司年收入平均增长率达到 20%。1983 年，公司的年收入只有 2.2

亿美元，1993年年收入达到了12.5亿美元，1994年又增加到14亿美元。

（二）处理集权和分权的一般原则

严格地说，在大企业的管理中，不存在绝对集权型的管理，也不存在绝对分权型的管理，都是采取集权和分权相结合的办法来管理企业。但是，这并不是一对一的关系，在实际的管理过程中，一些企业集权多一些，另一些企业分权多一些。换句话说，有些企业偏重集权型的管理，另一些企业则偏重分权型的管理。从大中型企业管理发展趋势看，分权管理模式已经成为主流。所以，无论采取哪种类型的管理模式，都要处理好集权和分权的关系。在处理集权和分权的关系时，要遵循一些基本原则：

1. 要立足于发挥基层经营单位的积极性。在大中型企业的经营管理中，既存在集权过多，基层经营单位缺乏积极性的问题，也存在总部对基层经营单位失控的问题，但是前者是主要趋向，而且失控与集权过多也有关系。因此在处理集权和分权关系时，要立足于能发挥基层经营单位的积极性。一般来说，公司总部的主要职能是：①确定公司的发展方向和长远发展计划。公司虽然也要制订自己的年度计划，但是更重要的是要确定公司的长远发展方向和制订公司的长远发展计划，使全公司及各个经营单位能够明确自己的奋斗目标。②制定公司的重大决策。在一个大公司里，总部和各个经营单位都需要对某些重大经营问题作出决策，但是管理层次不同，决策的类型和内容也不同。一般来说，战略性决策、结构调整决策都应由公司总部来作出；一般经营性决策则应该由基层经营单位作出。③组织重大项目的实施。有些重大新项目的建设，也要由公司总部直接来组织实施，项目竣工以后再交经营单位管理。④掌握重要人员的任免权。公司总部职能部门的重要人员、经营单位的重要领导人员，应该由公司总部任免；经营单位财务部门的领导人员要由公司总部和经营单位的领导人共同决定。⑤承担需要由公司总部承担的其他事务性工作。如法律、纳税、技术和产品开发、技术和质量标准、设计人员和高级管理人员的培训等，一般都由公司总部来承担。

除上述职能以外，其他经营管理权限都应交基层经营单位，让它们自主经营。

2. 权力的划分要与赋予的职能相对应。权责应该是对称的、统一的。有什么样的权限就应该承担与此相适应的责任。给予的权限大，承担的责任小，就会使上级给予的权限得不到很好的发挥，甚至产生滥用权力现象；给予的权限小，要承担的责任大，基层单位就不具备履行其责任的基本条件，形成小马拉大车的局面，很难完成自己所承担的任务。特别是公司总部在与经营单位分权时，特别要注意这个问题。否则就达不到分权的目的。

3. 企业内部的管理组织结构要与集权、分权的程度相适应。企业的内部管理组织结构是指企业各构成部分以及各部分之间的相互关系。部门化、管理幅度和委员会是企业管理组织结构的三个基本要素。部门化对企业进行纵向切割，形成了组织的水平差异，产生了不同管理职能的组织；管理幅度要求对组织进行横向分割，形成了组织的垂直差异，产生了不同的管理层次。这种纵向与横向的分割，便构成了企业内部组织结构的基本"框架"。纵向与横向之间的协调则由委员会来承担。但是，部门化、管理幅度和委员会只是构成企业内部管理组织结构的基本要素，由于集权和分权的程度不同，可以形成不同模式或类型的内部管理组织结构。比如实行集权的方式，管理层次就要减少，但是管理部门就要增多；相反，采取分权的方式，管理层次就要相应增加，管理部门则可以减少。总之，企业内部的管理组织结构要与集权和分权的程度相适应，关于这个问题我们将在下一节中进行详细讨论。

4. 根据情况的变化适时调整管理权限的划分。管理权限的划分不是一劳永逸的,企业的情况如果发生了重大的变化,管理权限也要作适当调整。但是,这种变化不应该过于频繁,权限的划分应该保持相对稳定,否则会引起混乱。企业管理权限的重大调整最好与组织结构的变化结合进行。

二、管理组织结构的变革

(一)变革管理组织结构的原因

近年来大公司都在变革自己的管理组织结构,出现这种现象有以下三个方面的主要原因:

1. 大企业组织结构的外部环境发生了很大的变化。首先,由于东欧和苏联政治方面的变化和欧共体、北美自由贸易区的形成,许多国家的大公司有了更多的发展机会,公司的市场扩大了,同时也面临更激烈的竞争;其次,全球资本进出路径的改善、人们对环境关心的意识加强、股东压力的增加,使资本供给、产品供给和服务供给方面的情况发生了很大的变化;再次,信息和电信联络技术的改进,也对组织结构的调整产生了新的要求。

2. 大企业向多国、多样化的经营发展,成了多国多样化经营的综合体。一方面,许多大公司都实现了多样化经营,有些超级大公司提供的产品和服务达几十种,甚至上百种(我们将在第五章详细加以讨论);另一方面大公司一般都是跨国公司,其业务涉及许多国家和地区,所以,它们被称为M&M综合体(multinational multibusiness complexity)。这就要求有相应的管理组织形式来保证它们的正常营运。产品(事业)多样化和企业的多国经营也就构成了企业管理组织最基本的要素和潜在的组织单元。公司的产品(事业)和所跨的国家越多,潜在的管理单元可能就越多,结构也就越复杂(如图 4-1 所示)。

3. 大公司的内部管理复杂,容易出现大公司病。大公司由于其规模大、管理机构庞大、管理层次增多、管理链延长,容易出现许多弊病,包括:①决策和执行决策的质量下降。比如,由于职权不清楚而引起矛盾或者相互推诿、扯皮造成缺少权威;缺少清晰的可以量度的工作标准;相关的信息得不到及时交流;等等。②决策和执行成本上升。协调上下级之间、各部门之间的关系,信息的收集和沟通等都会使决策和执行的成本上升。③决策和执行的速度下降。需要召开许多会议,经过各个部门的讨论来制定决策,贯彻决策也需要经过许多中间环节,所有权和相应的义务缺乏,致使决策和执行的速度下降。

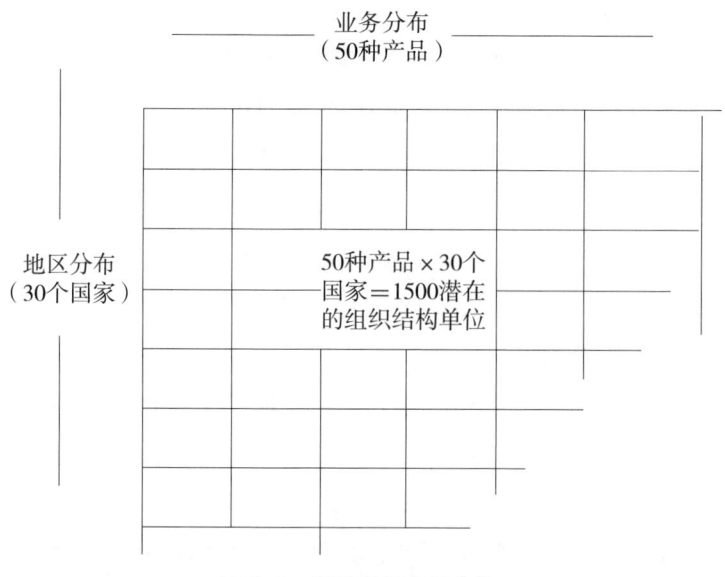

业务分布
(50种产品)

地区分布
(30个国家)

50种产品×30个国家=1500潜在的组织结构单位

图 4-1　多国多样化综合体

(二)大公司组织结构变化的一些主要特点

1. 坚持稳定性与动态性的统一。企业组织结构是使企业保持有效运行的组织保证。为了保持企业的有效运行,一方面,要求企业的组织结构保持稳定。许多事实说明,企业组织结构变动频繁,难以建立起正常的高效率的工作秩序,所以保持企业组织结构的稳定性是绝对必要的;另一方面,企业的内部情况和外部环境又是在不断变化的,有时变化甚至是很巨大的,企业组织结构如果不进行相应的调整,就会缺乏创造力、应变力和活力。最好的办法就是保持稳定性和动态性的统一。美国著名管理学家彼得斯和沃特曼在考察了美国43家出色企业的经营之道后,提出要把两者很好结合起来,必须建立"三根支柱"以满足"三种需要":建立一种稳定性支柱,以满足基本业务方面的高效率的需要;建立一种企业家精神的支柱,以满足经常性创新的需要;建立一种革除积习的支柱,以满足具有中等程度的反应能力以避免僵化的需要。这样就会使企业组织结构保持一种"动态平衡"。①

2. 处理好多样化经营和管理复杂化之间的矛盾。现代大公司的组织结构要解决的一个重要问题是处理好多样化经营和由此带来的管理复杂化之间的矛盾。对策之一就是要使协调、规模和技能所带来的效益最大化,从而使复杂化所带来的成本降低到最小。实现前一个目标的方式有:以最大的共同性来使产品集中生产,获取规模效益和协调效益;明确划分业务的自然地理界限,例如,以国际化的方式来管理国际业务,以地方化的方式来管理地方业务;逐渐拉平地方与世界的技术水平;等等。实现后一个目标的方式则包括:把决策权置于决策技能和质量最高的地点而不要管它与公司总部的距离;鼓励业务部门之间的直接联系以减少协调的复杂性;只设立能创造附加价值的工作岗位,尽量减少中间层次。

---

① 彼得斯、沃特曼:《成功之路》,中国对外翻译出版公司1985年版。

3. 由单一决策中心向多决策中心发展。由于大公司是多国经营和多样化经营,管理复杂,合理确定决策中心和决策中心的位置极为重要。以前,许多大公司采用的是高度集中的单一决策中心,这种传统的单一决策中心的组织有许多弱点。包括:容易产生官僚主义和低效率;雇用大量人员及管理的多层次,组织结构比较僵化;产品及信息主要是由总部流向下属单位,容易脱离实际需要;统一地控制产品和经营方式,容易脱离市场的实际需要;等等。据我们考察,目前许多国外的大公司都在逐步将过去高度集中的单一决策中心组织改变为适当分散的多中心的决策组织。这种多中心的决策组织能够减少决策层次,使基层经营单位有很大的自主权,能充分发挥它们的积极性。

从传统的单一决策中心的组织结构发展到多个决策中心的组织结构是一个过程。一般要分两步走:第一步,将一般的经营管理权力下放给分散在全球的经营单位,而将某些重要权限和需要总部来办的事情仍保留在总部。例如,将产品销售、市场开发、产品开发等权力下放,而将重要的人事权、技术的研究与开发、共同的产品制造、职工教育培训、公司长期发展和战略研究等仍保留在公司总部,形成相对集中决策的组织结构模式。第二步,有条件的企业再根据自己的实际情况将更多的权限下放给基层单位,实行多中心的分权管理模式。

在多中心的分权管理模式中,管理组织系统是由多个合理自治业务单位(如分部、子公司等)形成的网络。它的上层只有总部这一个层次,没有其他的中间层次。各个业务单位直属于总部,但是又是自我决策、自负盈亏的。其所在地必须是在地理位置上有吸引力的城市,而且这些业务单位的业务扩散范围也不局限于某一个国家之内。这些业务单位可以根据自己的情况作出决策,在某些方面它们也可以采取一些协调措施(见表4-2)。

表 4-2　不同管理模式及其特点

组织形式	战略目标	资产及技能结构	下属业务单位的作用	技术开发的位置	总部的财务	案例
传统的集中模式	通过集中化的全球规模，建立成本优势	高度集中的中心结构，全球化的市场规模	执行总部的战略计划	总部	直接管理下属单位	NEC公司、Tandem公司
相对集中的管理模式	通过全球性的业务扩散扩展母公司的力量	有选择地下放一些权力而将某些功能仍然保留在总部，如集中的研究与开发，分散的产品销售、市场开发等	执行母公司的部分功能	在总部开发后转移给下属单位使用	对下属单位的管理如同一种中央民主制一样	通用汽车公司、摩托罗拉公司
分权的管理模式	对不同的国家、地区采用不同的战略，在当地发展壮大自己	分散的、地区性的自给自足	独立探讨在当地的发展机会	分散于各个下属单位	对下属单位的管理如同承担不同任务的内阁	可口可乐公司、LTT公司

4. 公司组织结构形式向多样化发展。大公司组织结构的变化趋势是朝分权化的方向发展，但是，它们所采取的组织结构形式并不是千篇一律的，而是朝多样化发展。这是因为：①各个大公司的生产技术和业务范围千差万别。比如钢铁企业和计算机企业，它们的生产技术是很不相同的。钢铁企业虽然也必须进行大规模生产，但是它的管理组织结构和生产计算机的大型企业就大不相同。②企业产品销售方式和销售渠道不同。由于各个企业的产品特征不同，其销售方式和销售渠道也大不相同。轿车、家用电器、微机等产品面对的是数量众多的消费者，需要庞大的销售机构；而生产飞机、大型机床、发电设备的企业面

对的用户则要少得多，与前者比较，销售机构就要小得多。③采用的战略不同。钱德勒通过对美国70家大型公司，特别是通用汽车公司、杜邦公司、美孚石油和西尔斯-罗巴克公司发展史的考察，得出了"结构跟着战略变"的著名结论。因为企业为了实现自己的战略目标，必须要有组织上的保证，所以公司采用的战略不同，就会有不同的组织结构。

5.强调公司组织结构不断自我更新。在过去，许多大型的跨国公司每5—10年就要重新调整一次组织结构，这种做法往往引起大的震动，造成混乱，带来交易中的一些困难。但是，如果不进行调整，也会因老的组织结构的僵化引起许多问题。为了克服上述矛盾，现在更多的公司主要采取自我更新的办法，公司根据内部发展的需要和外部环境的变化，及时对企业的组织结构进行调整，使公司的组织结构能经常适应内外部变化的需要，并减少由于管理组织的变化而引起摩擦。

促进公司自我更新的因素很多。首先，要有一个鼓励更新的环境。例如，高层管理方式的不断变化；在公司内部鼓励学习，并保持一个开放的环境；通过轮换工作、从外部招聘人员等办法从人事制度上支持变化。其次，帮助下属单位提高应变的意识和能力。再次，设立必要的组织或人员专门研究组织更新问题。包括研究业务的地理边界、分类等，指导下属单位的业务活动。

（三）大公司的组织结构模式分析

从上面的分析我们看到，大公司的组织结构是在朝多样化方面发展。一般来说，它们主要采取的组织结构模式有以下几种：

1.事业部制。事业部制是斯隆在20世纪20年代早期针对企业实行多样化经营带来的复杂管理问题提出来的，最早采用事业部制的企业是美国的通用汽车公司。60年代，随着大企业普遍向多样化经营发展,这一组织结构模式被广泛运用。据鲁梅尔特对美国《财富》杂志评出的美国 500 家大型企业组织结构的调查,1949—1976 年,采用事业制的企业比例从 20% 增加到 60%。① 与此同时,其他西方国家的许多大企业也采用了事业部制。比如,在 60 年代中期,日本大企业采用事业部的比例占到 34.5%,其中,一般机械、电机、纺织、造纸等部门的大企业采用事业部制的比例高达 50% 左右。而且有半数左右的机械工业公司,事业部的数量平均达到 6—10 个以上,最多的达到 30—50 个。所以到了 70 年代,大企业采用事业部制成了一种时尚。②

事业部制是把企业的生产经营活动按照产品或地区的不同,建立经营事业部。采用事业部制的公司实行"集中决策、分散经营"。总公司的主要职责是研究和制定公司的各种重要政策、总体目标和长期发展计划,并对各事业部的人事、财务和重要的经营活动进行管理和监督。各个事业部在公司总部的统一领导下实行独立经营、单独核算、自负盈亏。每个事业部都是一个利润中心,必须完成总公司下达的利润计划,同时在生产经营上拥有相应的自主权。这样就使公司的高层领导摆脱了日常事务,能集中精力研究企业的大政方针和战略问题。各事业部之间的竞争也有利于提高公司的整体效率。但是事业部制也有缺陷,各事业部之间协调难度大,总公司和各事业部都建立职能机构,会造成机构重叠,加大管理费用。现在事业部制虽然已经不如六七十年代那样时髦,但是它在那些实行多样化经营的大型企业中仍然还有很强的生命力。例如,美国著名的摩托罗拉公司仍采用的是这种管理模式。摩托罗拉是以生产汽车收音机起家的,经过 65 年的发展,已经成为一个在 50 多个国家和地区设有分支机构和子公司的大型跨国公司。它现在主要生产半导体、计算机、无线电通信设备、BP 机和移动

---

① 陈佳贵、黄速建:《市场经济与企业组织结构变革》,经济管理出版社 1995 年版。
② 金爱华等:《比较管理学》,经济管理出版社 1990 年版。

电话等产品,并在这些领域处于世界领先地位。该公司 1993 年的销售额为 170 亿美元。其中,46% 来自美国本土,19% 来自欧洲,中国内地和香港占 9%,日本占 6%,亚太其他地区占 11%,世界其他地区占 9%。其管理组织结构如图 4-2 所示。

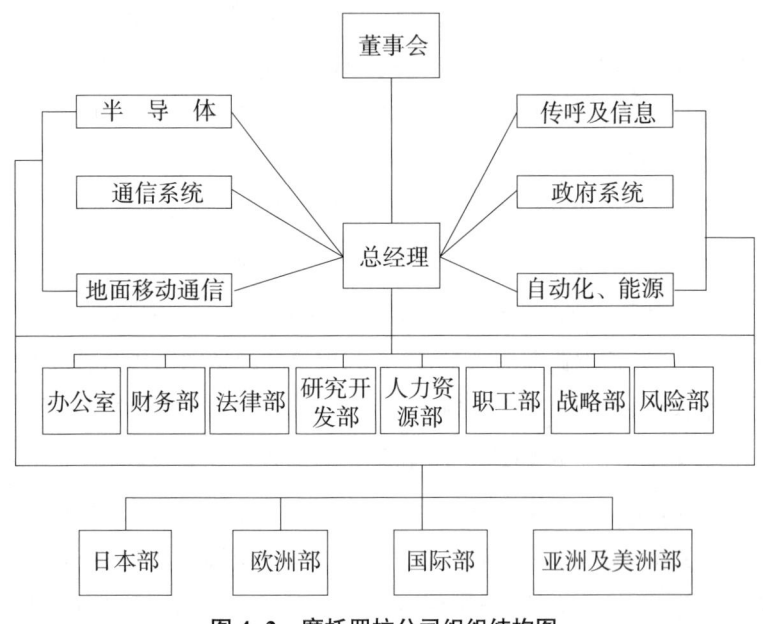

```
                        董事会
                          │
    半导体 ─┐        ┌── 传呼及信息
    通信系统 ┼── 总经理 ┼── 政府系统
    地面移动通信 ┘        └── 自动化、能源
                          │
  ┌───┬───┬───┬───┬───┬───┬───┐
办公室 财务部 法律部 研究开 人力资 职工部 战略部 风险部
              发部   源部
                          │
        ┌─────┬─────┬─────┐
      日本部  欧洲部  国际部  亚洲及美洲部
```

图 4-2　摩托罗拉公司组织结构图

该公司的董事会由 16 人组成。董事会下设总经理 1 人,副总经理若干人。在总经理下,其机构分为业务部门和职能部门两大部分。业务部门由六个分部组成,包括:半导体产品部,通信系统部,地面移动通信产品部,传呼、信息及传播部,政府及系统技术集团,自动化、能源及控制集团。其职能部门包括:公司办公室、财务部、法律部、人力资源部、职工部、风险部、欧洲部、日本部、国际部、亚洲及美洲部、研究开发部以及战略部。业务部门是从事生产经营的主体,而职能部门则在业务部门之间进行协调和提供服务。例如,公司战略部门的任务就

是为业务部门提供有关对外谈判、合作、合资等方面的咨询服务。当某一业务部门要建立新的公司扩展业务时，战略部就参与与上述业务有关的工作。公司的各业务部门是独立的，业务部门之间的关系基本是市场化的。例如，虽然半导体是公司的主要产品之一，但是，其他部门若需要，并不一定非要买本公司的产品，如果外公司的更物美价廉，它们也可以从外公司购买。国外的分支机构和子公司分别由各业务部负责管理。

2. 矩阵制。矩阵组织的概念是人们在对以工作为中心和以对象为中心的组织结构之优、缺点的争论中产生出来的。其根源可以追溯到第二次世界大战以后美国在军事与航天领域发展起来的项目管理的概念。大约1959年前后，这种项目管理开始在工业企业中普及开来，并在普及中使这一概念得到了一定的修正，使它与产品管理联系在一起，成为企业内部的一种管理组织结构。[①]

典型的矩阵制结构是把以项目或者以产品为中心构成的组织（横向结构）叠加到传统的以职能来构成的组织（纵向结构）之上，把以对象为原则和以职能为原则紧密地结合起来。使同一个管理者既是以对象为原则组织起来的机构的成员，又是职能机构的成员。美国通用动力公司航天分公司就是采用的矩阵制结构（见图4-3）。

3. "联邦制"结构。"联邦制"结构的最大特点是以地区为单位来设立经营组织和管理机构，使地区经营组织成为利润中心，成为高度自治的经营实体。总公司虽然设立职能机构，但它们主要是协助公司的高层领导从事公司长远战略发展、研究与开发等方面的工作，大量业务工作由地区的经营组织和管理机构承担。"联邦制"适用于产品比较单一，但是产品的销售市场分布却很广泛的企业。可口可乐公司就是采

---

① 埃尔文·格罗赫拉：《企业组织》，经济管理出版社1991年版。

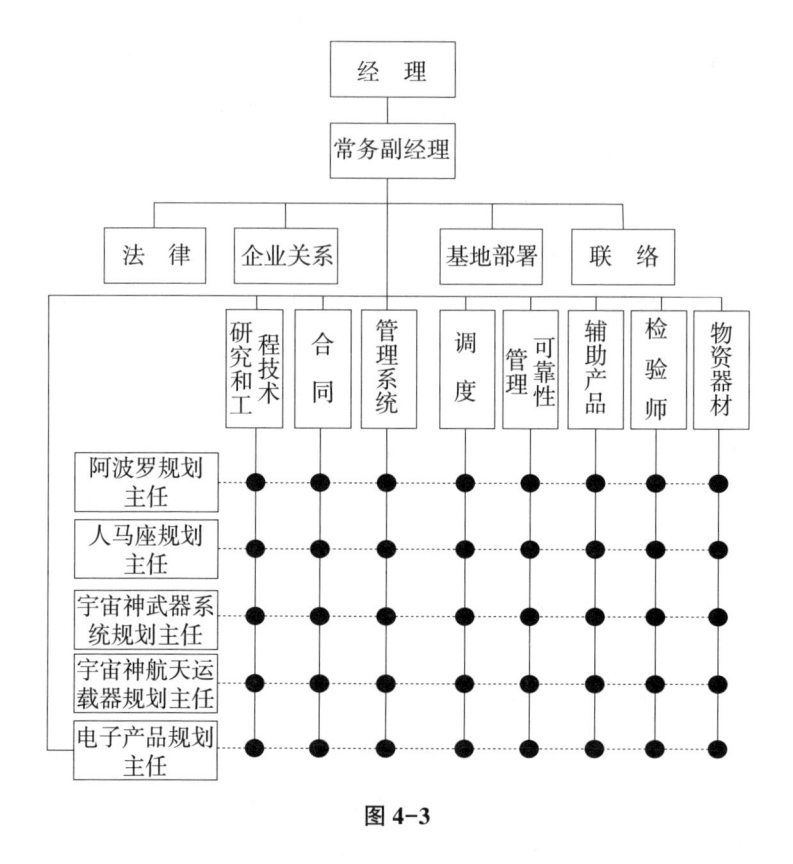

92　现代大中型企业的经营与发展

图 4-3

注：——表示指挥-职能领导关系；……表示规划-目标领导关系；●表示执行人员。
资料来源：金爱华：《比较管理学》，经济管理出版社 1990 年版。

用的"联邦制"的管理组织结构。

可口可乐是世界著名的大型跨国公司之一，它生产的软饮料占全世界软饮料产量的 44%。目前，它在全世界 195 个国家和地区设有分支机构和子公司，仅瓶装厂就有 2000 多个。1993 年，公司的总收入为 140 亿美元。根据我们的考察，可口可乐公司的管理组织结构属于分权的"联邦制"类型（见图 4-4）。

可口可乐公司设有公司的事务、财务、人力资源、法律、市场开发、科技、标准、技术等职能部门。其业务部门又是按照地区设置的,现有北美集团、非洲集团、欧共体集团、东北欧及中东集团、太平洋集团和拉丁美洲集团。每个集团都是一个独立经营实体,下面又按照国家或地区设有分部,例如在太平洋集团下就设有印度支那、菲律宾、北太平洋、南太平洋及中国等分部;每个集团按职能设有一些管理部门,包括全球发展中心、质量管理部门、食品法部、包装部、原液生产部等。在每个分部下又设有瓶装厂和管理部门,如工程、供应、装瓶、质量、销售、设备等部门。

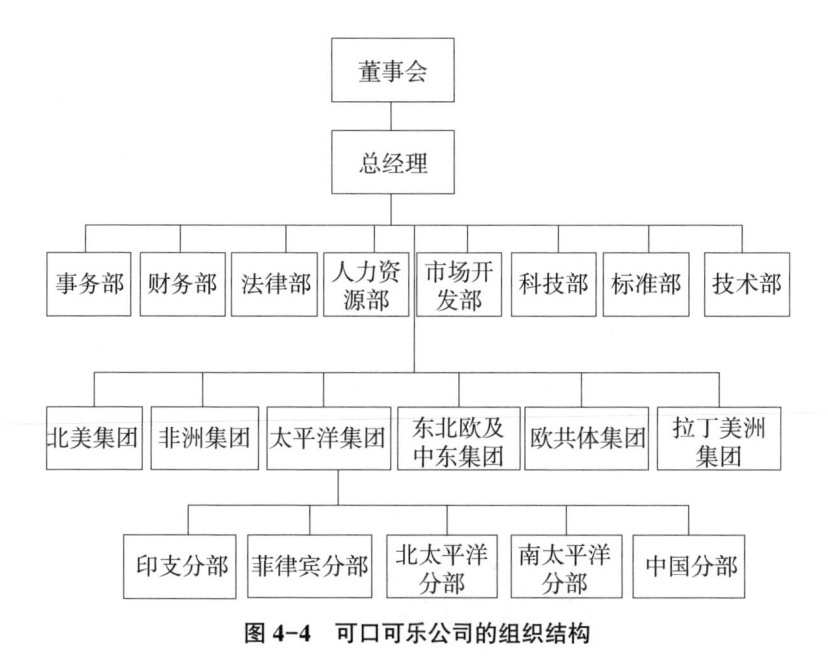

图 4-4　可口可乐公司的组织结构

4. 多维组织结构。多维组织结构是美国的道-科宁公司在 1967 年进行改组时首创的(如图 4-5 所示)。这个公司采用的是一种四维结构,其主要之点是:①利润中心。公司按照产品系列划分成经营事业部,组成利润中心,由事业部的管理部门与专业参谋部门联合组成的产品事业委员会来领导。②成本中心。由销售、制造、技术服务、研究等职能部门组成。③地理区域。每个地区既可以看成是一个利润中心，又可以看成是一个成本中心。④空间与时间。整个组织随着时间的转移而产生流动，如调整、扩充、紧缩或撤销某些组织。

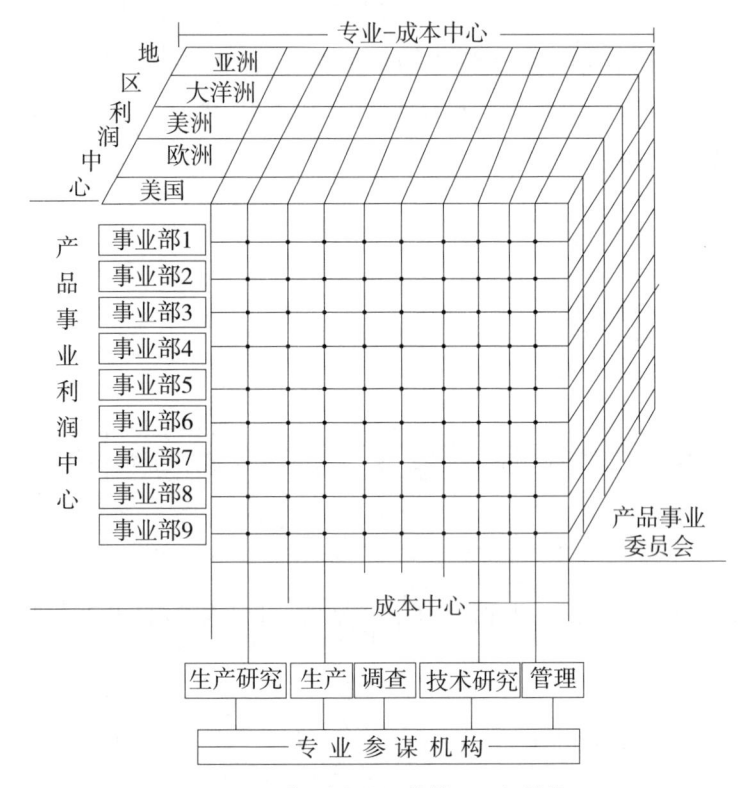

图 4-5　道-科宁公司的管理组织结构

资料来源：同图 4-3。

除上面所列举的外，国外大公司还采用一些别的组织结构形式，如集权的职能部门结构、模拟分权结构、系统结构，等等。我们就不一一列举了。

三、划小经营单位

划小经营单位(Business Units)和我们通常所说的划核算单位既有共性，又有区别。两者的共性是：其目的都是为了调动基层单位的积极性，确定核算单位和经营单位的基本原则、方法，总部对核心企业的管理等都有相似之处。它们的区别是：划小核算单位往往是在一个企业内进行，换句话说，划小核算单位是把本属于企业的一个不具备法人地位的基层单位，如分厂、车间等，变为一个个相对独立的核算单位，在扩大它们的权限的同时，要求它们对公司总部承担更大的责任；而划小经营单位则是在大的跨国公司和集团公司里进行的，它的对象不仅包括不具备法人地位的单位，也包括具备法人地位的全资子公司、控股子公司等独立的企业。从总公司的角度来说，成立一些准企业形式的中间层次的组织对这些子公司进行管理，这就是划小经营单位。

既然确定这两者的基本原则、方法是相同的，我们就把讨论的重点集中在划小经营单位上，其基本点对划小核算单位也是适用的。

(一)经营单位的特征和类型

大公司的组织结构变革是和划小经营单位紧密联系在一起的。然而，由于各个经营单位的具体情况不同，它们的规模和自治程度也有较大的差别。比如，从规模来讲，它们可以是一个法人企业或模拟法人企业，也可以包括一些法人企业；从自治程度来讲，它们既可以是成本中心，也可以是利润中心和投资中心。其总的目标是，使它们能够充分发挥自己的经营积极性，在自己拥有的市场上能够保持竞争力，同时也要便于管理和保持较大的灵活性。

1.经营单位的基本特征。虽然各个经营单位之间存在着很大的差别，但是它们也存在一些共同的基本特征，主要是：①在生产、技术、管理上有相对的独立性。②有清晰确定的市场定位，包括明确的一组产品、明确的区域、明确的竞争对象。③总部对它们进行授权，使其拥有与其经营责任相适应的管理权限。④既作为相对独立的经营单位，在生产、技术等方面又能与公司的相关单位保持紧密的联系，不因为成为一个相对独立的经营单位而损害与公司其他单位的原有联系。⑤经营单位内有健全的联系机制。⑥对经营单位的责任能够进行考核，并有有效的激励机制。

2. 经营单位的类型。由于划分标准不同，经营单位可以有不同的类型。

（1）按照经济独立的程度，经营单位可以划分为投资中心、利润中心和成本中心。

投资权是一个独立企业最广泛、最重要的权力。这种权力是由企业的主要负责人或高级管理人员集体行使。所以，在一般情况下，一个企业只有一个投资中心，即企业总部。但是，由于许多大企业规模很大，不少大企业还有一些子公司，所以它们也可以有多个投资中心。一个有效的投资中心的业务范围应该是广义的，而不是狭义的。如劳动力质量、技术诀窍等无形资产都应该列入其业务范围。因此，在管理文献中，考虑到企业许多重要的战略决策往往与实物投资无关，"投资中心"经常被称为"战略责任中心"。评价投资中心实绩的标准是资产利用收益（利润/资产）。

与投资中心不同，利润中心不是独立的企业，它没有投资权，因此，它也不对所使用的资产负全责。其主要任务是购买和使用投入，如劳动力、原材料、资金、技术等，为市场生产和销售产品或提供劳务，获得盈利。利润中心的评价标准应该是销售收益（利润/产出）或者总部下达的盈利计划。

成本中心只对购买和使用投入（如劳动力、原料、资金和技术等）负责。它不产生利润，也不对此负责。评价成本中心实绩的办法是将实际成本和标准成本（计划成本）进行比较。

从上面的分析可以看出，投资中心必须对其成本、利润和资产承担全部责任，所以它必定又是利润中心和成本中心；利润中心必须对其盈利和成本负责，因此它必定又是成本中心。这三者责任范围、评价标准和相互之间的关系可以用表4-3和图4-6来表示。

表4-3　责任中心的职责划分与评价标准

类型＼项目	责任范围			评价标准
	成本	销售	资产	
投资中心	√	√	√	资产收益
利润中心	√	√		销售收入
成本中心	√			实际成本与标准成本比较

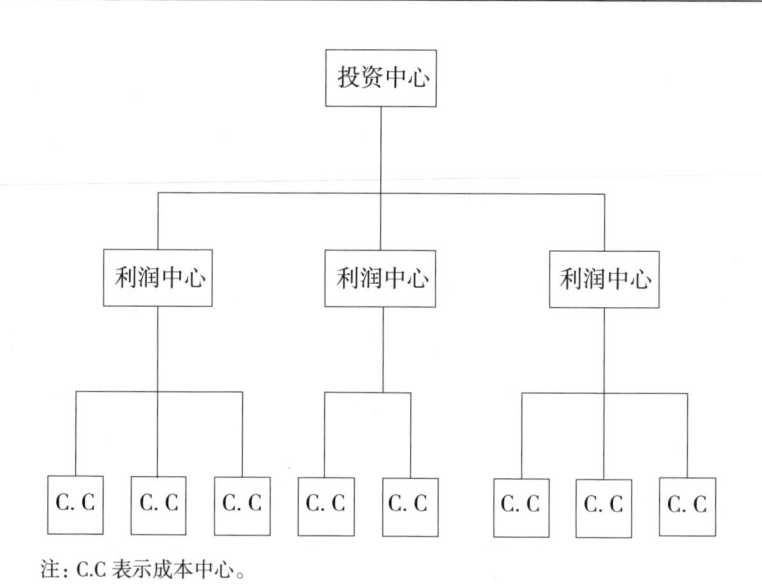

注：C.C表示成本中心。

图4-6　责任中心的关系

（2）按照产品（服务）、区域、管理职能可以将经营单位划分为产品集团（产品组）、区域集团（区域分部）和专业公司。

产品集团（产品组）有以下两种类型：①把原来属于企业的某些生产环节或服务分离出来，变成独立的法人单位或使它们具有委托法人地位，进行独立经营。在目前的公司化改革中，许多中国的大企业就是这样做的。比如武汉钢铁（集团）公司，他们在坚持对钢铁主体厂实行集中一贯管理的同时，将企业中原有的生产辅助单位和服务单位从主体厂分离出来，成立了16个子公司，包括矿业、企业发展、机械制造、经营开发等4个大公司和检修、建设、交通运输、金属结构、民用建筑、电器修理、粉末冶金、彩色涂料、铁合金、焦化化工和兴达等12个小公司。这些专业化公司从主体厂分离出来后，目前暂时被授予委托法人地位，下一步它们将会获得独立的法人地位。这些公司已经实行自负盈亏、自主经营，它们既面向武钢内部市场，又面向武钢外部市场。这种改革使这些经营单位的积极性得到了较好发挥。②在企业采用多样化经营战略时将在技术、制造、市场等方面具有某些共性的产品组成一个事业部（产品组），事业部也就成为独立的经营单位。但是，事业部本身并不是法人，而且在事业部下面还有生产单位，有些事业部还拥有独资子公司和控股子公司。毫无疑问，这些独资子公司和控股子公司也是独立的经营单位。

区域集团（地区分部）是一种按照区域来划分的经营单位。一般来说，如果企业的产品种类不多，而产品的市场又非常大，涉及的地区和国家多，完全由总部来对这些分布在全世界的分支机构和企业进行管理难度很大，在这样的情况下，按照主要区域来划分成一些小的经营单位，有利于提高管理效率和很好发挥基层单位的积极性。如前所述，可口可乐公司可以说是按照区域划小经营单位的典型。当然，在按照区域划分经营单位时，如果存在两个层次的话，只有一个层次是独立的经营单位，另一个层次，或者是总部的派出机构，或者是区域经营单位的派出机构,否则就会发生冲突。

专业性公司是把部分管理职能分离出来组成的经营单位。最常见的是将公司的销售部门分离出来,成立独立的销售公司。那些产品产量大、产品价值又较高、需要厂商直接与用户见面的公司就常常采用这种办法来划小经营单位。比如日本的丰田汽车工业公司就把销售部门分离出来,成立了丰田汽车销售公司,进行独立核算,自主经营;又如日本的东芝电器公司,80年代初也把销售部门分离出来,成立了销售公司。

(3)将产品、区域和管理职能紧密结合起来可以将经营单位划分为全球性经营单位、区域性经营单位。产品集团、区域集团和专业性公司都是以一个因素为基准来确定的。最新的方法是把产品、区域和职能这三者紧密结合起来考虑。我们这里指的结合不是简单的板块式的拼凑,换句话说,不是指在一个公司内,有的经营单位是按照产品来划分的,有的经营单位是按照区域来划分的,有的经营单位是按照管理职能来划分的,尽管这种情况是常见的。这里所说的结合是指把三者紧密结合在一起作为划分经营单位的基准。用这种方法划分经营单位,可以形成全球型经营单位和区域型经营单位。

全球型经营单位。其特征是关键业务系统的功能实行全球性管理;这种经营单位对广泛的管理活动负责。

区域型的经营单位。根据职责不同它又可以分为四种不同的类型:①领导型。关键功能实行区域管理;作为技术诀窍的领导,它对被领导的区域经营单位的技术活动负有直接管理的责任。②被指导型。关键功能实行区域性管理;一般自己没有技术诀窍,所需的技术诀窍要从领导型区域性经营单位获得。③独立型。关键功能实行区域性管理;它有一个技术诀窍的平衡层次,一般能够独立地进行管理。④专业型。关键功能实行区域性管理;但是,在某一种特殊的功能方面和将技术诀窍转移给别的经营单位时,专业型经营单位又是领导。

按照这种标准划分的跨国多角化经营公司经营单位的类型可以用图 4-7 表示。

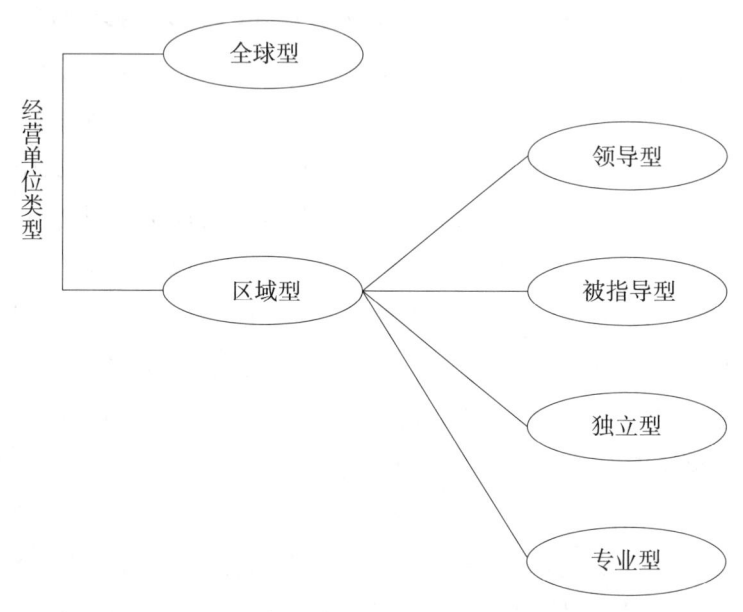

```
                    ┌── 全球型
经营单位类型 ──────┤
                    │              ┌── 领导型
                    │              ├── 被指导型
                    └── 区域型 ────┤
                                   ├── 独立型
                                   └── 专业型
```

图 4-7　将产品区域和职能相结合形成的经营单位类型

（二）划小经营单位的方法和步骤

在划分经营单位时，采用不同的标准或参照因素不同，其方法步骤也有区别。把产品、区域和管理职能紧密结合起来确定经营单位，是最复杂，也最有代表性的一种确定经营单位的方法，下面我们将详细分析按照这种方法来划分经营单位的具体做法。它可以分为以下四步进行：

1. 确定核心业务。这一步的主要任务是：①将现有的单位划分成产品组。在进行这一步时，要把公司原有的业务单位变成比较小的产品组。在某些情况下，这些业务单位可能变成某单个产品的一个组合层次，在另一些情况下，可能是将整个产品系列放在一起。在拿不准的时候，最好是把现在的组变成低层次的组。②分析产品组之间的共同性事务。如果被分析的产品组之间不存在任何关系，就不要再去进行分析。保留的产品组应该在业务系统的各种因素范围内进行分析。在许多情况下，业务系统的某些因素，如研究、开发等，可能需要划分成更小的次级组成部分。比如作物保护研究，就存在着化学研究、生物化学研究、其他的生物研究，等等。③将存在紧密联系的产品组重新紧密地联结成经营单位。对于各个产品组来说，必须将它们的一些共同的关键性的因素一一列举出来，并加以证明。常常会碰到这样的情况：一些人认为某些有关联的产品可以归纳到这个产品组，另一些人又认为它们可以归到其他产品组，这些争议是很正常的，也是很重要的。在这种情况下，要考虑的是战略方面的最重要的联系，它在决定将某些产品组联结成经营单位时往往起决定性的作用。

2. 确定区域的延伸。这一步的主要任务是：①分析资产、销售的区域分布。②分析从全球、区域联合中衍生出的利益。③确定经营单位的区域延伸。这一步的重点是分析每一种核心业务应当被作为全球业务来管理或是划分成一系列区域单位来进行管理。在多数情况下，这将取决于所考虑业务的特征。但是，在某些情况下也取决于它现在的组织结构。这种分析必须对业务系统的各种因素分开来进行。具体可以分为以下几种情况：

（1）在某些情况下，业务系统的所有功能（销售可能除外）可能够实行全球性管理。这意味着特殊的核心业务能够作为一种全球性的经营单位来进行管理。

（2）在另外一些情况下，业务系统的全部或多数因素最好是按照一个区域或者以一个国家为基础来进行管理。在这种情况下，核心业务应当被划分成几个独立的区域经营单位。

（3）在一些重要功能需要进行全球性管理，另外一些重要功能需要按照区域或国家来管理的情况下，核心业务也应当被划分成几个区域单位。然而,当我们进一步考察时就会发现,这将更多地取决于这些单位之间的相互影响。

3.考虑技能的分布。这一步的主要任务是:①在现在的框架内分析技能的分布。②确定技术诀窍的领导。③确定经营单位的类型。

虽然经营单位可以被划分为较大的自治的企业性质的单位,但是,它们的自治程度是各不相同的。一般来说,领导型经营单位包含所有主要功能并为指导型及专业型经营单位提供技术诀窍,有时它们还为指导型和专业型经营单位提供产品;指导型和专业型经营单位则只有少数几种功能;专业型经营单位为另一些专业型经营单位、指导型经营单位提供它们的专门的技术诀窍,有时它们甚至为领导型经营单位提供它们的专门技术诀窍。当然对它们的考核也不一样。它们的关系可以用图4-8来表示。

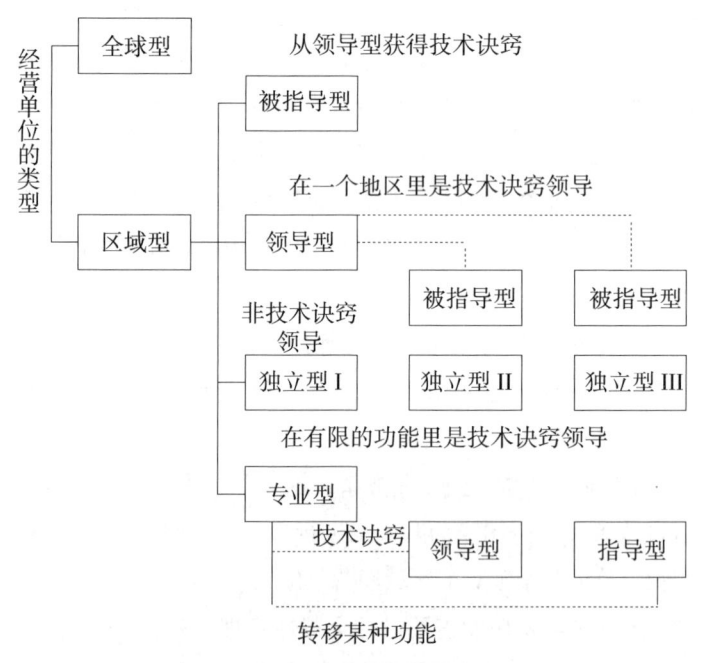

图 4-8 不同经营单位的技能关系

4. 明确经营单位的地位与作用。

（1）经营单位的职能。当经营单位是公司的典型的企业性质的单位时，它们必须是利润中心。这就决定了其他层次的管理组织不能是利润中心，否则就会导致严重的冲突。

经营单位经理的主要职能是：制定和执行经营单位的产品开发和市场开发战略；与公司中心协商经营单位的目标；管理经营单位的日常事务，包括技术开发、产品开发、制订产品销售计划、制定价格政策、制定销售政策、制定广告和促销政策；负责人力资源的开发；调整经营单位的组织；与另外一些经营单位建立网络以分享资源和技术诀窍；等等。

（2）公司总部的职能。公司总部的主要职能是：管理日常的业务，包括聚集和分配资本；审议经营单位的战略；与经营单位谈判某些需要共同解决的问题；建立整体战略指导；获得经营单位交叉协调效益；促进管理组织的自我更新；创造和传播具有共同目标的观念；建立国际管理发展的准则；管理成本和可利用的金融资源；管理外延的客户。总之，公司总部应该起一种教练的作用，它应该着重在战略、财务计划、控制和保证经营单位之间的交叉协调性的实现等方面起作用。

公司总部的不同部分也可以联合成某种决策类型，如负有战略指导或其他使命的委员会；也可以实现专业化，即每一个部分对某一种特殊职能实行全球性的领导。在其他职能方面，如作为区域经营单位的战略控制，公司总部的不同部分也可能相对独立地履行职能。

（3）国家公司和区域中心。所谓国家公司，就是在一个国家建立一个公司，以管理总公司在这个国家的其他经营单位的业务；所谓区域中心，就是按照区域设立的管理机构。在多数情况下，在经营单位与公司总部之间只能有一个追加层，或者是区域中心，或者是国家公司，这是因为：①每一个层次必须创造比其成本更多的价值才有存在的价值。

②在跨国多角化经营的公司中，取得追加的合作价值的先决条件是交叉业务的协调。③多数业务的协调已经在经营单位内进行，不需要增加更多的管理层次。建立什么样的中间层次，需要根据具体情况来确定：在一个国家里，如果现在的业务存在大量的协调性事务，就需要建立一个小的国家公司来处理诸如法律、税收、债券等业务或行使"大使"式功能；在某些情况下，建立在一个国家的经营单位对建立在其他国家的一些经营单位起领导作用，就需要建立一种区域中心来协调上下的关系。

下面我们来进一步分析国家公司和区域中心的设立及其职能。

在需要建立国家公司时，明确国家公司的性质、规模和国家公司经理的作用是很重要的。国家公司经理的作用应该是对经营单位提供有限的支持和协助，而不能包揽一切。国家公司经理的作用主要是：对外代表公司；对他负责的业务的正常运行提供一个基础结构；统一交税；负责法律方面的事务；负责人力资源和劳资关系；负责所在国的交叉业务的协调；通过给予一些特别的投入以帮助经营单位实现它们的潜力；为协调中心提供一个全国性的总体看法。

如上所述，除国家公司外，有时还设立区域中心来协调有关经营单位的业务。但在许多情况下，在设立区域中心时实际上是将公司中心的职能分解为几个区域中心来行使（如图4-9所示）。

设计国家公司和区域中心时，除考虑规模和功能外，还要考虑战略重点和技能水平，在那些战略重点突出、技能水平高的地方可考虑建立区域中心。这些区域中心能够履行公司总部具有的传统的协调作用，因而它们成为公司总部的组成部分。如果不是这样，区域中心就是作为公司中心和国家公司之间的一个追加层而存在。

在那些非常重要而没有与它们的重要性相匹配的技能的国家，应当去发展某种技能。在某些情况下，技能甚至资源能够从那些拥有高技能水平而不是战略重点的国家转移出来。这种情况通常发生在那些小的高度发达的国家,如瑞士、瑞典等国家。

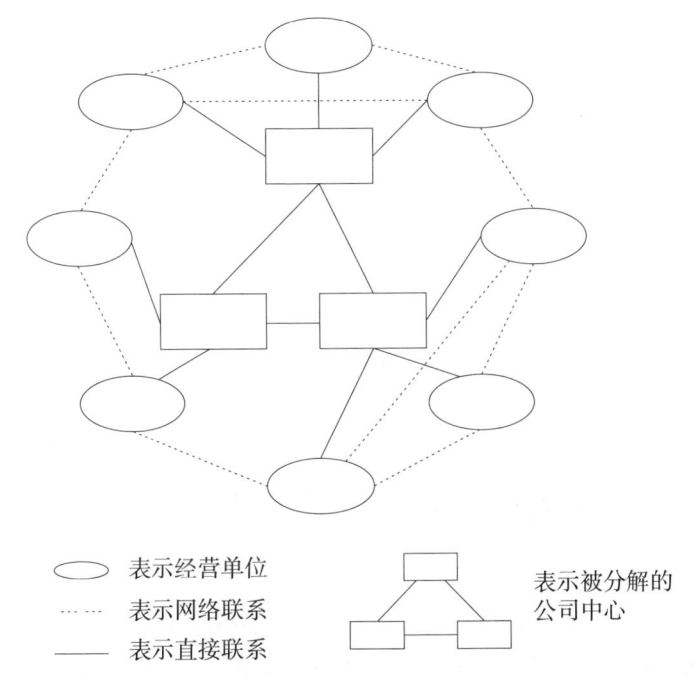

○ 表示经营单位
...... 表示网络联系
—— 表示直接联系

表示被分解的公司中心

图 4-9　区域中心与经营单位、经营单位与经营单位的关系

在那些既不具有战略的重要性,又没拥有协调技能的国家可以考虑给予它们的相对独立的活动一种协调指导,公司总部不必把更多的注意力花在它们身上。

5. 建立紧密联系的机制。这一步的主要任务是在各个经营单位之间建立起一个直接联系的网络(如图 4-10 所示)。

这个网络将取代公司总部的某些协调任务,包括:协调经营单位之间、经营单位与国家公司之间的关系;解决一些经营单位之间的特殊的、临时出现的问题;交流经营单位之间的经验,传播知识;进行专门指导,保证专门知识、技能等容易理解。

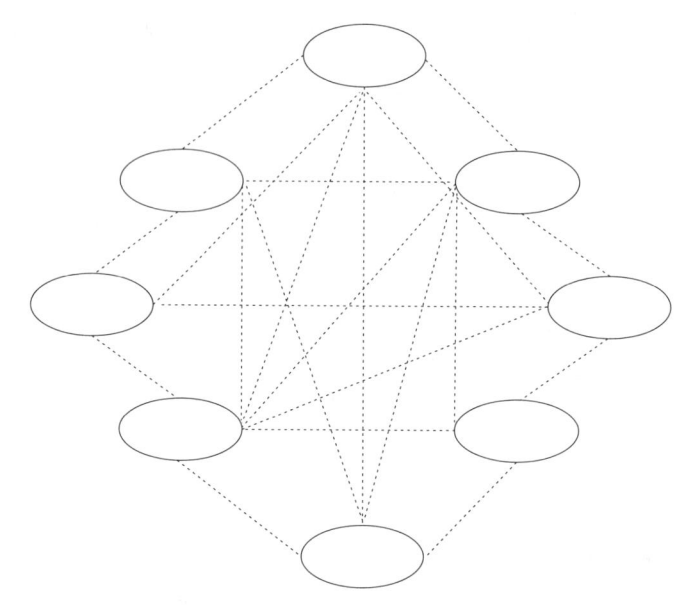

图 4-10　经营单位之间的直接网络系统

这个网络必须包含一个灵活的评价和补偿系统。在建立评价和补偿系统时，如何处理经营单位之间的经济往来关系是关键。一般来说，有两种处理方法：①凡是有市场价格的产品、劳务和技术转让，原则上都应该利用市场价格来结算。但是，在实际的经济交往中，这种产品、劳务和技术是有限的。只有当这些产品、劳务和技术既提供给本公司的经营单位使用，又在市场上提供给其他用户和消费者使用时，采用这种办法才是可能的。②利用内部价格结算。对那些只供公司内部使用的产品、服务和技术等，无法用市场价格结算，只能用公司制定的内部价格结算。这种内部价格必须公平合理，才能真实地反映各个经营单位的业绩。

第五章 人才工程与人本管理

科学技术越发达，企业家越来越认识到人才的重要性。美国钢铁大王卡内基说过一句很有名的话，他说："将我所有的工厂、设备、市场、资金全部夺去，只要保留我的组织、人员，十年后，我将仍是一个钢铁大王。"日本著名企业家松下幸之助认为，企业是由人组成的，没有设备可以买，没有资金可以贷，没有人什么也干不了，所以他的经营哲学是"先造就人，后造就产品"。[①]日本丰田前任汽车工业会长石田退之认为，"事业在于人。人要陆续地培养教育，一代一代地接下去。任何工作，任何事业，要想大力发展，给它打下坚实的基础，最要紧的一条是造就人才"。[②]丰田汽车销售公司会长神谷正太郎也认为，"职工不是单纯提供劳动的人。我们的资产是人才。推动和发展企业的是人，也就是职工"。[③]我国一些大企业的领导在经营过程中也越来越感到人才的重要性。扬子集团的领导人宣中光认为，"对企业而言，资金往往不是主要矛盾，因为即使有了资金，没有高素质的人，资金也不能增值。相反，有了高素质的人，即使资金暂时紧张，也终究会找到解决的方法，用较少的资金赢得较高的效益"。所以，"人才是企业的第一资本"。[④]

正因为如此，中外大中型企业越来越重视人的选拔、使用、管理和

[①] "培养21世纪的企业领导人"，《世界经济导报》，1983年1月3日。
[②] 若三富士雄、杉本忠明：《丰田的秘密》，北京出版社1978年版。
[③] 同上。
[④] 《人民日报》，1994年11月28日。

培训。不少企业把这一系列工作当作一项重要的工程——人才工程来对待,实施以人为本位的管理。

一、运用行为科学,重塑人际关系

搞好企业管理有许多方法,从而也形成了不同的流派。图 5-1 是美国学者哈罗德·孔茨和西里尔·奥唐奈在他们合著的《管理学》一书中对管理方法和管理流派的分类。

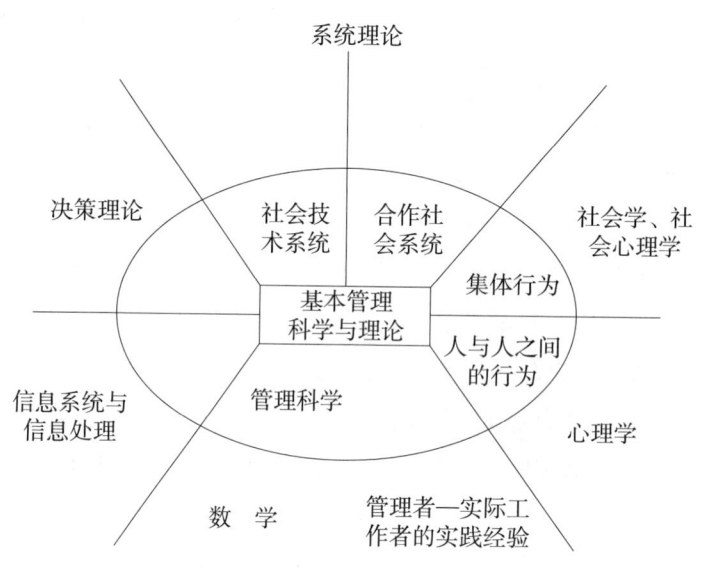

图 5-1 管理方法和管理流派的分类

行为科学是西方管理学的一个流派,也是一种管理方法。在上图中,社会心理学和心理学所示的范围大致就是行为科学研究的对象。行为科学产生于 20 世纪 30 年代。在这之前,泰勒的"科学管理"理论对企业产生过很大影响。但是,由于"科学管理"把人看成单纯的"经济人",片面强调金钱的刺激作用,运用严厉的控制手段来管理工人,以达到高生产率，它也引起了工人的强烈不满，甚至采取各种手段反抗。这不得不迫使管理专家和企业家去研究更好的管理方法。行为科学就是最有代表性的方法之一。行为科学最初叫人际关系学，后逐步发展成行为科学。这种方法是把心理学、社会学、社会人类学等的观点和知识运用到管理中而形成的，它的基本精神是认为人是管理工作的核心，在管理中必须处理好人和人的关系，调动和发挥人的积极性、创造性。现在行为科学在国外的企业管理中得到了较为广泛的运用，70年代末，它也被引进我国，在我国的一些企业特别是一些大企业中得到了运用，并与我国传统的思想政治工作相结合，形成了一些自己的特色。

1. 重视个体行为。所谓重视个体行为，就是要全面了解人、理解人、尊重人、信任人，从而调动人的积极性。人的需要不仅包括生理需要，而且包括心理需要。美国心理学家马斯洛（A. B. Maslow）在其1943年出版的《调动人的积极性理论》一书中，把人的需要归纳为五类，并按其重要性和发生先后次序排列成一个需要的等级，即生理上的需要→安全上的需要→情感和归属方面的需要→地位或受人尊重上的需要→自我实现的需要。50年代后期，美国心理学家弗雷德里克·赫茨伯格（Fredric Herzberg）在《工作的激励因素》一书中又提出了"双因素理论"，也叫"激励-保健说"。这一理论从另一角度对人的需要进行了分析。他指出，公司政策、工作条件、薪金水平、个人生活、地位与安全等问题如果处理不善，会使职工非常不满而影响工作积极性。但是即便将这些问题改善，也只能使职工消除不满，而不一定能激发职工的积极性和创造性。因此，赫茨伯格将这些因素称为"保健因素"。除这些"保健因素"外，还有激励因素，比如，工作和事业上的成就感、工作成绩得到认可、工作任务本身的挑战性、承担较大的责任、职业上得到发展以及有成长的机会等。这些因素能激励职工的工作热情、积极性和创造性等。

企业家们把这些理论运用在管理的实践中，取得了较好的成效。在日本不少企业根据行为科学的理论，采取了许多措施来调动职工的积极性和创造性。比如，尽可能根据职工的兴趣、爱好来安排工作；广泛开展提合理化建议的活动，使职工关心企业的经营；每年年终各部门都要召开"忘年会"，总结工作，融洽上司和下级之间的关系；为职工祝贺生日，使企业和职工之间形成一种亲密关系；邀请职工家属到企业参加活动，使他们支持企业的工作；等等。在英国，研究人员曾对四个部门中拥有66万名工人的72家大公司进行过调查，结果发现这些公司大多运用行为科学原理，实行了弹性工作方式，采用了灵活上班时间等办法。其途径是：①约有90％的公司采取弹性方式把工人人数或工作时间同其需要的水平和阶段更好地结合起来，因而更多地使用临时工、兼职工、加班、新的倒班制和灵活的工时。②有一半左右的公司试图减少工种的划分并增加单个工人完成的任务。③通过转包合同增加工作方式的灵活性，约有70％的公司较多地使用转包商，还有20％左右的公司雇用不专为某个雇主干活的工人。④使公司结构更为灵活和有弹性。这样做的公司占被调查公司的2/3。

我国的一些企业将行为科学与政治思想工作和企业的精神文明建设结合起来，也取得了较好的效果。兰州第二毛纺织厂就是这方面的一个比较好的典型。这个厂为了有针对性地对职工做工作，对职工的以下情况进行了调查：①职工在什么时间干劲最大。②职工在什么时候想回家。③职工在什么时候需要关心帮助。④职工在什么时候精力最好。⑤职工在什么时候容易产生思想波动。根据调查的结果，这个厂采取了五条措施：①对迟到早退的职工作具体分析，区别对待，并帮助职工解决具体困难。②对不同的人要有不同的要求。比如，对干部突出一个"严"字；对老工人突出一个"引"字；对青年工人突出一个"教"字；对后进职工突出一个"帮"字。③对不同的时期制定出不同的目标，并把它们化为职工的自觉行动。④对上级指示的落实要结合实际，注意效果，避免搞形式主义，浪费企业的财物和职工的时间。⑤企业管理的核心是要做好人的工作。特别要对职工做细致的思想工作，做到以理服人，以情感人，以实际行动帮助人。

2. 重视群体行为。群体行为对企业管理有重大影响。专家们曾对三种不同类型的班组进行过调查。第一类是团结友爱、合作良好的班组；第二类是基本团结，只有少数人不协调；第三类是相互关系一般，成员之间只保持工作关系。结果表明：在第一类班组中，97%的人能遵守劳动纪律；在第二类班组中，这一比例是71%；第三类是62%。在第一类班组中，要求调离的人占8%；第二类占47%；第三类占80%。在第一类班组中，有70%的人自愿参加合理化建议和技术革新活动，而在第二、第三类中参加者少得多。这一调查说明，提高团体的内聚力可以促进生产力的提高。

许多管理专家和企业家还认为，个体要形成比较好的群体必须具备以下基本条件：①各成员之间具有共同目标和利益。②各成员之间有密切协作和配合的组织保证和制度保证。③集体要满足成员的归属感。④成员之间需要有工作、信息、思想上的交流以及保证这些交流的气氛和条件。⑤群体要有作风正派、处事公道、有协调能力、有威信的核心人物。

提高团体内聚力的方法很多。让工人自由组合成班组就是其中的一种。近些年我国的一些企业实行的内部优化组合就是采用的这种办法。有关资料显示，采用这种办法组成的班组比采用传统办法组成的班组工时消耗降低了4%，物资消耗减少了2%。

3. 重视领导行为。领导者自身的素质和行为对职工有重要影响。俗话说得好，"身教重于言教"，"火车跑得快，全凭车头带"。领导者具有良好的修养、素质和精神风貌以及办事公道的品德，就会成为大家学习的榜样,具有很高的威信,他对下级的要求也容易被接受。相反,如果领导者自身素质低,对自己要求不严格,又对下级提出过高的要求,其效果一定很差。中国社会科学院经济研究所的一个课题组对我国国有企业的3000名职工作过调查,他们把这3000名职工分成三个组:A组是工龄在13年以上的职工;B组为7—12年工龄的职工;C组为6年及6年以下工龄的职工。调查结果表明,各组职工都认为,选择工作时第一位考虑的因素是领导办事要公道。其中,第一组有91.3%的人持这样的看法(认为重要的占22.2%,认为很重要的占69.1%);第二组持这样看法的职工占90.3%(认为重要的占22.4%,认为很重要的占67.9%);第三组持这样看法的职工占89.9%(认为重要的占28.7%,认为很重要的占61.2%)。[①] 可见领导者对职工的影响程度有多大。所以一般领导者都能严格要求自己,重视自我修养和自我素质的提高,特别是企业的高层领导还十分注意培养自己具有企业家的精神,用这种精神去教育职工、感化职工、鼓舞职工。

领导者的工作方法对职工也有很大的影响。所以企业的领导在管理企业时,除注意不断改革和完善管理组织、管理制度外,都十分注意改进管理方法。包括:①注重调查研究。在作出决策和下达命令之前,弄清楚情况,避免主观臆断、滥用权力、以权势压人、瞎指挥等事情的发生。②使下属有充分发挥自己能力的机会。在安排工作时,尽量考虑下属的能力、特长、爱好等因素,使人尽其才。③布置任务时,要讲清楚完成任务的必要性,要完成的任务对全局的影响、对本单位和参加者个人的影响。并注意语言艺术,避免用命令的口气布置任务。④正确授权。给任务执行者有与完成该项任务或履行某种职责相应的权力。同时,要遵循分级管理的原则,避免越级授权和指挥。⑤尊重下

---

① 尚列:"国有企业改革中职工群体观念差异的分析",《管理世界》1992年第3期。

属的人格,采用适当的激励方法。对职工的工作业绩和表现进行评判、奖励和惩罚是必要的,但是必须尊重人格,讲究激励的方法。有人对美国43家成功的大企业的领导者进行过调查,他们认为企业成功的重要因素之一就是尊重主管的人格,发挥全体职工的积极性。日本的一家公司对领导者激励职工的方法做过一次调查,结果发现:公开表扬、个别帮助等办法效果较好。表5-1是他们调查的结果。⑥关心下级的疾苦,帮助他们解决生活方面遇到的困难。这是无声的思想工作,它比一般的说服教育更有效。

表 5-1 激励方法效果

激励方式	效果变化(%)		
	变好	没变	变差
公开表扬	87	12	1
个别指责	66	23	11
公开指责	35	27	38
个别嘲笑	32	33	35
公开嘲笑	17	36	47
个别体罚	28	28	14
公开体罚	12	23	65

资料来源:转引自杨荷君:"激励——有效的管理人的手段",《财经理论与实践》1989年第2期。

二、增加人力资本,提高劳动力质量

越来越多的管理专家和大企业的经理们认识到,劳动力质量是促进企业成长和增强企业在市场上竞争地位的最重要因素。他们所说的劳动力质量是指劳动者所具有的科学技术水平,它取决于教育、培训和其他一些人力资本,即取决于用于教育、培训等方面的投资。美国教育经济学家舒尔茨对美国经济的发展作过这样的计算:1890—1959年的

70年中，物质资源增加了4.5倍，对劳动者进行教育和培训的投资增加了8.5倍，而前者使利润增加3.5倍，后者使利润增加了17.5倍。① 日本的一份研究资料表明：工人教育水平每提高一个年级，新技术革新者平均增加6%，而技术革新的建议能降低成本5%；经过专门训练的技术人员的建议能降低成本10%—15%，受过良好教育和培训的管理人员创造和推广先进管理技术可降低成本30%以上。经过技术再教育的工程技术人员，工作效率可以提高40%—70%。② 苏联经济学家科马罗夫和乌拉诺夫斯卡娅在1980年的一篇文章中指出：苏联在1960—1978年间，具有高于五年教育水平的劳动者在就业人员总数中的比重增加了90%，而劳动生产率则提高了1.5倍，换句话说，1960—1978年，劳动者的教育水平每提高10%，劳动生产率就提高1.4倍。1961—1975年间，苏联国民收入增长额的80.1%是靠提高劳动生产率获得的，其中37%是靠提高劳动者的教育和技能水平获得的。③ 据苏联的另一些经济学家估计，受过十年制教育的工人与初期教育程度的工人相比，掌握技术的速度要快1倍，利用设备的效果要高1倍，参加生产合理化建议的积极性和创造性要高1倍。在教育程度6—10年级范围内，普通文化水平每提高一年级，工人中合理化建议者的比重就平均提高6%。受中等教育的程度每提高一年级，在机器制造业可使劳动生产率提高1.5%—2%，在轻工业可以提高1.5%—2.2%，在钢铁工业可以提高0.4%—0.7%。④ 我国吉林省社科院的一些同志也对职工素质和经济效益的关系作过调查，他们提供的长春第一汽车厂的材料表明：在完成生产定额方面，初中文化程度的工人比小学文化程度的工人要高26%，

---

① 张玉："劳动者质量的提高与教育"，《中国经济问题》1983年第2期。
② 张国龙："试论日本职业教育"，《管理现代化》1983年第2期。
③ 张玉："劳动者质量的提高与教育"，《中国经济问题》1983年第2期。
④ 刘戎："加强职工培训，提高经济效益"，《湖南财经学院学报》1982年第3期。

受过高等教育的工人比只有初中文化程度的工人生产效率高 20%—30%。据他们对长春客车厂机械车间装配钳工的调查,只有初中文化程度的工人三年出徒时的工作效率,具有高中或中专文化程度的工人,一年就可以达到;大学文化程度的工人一年还可以超过,其时间缩短 2/3 以上。他们对吉林石岘造纸厂的调查表明:在电器设备事故中,有 70.7% 发生在具有初中以下文化程度的工人中;有 29.3% 发生在具有初中文化程度的工人中;而大学和高中文化程度的工人则没有发生事故。[1] 另据对某一工厂一个车间的调查,在半年时间内,受过培训的工人产品废品率为 0.28%,未受过培训的青年工人的废品率为 0.43%,比受过培训的高 0.15 个百分点,按照损失的价值计算,受过培训的工人每人平均损失 1.42 元,未受过培训的每人平均损失 2.05 元,高出 0.63 元。对某工厂 1978 年的事故率的分析表明:小学及小学以下文化程度的职工为 8.5%,初中文化水平的职工为 6.6%,高中及大专文化程度的职工为 2.1%。因文化技术原因造成的事故率:小学为 1.6%,初中为 1.5%,高中为 0.4%,大专为零。[2] 正因为如此,大公司都很重视企业的培训工作。其具体表现是:

1. 用于职工培训的投资逐步增加。国外大公司用于职工培训的经费在不断增加。一份研究报告提供的数字表明,80 年代,美国各大公司每年花在职工教育上的钱为 600 亿美元,基本上接近美国四年制常规大学教育的年度总开支。各大公司用于职工培训的经费占其利润的 3% 左右。1986 年摩托罗拉公司用于职工培训的费用为 4000 万美元,90 年代以来,它每年用在职工培训方面的费用平均达 1.2 亿元,这还不包括被培训者的工资。80 年代中期以来 IBM 公司每年在职工培训方面的花费大约为 7.5 亿美元,这比哈佛大学的整个预算经费还要多。

---

[1] "职工教育与经济效益",《工人日报》,1982 年 2 月 6 日。
[2] 王健:"提高职工智力素质的几个问题",《经济与管理研究》1983 年第 5 期。

美国电话电报公司 1985 年花费在职工培训方面的开支为 7 亿美元，到 90 年代，每年的培训经费高达 13 亿美元左右。据英国《泰晤士报》报道，1984—1989 年，原联邦德国有 650 万职工接受了各种培训，1990 年，德国用于职业培训方面的经费高达 500 亿马克。该国最大的化学公司巴斯夫公司每年用于职工培训方面的费用高达 2.16 亿马克，全公司 2/3 以上的职工都接受过某种培训。高素质的职工队伍成为巴斯夫公司在同行业的竞争中克敌制胜的关键因素。西门子公司每年为在职人员继续教育花费大约 5 亿马克，相当于职工工资总额的 3.7%。这个国家的巴伐利亚汽车厂提出一个口号："培养高级工人生产高级轿车。"该厂 1986 年用于职工培训方面的费用达 7100 万马克，1990 年花在职工培训方面的费用增加到 9400 万马克，其中，用于青年职工培训的费用为 5500 万马克，用于有 5 年工龄以上职工进行再培训的费用为 3900 万马克，用于职工培训的总费用比 1986 年增长了 32.4%，迄今该公司已经对 3.8 万名职工进行过培训。日本各大公司用于职工培训的经费也在逐年增加。据调查，日本一流公司员工训练费用占公司总成本的 10% 强，二流公司占 5%—10%，三流公司占 2%—5%。据《东洋经济》杂志社的调查，1983 年，日本企业用于教育训练投资的平均费用，经营干部为 8.7 万日元，管理人员为 5.8 万日元，监督人员为 4.5 万日元。日本松下电器公司是在职工培训方面做得很出色的企业。据统计，80 年代，它用于职工技术教育的费用占公司总生产成本的 10%。80 年代初，它设在新加坡的松下电子有限公司由于受世界经济衰退的影响，生产减少，该公司并没有因此而趁机裁减工人，而是花费 27 万美元开办了许多训练课程，训练了 1320 名工人。通过训练，不但提高了职工的技能，而且使工人感到公司在艰难时期与工人同舟共济，增强了职工对公司的信任感和效忠精神。

2. 培训的范围扩大。大公司的培训对象，早期以工人为主，特别是培训新进公司的工人。现在除继续重视工人培训外,还加强了其他层次的人员发展,逐步形成了全员培训的新格局。首先,对经理人员的培训加强了。有的文章认为,国外许多大公司工人、管理人员和经理人员的培训时间的比例大约为1∶5∶10。为经理人员举办的各种培训班、研修班越来越多,这些培训班、研修班既培训经理的接班人,也培训在职经理,既培训一般经理人员,也培训高级经理人员。其次,对管理人员的培训更加重视。这种培训又分两种:第一种是为第一线管理人员进行的TWI方式(training within industry)培训,也叫作"工业监督者教育"。目的是提高第一线管理人员的领导水平。培训的内容包括有关管理人员工作内容的知识、管理工作责任的知识、领导工作的技能、改进工作的技能和指挥工作的技能等五大方面。第二种是对中层管理人员进行的MTP培训(management training program),又叫"管理人员培训计划"。培训的对象是公司的部长、科长、车间主任一级的管理人员。培训的内容包括管理工作的任务、改进工作的任务、对所属职工进行教育指导的任务和正确处理群众关系的任务等方面。再次,对工程技术人员的培训工作更加重视了。这种培训是针对各类工程技术人员的特点进行的,培训工作比较复杂,不仅要求培训的内容安排要合理,要有针对性,而且要有一定的设施。1994年,我们对总部设在芝加哥的美国摩托罗拉公司进行过考察,专门参观了它的培训中心——摩托罗拉大学。看到负责产品设计的技术人员正在进行设计训练,陪同告诉我们,他们使用的设施和实际设计时使用的设施是相同的,只是比实际的要小些,这些设施的费用是昂贵的。

  由于培训的对象向多层次发展,向全员发展,接受培训的人数大大增加。据统计,1987年日本实施职业教育的民间企业已占到企业总数的80.6%。现在日本大企业对各类人员的再教育普及率基本达到100%,中小企业也达到80%左右。1984—1989年,原联邦德国有650

万人接受了各种培训。美国大公司参加培训人员的比重也很高，例如，摩托罗拉公司经常进行培训的职工达 1000 人，迄今已有 7.5 万职工接受了培训，这个数字约占该公司职工总数的 75%。IBM 坚持每个员工每年必须接受 20 天的进修。近些年来，我国的台湾地区面对劳动力短缺、工资不断上升的现状，各企业仍安排职工进行培训，1981 年参加培训的职工数量为 19.8 万人，1985 年上升到 21.6 万人，1988 年又上升到 22.3 万人，进入 90 年代后，这一数字还在不断上升。

3. 培训渠道和方法向多样化发展。从大的方面来分，大公司主要通过以下三种渠道培训职工：

（1）自我启发。就是通过读书、函授等自修的方式来提高自己。

（2）在职培训。它又包括三种形式：①师傅带徒弟。这种方式是在工作现场，在完成任务过程中完成培训任务，它多用于对新进公司职工的培训。公司各部门和单位指定专人对新职工进行指导。由于负责指导培训者的是他们的上司或师傅，他们的指导具有针对性，而且比较具体和有权威性，所以效果比较好。这种方式即使在美国这样发达国家的企业也仍然在采用，只不过方式有了一些变化。据统计，1992 年美国注册登记的学徒有 30 万人，分布在 820 个工种。②岗位练兵。公司提出各个岗位的人员应达到的目标和达到目标的期限，被培训者结合自己的工作进行训练，到期进行考核。一些纺织企业常常采用这种办法来训练它们的挡车工。③进业余学校培训。企业鼓励职工进业余大学、中专、短训班学习。在日本，几乎所有的职员都利用业余时间学习一门课程，有的选 2—3 门课程。学员学习成绩合格后，将证书拿到人事部门，计入本人档案，并将学费支付给本人，以资奖励。我国上海的中国纺织机械股份有限公司也采取这种方法来培训公司紧缺的人员。在大公司中，采用这种培训渠道培训的人数最多，约占被培训人员总数的 60%。

（3）离职培训。企业根据需要选择一部分人在一段时间里离开岗位进行培训。采用离职培训的人数不少，在日本企业中约占被培训职工的 30%。离职培训的方式很多，主要有：①离职读学位。企业根据需要，选拔少数人到正规大学去进修，公司为他们提供奖学金，这些人完成学业后仍回公司工作。②到公司办的学校去进行较系统的学习。这种形式较为普遍。③进短期训练班。进这种训练班主要是为了某一单项目标，如了解某种新标准，学习某种新的管理方法，等等。④出国培训。这主要是培训那些要到国外去工作的工作人员。比如，日本许多大公司在美国有许多业务，不少还在美国设有分支机构和子公司，它们为了培训去美国的工作人员，就派他们去美国的一些培训机构去学习。笔者就和不少日本大公司的工作人员一起在美国科罗拉多州的波德尔经济学院（the Economics Institute in Bouder）上过课。近年来，韩国的一些大企业派往国外进修的职工也很多。1991 年韩国全经联、经营者协会、大韩商会等 7 个经济团体和现代、三星等 10 个企业集团拨款 231 亿韩元用以派遣 14005 名工人到海外研修。研修方式有：产业考察、访问工会、参加研讨会以及与工人座谈等。

在培训渠道向多样化发展的同时，培训方式也在向多样化发展。从大的方面分类，培训方式可以分为以下三类：

（1）教导方式。既包括对徒工、操作工和其他个别学习者采用的一对一的直接教学法，也包括上课学习的方式，现在不仅后者被广泛运用，前者也仍在被运用。

（2）参与方式。参与方式有许多种形式，包括研讨会、案例研究、角色扮演、班组培训，等等。

（3）自修方式。自己通过看书、读报、看文娱节目等提高自己。

4. 培训目标由单一目标向多目标转变。大公司的职工培训一般都实行"学以致用"的原则，坚持以操作培训为基础，以能力培训为主。

但是近年来，不少大公司认识到，职工解决问题的能力不仅仅与他们的操作、业务能力有关，而且还取决于他们的文化素质、品德和处理人际关系的能力等，因此，职工培训的目标不应该只是注重直接操作、业务能力的培训，也应该注重职工其他方面的培训，特别要注意品德的教育。尤其是日本的企业，它们更强调职工的全面发展。它们认为企业要求的能力应该包括：①知识。职工必须不断求取业务及与其有关的知识。②技术。掌握机械等操作技术、业务工作必需的技术本领。③一般能力。包括理解能力、观察能力、表达能力等基础能力。在实际工作中还要求把这些能力与知识、行为结合起来。④价值观。指作为企业人所共有的价值观。⑤态度。应勤奋、负责、协调、有生气、有科学精神、有积极进取的态度，并使之与工作种类、性质、职位等相适应。⑥作为职业人的成熟性。必须能认识本职业的社会作用和责任，热爱工作，勇于开拓，积极提高自身的能力；作为组织的一员，自觉遵守纪律，搞好人际关系，维护集体的荣誉等。⑦作为社会人的成熟性。只有先做一个优秀的社会人，才能成为优秀的职业人。当然，职工从事的工作不同，要求也不同。日本大企业对管理干部的培训内容中各部分的比重为：决策训练、商务实践、经营战略、组织管理和国内外经济分析等占65%；一般文化素养，包括音乐、美术、历史等占20%；与同僚恳谈为10%；坐禅5%。技术干部：实用技术占50%；指导青年技术人员占15%；自我启发占10%；一般修养为20%；与同僚恳谈为5%。

与此相适应，培训课程和培训内容也在发生变化。如日本的东芝公司的培训学校除开设有电子计算机教育课、通信、半导体集成电路、机械制造等产业课外，还开设了礼节、书法、围棋、茶道、和服、外语等教育课程。东电公司开设的课程达300多种。企业培训内容已经延伸到与人的行为有关的各个领域，包括操作、经营或管理作风，对各种形式行为的认识，关系的改进，个人与群体的行为修正、形成等。由此可见，企业的培训内容已涉及业务、技术和社会各个方面，而后者的重要性有日益增加的趋势。

5.培训的组织系统更加健全，设施更加齐全。许多大企业都设有负责职工培训的管理机构。它们的主要职能是：①与管理部门合作共同制订企业的培训计划和经营战略。②制定培训政策、计划和预算。③对管理提供培训方面的投入。④选定受训者。⑤安排适当的进厂培训。⑥进修工作分析。⑦协助经理协调培训需要。⑧安排并部分实施培训计划（包括课程设计）。⑨为职工组织继续教育。⑩检查、评估并监督培训工作。⑪培养培训人员。⑫与教育机构、政府培训部门及专业协会联系。⑬提供培训的咨询和信息服务。⑭控制一切培训资源。

除培训机构外，不少企业都设立自己的培训基地。日本从70年代末以来，大公司直接办学的越来越多。继松下政经私塾、东洋工程公司的TEC大学等之后，相继有大荣公司的流通大学，三井不动产公司的不动产大学，丰田汽车公司的丰田工业大学等有名的培训学校产生。在美国，许多大公司也都有自己的培训基地。美国著名的麦当劳公司办的汉堡包大学占地32公顷，内有教学楼、实验室、学生宿舍等完备的教学设施，每年可培训3000名学生，还授予非正式的文科学位。贝尔-豪额尔公司创办的一个技术学院，在美国和加拿大开设了11个技术培训分校，培养计算机、电子、通信等领域掌握最新技术的人才。近些年来，我国的一些大企业也建立起了自己的培训基地，如一汽、二汽、上海大众、宝钢、鞍钢、首钢等大企业都办起了职工业余大学、职工业余技校、职工培训中心等。有些大企业，特别是有些合资企业还把国外的培训办法也引了进来。如二汽的职工培训就得到德国有关方面的援助，采用了德国的方法培训职工；上海大众在引进技术的同时，也引进了德国的培训方法。它们都取得了好的成效。

三、改善劳动管理，充分利用劳动力资源

最大的浪费，莫过于人才的浪费。这是中外成功的企业家们的共识。所以，他们都很重视人才的使用和管理。

1. 推行"大稳定、小流动"的用工制度。西方各国的企业用工制度比较灵活，企业和个人都可以相互选择。政府只通过各种法律对雇主和劳动者双方的责任与权利、最低工资标准、工作环境和劳动保护等作出规定。雇主和劳动者根据政府的法律签订合同，形成雇用和被雇用关系。其用工方式也较为灵活，包括长期合同工、短期合同工以及临时工等形式；同样是合同工可以是全日制，也可以是小时制。但是，大企业与小企业有较大的区别，用工制度远不像小企业那样灵活，职工的流动性也不像小企业那样大。其主要原因是：①大企业的生产经营都比较稳定，除遇到全国或全球性的经济衰退外，它们的生产波动小，对劳动力需求比较稳定。②大企业生产的产品技术比较复杂，需要大量的专门人才，对这些专门人才企业的方针并不是鼓励他们流动，而是希望保持稳定。③企业和员工都希望保持相对稳定。对企业来说，培训员工要投入大量的资金，员工的频繁流动，会增加这方面的支出；对职工来说，离开企业去重新找工作，也并非易事。所以，如果企业遇到短期的生产紧缩，也不轻易解雇职工；职工也愿意削减工薪，继续留在企业与企业共渡难关，这也是造成工资出现"黏性"现象的重要原因。④在大企业里，工会的力量都比较强，它们要维护工人的利益，也不同意在经济不景气时就随便裁减工人。⑤越来越多的管理专家和企业家认识到，企业职工流动太频繁，会产生许多负面影响。有些人甚至认为，美国的企业的竞争力之所以不如日本，重要原因之一，就是日本的大企业实行的是"终身雇佣制"，这种制度虽然有一些缺陷，但是它能使企业的职工队伍比较稳定，能保证产品的质量和提高劳动生产率；而美国大企业的职

工流动性太大，给提高产品质量和劳动生产率都带来了一些困难。所以大企业应该采用的是一种"大稳定、小流动"的用工制度。即要求多数人保持稳定，少数人保持流动；有专业特长的人保持稳定，一般人保持流动；技术工人、熟练工人保持稳定，普工保持流动；一般情况下保持稳定，特殊情况下要保持流动。现在，不仅美国、德国等国家的大企业正在推行这种用工制度，就是实行"终身雇佣制"的日本的大企业也在对原来的制度进行改革，希望在保持"终身雇佣制"的优点时，引进流动机制，既能保持职工队伍的相对稳定，又能促进一部分人自由流动。

我国企业用工制度的主要矛盾是职工流动性差，特别是一些多余人员不能辞退，使一些企业的人员过多，影响了企业的劳动生产率。但是在解决这一弊病的同时，有些企业特别是有些国有大中型企业也出现了大批骨干人员过多外流的问题。所以在用工制度改革中，既要克服老弊病，又要防止出现新问题。为此，一些企业也在探索"大稳定、小流动"的用工制度，有的已经取得了较好的经验。中国纺织机械股份有限公司实行了长期合同工、短期合同工和临时工三种用工制度。对需要稳定的人员采用长期合同工制度，而且企业在收入、福利等方面对他们实行倾斜政策；对一般职工采用短期合同工制；对普工采用临时工制。在政策上也鼓励后两种人合理流动。这种"稳住多数，放开少数"的"大稳定、小流动"的用工制度和政策收到了很好的效果。

2. 善于发现人才和合理使用人才。对人才的最大爱护，莫过于发现他们的才能，并提供必要的机会让他们施展才能。许多优秀企业家都把选用人才作为他们的神圣职责。美国钢铁大王卡内基的墓碑碑文写的是："一位知道选用比他本人能力更强的人来为他工作的人，安息于此。"这是他的朋友们对他的最高评价。中外许多大公司对人才的发现、使用和管理都很重视。IBM为了使其卓越精神能长久发扬下去，在人事管理上做到了"六个坚持"：第一，在工作中发现人才；第二，合理使用人才；第三，重视培训人才；第四，为职工发挥其才能创造良好的工作环境；第五，定期评定员工的工作业绩，对员工进行适当的指导和帮助；第六，管理者经常了解员工需要什么，关心什么，以便进行双向沟通。我国的四通公司在人事管理上也形成了自己的特色。他们的名言是："四通可能犯许多错误，但有一个错误不能犯，那就是压制人才。"四通的人才观可以概括为：吸引第一流的人才，凝聚第一流的人才，让第一流的人才有超水平的发挥。对每个来四通的人，公司都"待之以礼，委之以任，施之以惠"。"四通追求卓越，不追求完美，用能人，不用完人。"公司为每个人提供施展才能的机会，"有多大本事，就为你搭多大的舞台，能翻多高的跟斗，就为你铺多厚的垫子"，"用人不疑，疑人不用"。四通正是靠尊重人、为每个人提供事业成功的机会而凝聚了一批人才，使四通公司从无到有，从小到大，从弱到强，从内向型向外向型，不断开拓前进。

3. 将考核和奖惩紧密结合起来。各个国家的大企业都采取不同的形式对员工的工作业绩进行考核。考核一般为一年一次。考核的内容则因各个国家的企业情况不同而有差别。

美国大中企业对管理人员的考核内容包括：①担任本职工作应具备的基本知识与技能、岗位责任，以及与本岗位相关的其他知识和技能。②拟定计划、安排工作的计划能力和组织能力。③对实际情况的掌握、对问题的分析能力和判断能力。④对新事物、新情况、新环境的适应能力。⑤在提出建设性意见、执行上级决定、实际工作等方面的带头能力。⑥协调同事之间、同级之间、同级机构之间的能力。⑦动员和带领下属完成任务方面的领导能力。⑧发现和发挥下属的能力和特长的能力。⑨完成工作的数量和质量。

日本大中型企业对科技人员的考核包括10个方面的内容：①对企业、本职工作的发展方向有无个人的具体见解。②本专业的业务知识及其岗位责任。③与本专业本岗位相关的业务知识。④正进行的研究课题、工作的进展情况以及它们对本企业发展的意义。⑤对国内外新产品、新技术开发研制动向的信息的掌握情况。⑥与工作相关单位的联系与协调情况。⑦宣传、推广新技术的能力。⑧与他人合作的能力。⑨对研究课题的管理能力。⑩承担工程的领导能力。

法国企业对员工的考核内容包括：①工作速度。②工作方法。③专门知识。④组织能力。⑤服务精神。⑥指挥能力。⑦统制能力。⑧协调能力。⑨洞察能力。⑩积极性。⑪工作适应能力。⑫执勤情况。⑬身体适应性。⑭整洁状况。

考核的方式也多种多样。既有考试，也有考核。考试又分笔试、口试和角色扮演；考核又分为成果考核法、业绩考核法；成果和业绩考核又可分为评议法、记分法等。

考核和奖惩结合起来。有材料表明：一个人要是没有受到激励，仅能发挥其自身能力的20%—30%；如果受到充分而正确的激励，则能发挥其能力的80%—90%。当然，只有激励也不行，还要有适当的惩罚。所以各个国家的大公司都很重视奖惩。美国的《考绩法》规定：对超过标准，评为优等的人，可提薪一级，并有优先晋升的机会；对于达到工作标准，被评为满意的职工，也可以提薪一级；对未达到工作标准，被评为不满意的，则要酌情减薪、降级或免职。日本的"勤务评定"由领导人执行，领导人对每个员工写出评语，评出等级。评为甲等的可以越级提薪，但人数不超过10%；评为乙、丙、丁等的可以正常提薪；评为戊等的不能提薪。职工的奖金也是根据考核结果发放，差距很大。

四、推行民主管理，提高职工参与意识

推行民主管理已经成为各个国家的大企业改善企业管理、发挥职

工积极性和创造性的一种较为普遍的形式。各个国家的经济制度、文化背景、法律制度等各有不同，吸收职工参与企业管理的方式也有差别。其主要形式有：

1. 推行职工持股制度。从70年代以来，美国、英国、日本等国家的企业推行了一种职工持股计划，建立起了职工持股制度。美国是实行职工持股计划比较早的国家。80年代中期，实行职工持股的企业已经发展到8000家左右，约有1000万职工参加了这项计划。进入90年代以后，仍然发展很快，据美国加利福尼亚州的奥克兰全国集体财产问题中心最新估计，1991年已有1.1万家公司的股份完全或部分地归它们的职工所有，这些公司拥有职工1200万人。据统计，美国1988年用于赎买企业股份的信贷总额为12亿美元，而1989年增至18亿美元，增长50%，这一年用于赎买企业股份的贷款为前15年的总和。据美国经济学家J.西蒙斯估计，到1995年，美国实行职工持股计划的企业总数将占美国企业总数的20%。英国推行职工持股计划的起步时间与美国差不多，但是企业不如美国多，到80年代中期，英国约有500家企业实行各种职工持股制度，另外，还有900个合作所，其职工近8000名。日本政府和企业也很重视推行职工持股计划。

在实行职工持股计划初期，主要是一些小企业在推行这项计划，后来逐步向大企业发展。据统计，日本的上市公司有92%建立了职工持股会，入会职工占职工总数的45%。在70年代末，美国就有200多家大型企业把固定资本出卖给职工，其中包括一些世界著名的公司，如洛克希德飞机制造公司、安海斯-布希食品公司等。表5-2是列入《财富》杂志500家大企业内的美国公司职工持股情况。

职工对企业参股主要通过申请贷款、扣除部分工资、冲销红利和专项储蓄等四种办法实现。

美国推行持股计划的企业多数是采用申请贷款的办法。其具体的做法是：企业成立一个职工持股信托基金会，由企业担保，基金会先向银行或保险公司贷一笔款用来购买本企业的股票，并把它卖给职工。企业每年提取职工工资总额的一定比例投入到持股基金会，以偿还贷款。当贷款还清后，就把股份计入每个职工的"职工持股计划账户"。

用工资购买股票在日本比较流行。在实行职工持股制度的企业里，需要设立职工持股会，入会职工按月从工资里扣交少量资金，一般为3%，比如大企业职工平均工资约35万日元，入会者每月至少扣交1000日元，最多不超过3万日元，具体数字由个人自愿申报。公司根据每人的扣交数额，给予适当的奖励。

表5-2 1987年美国500家大企业内的大公司职工持股状况

公司	职工拥有的股份比重（%）	职工股份金额（百万美元）
安飞士汽车出租公司	100	1750
韦尔顿钢铁公司	100	75
宝丽来照相机公司	22	300
德士古石油公司	（不详）	500
洛克希德飞机公司	18	（不详）
宝洁家庭日用品公司	21	1000
匹兹堡玻璃公司	14	（不详）
国际电话电报公司	8	（不详）
安海斯-布希食品公司	4	500
麦当劳快餐公司	3	（不详）
通用面粉公司	2	（不详）
桂格麦片公司	3	（不详）

英国一些企业用分享利润的办法购买股票。在这种计划中，公司将所获利润的一部分作为红利分给职工，但是红利的形式不是现金，而是股票。按照规定，这种股票需要由信托机构掌握两年，如果这些股票享受了免税优待，需要在信托机构手中保留七年。英国从80年代起实

行了一种"有收入就储蓄"的购买股票的计划。根据这个计划,愿意参与的职工与房屋互助会或国家储蓄部门签订一份"有收入就储蓄"的合同。储存一笔为期五年的固定金额的存款。期满后他可以获得一笔红利,如果他把这笔储蓄在账户上再转存两年,则可以获得同样数额的红利,这两笔红利都可以享受免税优惠。作为"有收入就储蓄"的回报,参与者被授予一种能认购公司普通股票的权利,在合同期满三年以后购买相当于他参加储蓄的金额(加上红利)的股票。

西方国家的一些企业推行职工持股计划取得了较好的效果。据统计,在美国,10多年来,推行职工持股计划的企业比一般企业的销售额增长的幅度要高46%。1986年美国总会计处的一项报告表明:实行职工持股计划后,由于工人参与管理,这些公司的生产率增长比一般公司要高52%。安飞士汽车出租公司于1987年被职工100%持股后,把公司原来的"我们加油干"的口号变成了"业主们加油干"。他们还建立了"职工参与小组",每月碰头一次,向公司提出改进工作效率和服务的建议。到1988年8月31日止,对汽车出租公司服务质量的申诉下降了35%,股票价格已经从1987年每股5.47美元上升到1989年年初的每股15.22美元。

2. 从组织上保证职工参与企业的重大决策。许多西方国家对职工参与企业管理都有法律规定,并形成了一些不同的形式。主要形式有:

(1)职工委员会。这是企业民主管理的一种较普遍的形式。它与我国的职代会相类似。德国、比利时、法国、荷兰、西班牙等国家的企业都有这种组织。按照职权大小,职工委员会又有以下两种类型:

第一种是"共决制"类型。以德国的企业职工委员会比较典型。这种类型的企业委员会与我国的职代会差不多,它的权力比较大,对企业的经营活动,委员会不仅有监督权,而且对某些活动有共同决定权。按照德国《企业组织法》的规定,在雇用5名以上具有长期选举权的职工的企业中，必须设立职工委员会。委员会成员由工人和职员按照一定的比例组成。参加委员会的成员通过选举产生，任期三年。职工委员会设立一个常设机构主持日常的工作，并建立人事、工资、经济、劳动保护、社会福利等小组作为自己的办事机构。委员会每个季度都要召开一次职工大会，由资方向大会报告企业经营、人事和福利等情况。企业职工委员会的主要职权是：在有关职工的劳动纪律、职工的雇用和解雇、工时、工资、休假、住房分配等问题上享有共决权；在有关工厂基本建设、投资、劳动组织、技术和人事规划、职工培训等问题上有咨询权和建议权。职工委员会的日常工作是：监督维护职工权益的各种法律、法规的执行情况；收集职工的意见和要求，向资方反映；就有关企业的劳动条件和社会福利等问题与资方谈判，签订有关的企业协议，以弥补集体协议的不足，并向职工报告谈判的情况。

第二种是"监督、建议"类型。以西班牙的职工委员会比较典型。根据《西班牙劳动者宪章》规定，在拥有50人或50人以上固定职工的企业中都要建立职工委员会，成员依据职工人数多少定为5—7人，由全体职工通过无记名投票的方式直接选举产生，任期两年，可连选连任。委员会候选人由工会提名，但工会领导人不能任委员会成员。职工委员会的权利只限于建议、监督，具体职能是：听取企业所属部门全面发展情况、企业的生产和销售情况、生产计划和就业计划的完成情况等报告；了解企业的决算、收支账目和股份变化情况；企业在发生合并、改变法律地位、变更计划、缩短劳动日、转移设备、制订培训计划、建立或修订劳动组织、制定奖励制度等情况时，事前应该向委员会报告；了解企业的劳动合同以及各种与劳资关系有关的文件；对企业的安全卫生条件实行监督，对企业现行的劳动定额、社会保障和就业状况进行监督；根据集体合同，参与领导企业为职工及其家属建立的社会福利设施。

（2）职工代表进入决策机构的制度。这是职工代表进入企业的决策机构直接参与企业重大问题决策的一种民主管理形式,有些专家认为这是企业民主管理的高级形式。以德国监事会内的职工代表制最为典型。1951年德国颁布实施的《煤钢共决法》规定,在拥有1000名以上职工的企业中,监事会由11人组成,由劳资双方各派5人进入监事会,中立代表1人。这种制度是劳资双方行使共决权的组织保证。1976年颁布的共决法又规定,在2000人以上的非煤钢工业企业中,根据企业大小,监事会可由12人(1万名以下职工的企业)、16人(1万名职工以上、2万名职工以下的企业)、20人(2万名职工以上的企业)组成,劳资双方的代表各占50%,并规定在监事会成员中要有2—3名工会代表。监事会成员通过选举产生。监事会设主席1人,由资方代表担任,副主席1人,由职工代表担任。德国企业的监事会与英美国家企业的董事会的职能差不多,是公司的最高决策机构。其主要职责是:决定公司的基本政策;任免理事会成员;监督理事会工作;决定理事会成员的报酬。监事会下设理事会,它是企业的执行机构,负责企业日常的经营管理工作。理事会对监事会负责。我国的《公司法》吸取了德国的一些做法,规定在有限责任公司的监事会成员中,要有一定比例的职工代表;在国有独资公司的董事会成员中也要有一定比例的职工代表。具体比例和做法还需要由实施细则作出明确规定。

(3)职工进入执行机构的制度。有些国家的企业还选派一定数量的职工代表参与企业的日常经营管理工作。以日本企业的经营委员会比较典型。日本企业的经营委员会一般由企业的总经理、高级职员等干部和职工代表组成。常任委员由经营干部担任,职工代表从科长以下的普通职工中选出,每两年改选一次。经营委员会每月召开一次会议,由总经理报告上一月的工作,其他成员进行审议,并对今后的工作提出建议。

(4)为解决某一特点问题组成的专门小组。日本一些企业借鉴我国企业组织管理干部、技术人员和工人组成"三结合"小组解决生产、技术难题的办法，取得了很好的效果。美国许多大企业为了提高产品质量，成立了不少质量管理竞赛小组，并且相互开展竞赛，对提高企业的产品质量很有效果。据摩托罗拉公司介绍，该公司有4300个这样的小组，包括职工4.5万人，其中欧洲部分530个，亚太部分1740个，其余在北美地区。1993年该公司评出获金奖的小组7个，获银奖的小组16个。获奖者都要到总部芝加哥去领奖，公司给予极高的荣誉，还可以得到一定数量的奖金和免费去著名风景区度假。开展这种竞赛，不仅提高了劳动生产率，而且节约了开支。1986—1993年的七年中，该公司劳动生产率在销售价格大幅度下降的情况下，平均每年提高12.4%，1993年仅在制造业部分就节约了1.4亿美元的支出。

（5）开展合理化建议。这是许多大企业都采用的一种民主管理形式。它首先在美国的企业中实行，后逐渐传到日本等国的企业。其基本精神是动员全体职工，人人为搞好企业献计献策。职工处在生产、经营的第一线，对情况最了解，对改善企业的生产技术问题、经营管理问题最有发言权。日本丰田公司的"建议制度"是最有名的。1976年，丰田公司有职工4.4万多人，该年全公司的总建议件数为46.3万多件，平均每人为10多件。除了假日，平均每天有2000条建议。1976年公司采纳的件数为38.6万多件，采纳率达到83%，每个职工平均达到8.8件，说明不仅数量多，而且质量高。[1]据东风汽车制造公司铸造厂的殷新宝同志介绍，1993年该厂实现合理化建议1.8万多条，其中技术类占53.5%，管理类占25.8%，政工类占2.3%，其他类占18.4%。全年创效益344万元。[2]

---

[1] 若山富士雄、杉本忠明：《丰田的秘密》，北京出版社1978年版。
[2] 殷新宝："合理化建议活动与现代企业管理浅议"，《企业集团导刊》1994年第7期。

五、培养企业文化，塑造企业形象

企业文化是指企业由于受社会文化的影响在其生产经营过程中形成的一种"亚文化"，即企业在发展过程中形成的具有特色的经营哲学、伦理道德、精神风范、价值观念等意识形态的总和，是企业的灵魂和精华。培养企业文化对企业的长期发展具有十分重要的意义。

企业文化现象由来已久，但作为一种管理理论和管理方法提出来则是80年代初的事情。如上所述，20世纪30年代，诞生了行为科学理论和管理方法，人们在重视"硬管理"的同时，越来越重视对"软管理"，即人际关系和人的行为的研究。特别是日本经济的快速增长引起了美国管理专家和企业家的很大兴趣。第二次世界大战后，日本仅用10年时间就医治了战争创伤，并保持了10%的年平均增长速度，1980年，人均国民收入从1945年的20美元奇迹般地增长到8940美元。日本的汽车、家用电器等产品源源不断地大量涌进美国，以其优良的品质和较低的价格对美国的产品构成了极大的威胁。促进日本经济高速增长的因素很多，但是日本企业管理中的一些独特做法无疑是诸多因素中的一种重要因素。管理专家和企业家们发现，美国的企业家在管理中重视管理的"硬"的方面，即重视理性主义的科学管理，而日本企业不仅重视"硬"的方面，而且重视"软"的方面，即重视企业形成共同遵循的目标、价值观念、行为方式、道德规范等精神因素，这些精神因素的综合，便构成企业文化。受日本企业经验的启发，美国哈佛大学教授迪尔和麦肯锡管理咨询公司的专家肯尼迪在70年代、80年代初调查了近100家美国优秀企业，在此基础上写成了《企业文化》这本著名的著作，把企业在建设企业文化方面的做法从经验上升到了理论，进一步推动了企业的文化建设。在80年代中期，企业文化的理论和做法也被引进到我国，我国一些企业在建设企业文化方面也做了许多工作，并取得了较好的效果。

企业文化的内容十分丰富。主要包括企业经营管理哲学、企业精神和企业形象。下面我们从这三个方面进行具体考察。

1. 企业经营管理哲学。企业经营管理哲学是企业在经营管理过程中表现出来的世界观和方法论。它要求企业在处理人与物、雇主与雇员、管理者与被管理者、消费者与生产者、产品质量与产品价值、企业利益与职工利益、企业利益与社会利益、局部利益与整体利益、当前利益与长远利益、企业之间的竞争与联合等关系上形成科学的理论和正确的指导思想。

由于东西方文化背景不同,在企业的经营管理哲学方面也存在一些差别。比如,英美国家的企业由于受其母体文化的影响,它们比较强调"理性"管理,如它们很强调规章制度、管理组织结构、契约、个人奋斗、竞争等的作用。而东亚的企业则更强调"人性"的管理,如强调人际关系、资历、群体意识、忠诚、合作等的作用。换句话说,在是以理性为本,还是以情感为本,以物为本,还是以人为本的问题上,英美企业管理和东亚企业管理形成了鲜明的对照,从而也形成了两种不同的企业管理模式。这两种管理模式虽然也互相借鉴,取长补短,但是由于母体文化不同,它们不可能完全趋同或融合。这里需要特别强调的是,中国的传统文化对东亚企业管理模式的影响越来越大。日本的企业正是在坚持其固有文化的基础上,吸收了中国传统文化的合理内核,创造了一种崭新的企业管理模式,引起了全世界的关注。

2. 企业精神。在企业文化中,企业最强调的是企业精神。就其一般含义而论,企业精神是一种组织的价值观,企业将各种文化要素紧密地结合起来,统一于共同的目标之下,形成共同的价值观,就上升为企业精神。因此,企业精神是企业文化的集中反映,是企业文化的核心。企业精神经常通过厂歌、厂训、厂规、厂徽等简洁明了的形式表现出来。据调查，日本最为著名的100多家企业都很注意培养企业精神，形成自己的经营理念。如日立公司形成了"和、诚、开拓"的日立精神，卡西欧公司形成了"创造与奉献"的卡西欧精神，松下公司的企业精神是"产业报国、光明正大、和亲一致、奋斗向上、礼节谦虚、顺应同化、感谢报恩"。日产公司的企业精神则是"创造人与汽车的明天"。虽然企业文化这一概念80年代初才传到我国，但是我国的一些大企业早就注意培养企业精神。比如，在60年代，大庆油田在十分艰苦的条件下，继承自力更生，艰苦奋斗的革命传统，培养出了闻名全国的大庆精神，它不仅成为团结全公司职工不断开拓进取的精神支柱，而且也成了全国人民学习的榜样。我国的开滦煤矿在60年代就十分注意职工的教育，培养出了一支过硬的职工队伍，形成了能打硬仗的企业精神。改革开放后，我国的不少大企业把培养企业精神作为一种自觉的行动，作为一种新的管理意识和管理方法来对待，使培养企业精神的工作有了新的发展。宝山钢铁公司在生产建设实践中，逐步形成了以主人翁精神为核心的"宝钢精神"：热爱宝钢、热爱祖国的主人翁精神；善于学习、敢于创新的进取精神；从高从严、一丝不苟的苛求精神；顾全大局、互相协作的团结精神；奋发向上、勇攀高峰的创一流精神。北京牡丹电子集团公司把企业文化建设和思想政治工作结合起来，培养出了"团结奋进，务实求新，精益求精，争创一流"的牡丹精神。

3. 企业形象。企业形象的完整说法为企业识别系统（Corporate Identity Systeam），简称CI，它是用统一的形象将企业标志、广告内容、商标造型以及经营服务特色等，通过自身、各种媒介推而广之，给社会公众，尤其是消费者留下统一、深刻、系统的印象，从而创造一种最佳经营环境。

企业形象具有很高的无形价值。据德国研究机构评估：万宝路为301亿美元，可口可乐为244亿美元，百威啤酒为102亿美元，百事可乐为96亿美元,雀巢咖啡为85亿美元。据香港资产评估机构测算,青岛啤酒形象的价值为2亿美元。据国际设计协会统计,在企业形象上投资1美元,可产出227美元。所以有些人认为它是对营销管理和营销策略的一场革命。

最先有意识地设计自己的形象以推销产品和服务的是德国的一些企业。第二次世界大战之后,这种策略传到美国。1956年,美国的IBM公司正式引进企业形象设计策略。该公司聘请设计公司设计出一套视觉形象系统,以树立IBM的形象。用公司设计顾问尼尔的话来说,我们透过一切设计来传达IBM的优点和特色,并使公司的设计统一化。现在美国的一般大公司都很注意树立自己的社会形象。比如,我们见到具有极大形象力的鲜红的可口可乐标志就自然会想到这个世界最大的饮料公司。这个位于世界十大名牌之首的可口可乐公司的形象已经通过它的标志深深地印在全世界亿万人的心中,以致该公司的一位负责人能够自豪地说:如果可口可乐总部被烧毁,它可以凭可口可乐的牌子重新起家。闻名全世界的"万宝路"通过奔马、草原、牛仔的画面把自己的形象传达给社会和消费者,从而树立起了自己的独特形象。

70年代初,CI设计传入日本,并与日本独特的企业文化相结合,形成了日本流派的CI。它与美国的CI的区别是:美国的CI是通过建立统一的视觉形象,以求增强产品在市场上的竞争力。而日本的企业则更加重视将人性管理的精神注入CI,并使CI以企业的经营理念为核心,强调企业经营理念、行业规范和视觉识别系统三个方面的密切配合。这种配合使企业的凝聚力增强,企业的外在形象不仅体现在产品上,也体现在企业的服务上,不仅体现在员工的精神风貌等具体行为上,也体现在企业的环境方面。所以日本企业更注意的是企业的完整形象,它包括产品形象、服务形象、员工形象和环境形象。与此相适应,企业形象识别系统又由企业理念识别(MI)、行为识别(BI)和视觉识别（Ⅵ）等部分组成。

  80 年代末，CI 传入我国，并由南向北逐步展开。据统计，1993 年我国深圳市的企业全面导入 CI 的大企业有 20 家，部分导入 CI 的大中型企业有几百家。太阳神、柳工、四川长虹彩色电视机股份有限公司等企业运用 CI 设计以后，都树立起了良好的企业形象。

第六章　新产品的研究与开发

研究与开发（R&D）有大、中、小三个不同的概念。大概念不仅包括技术、产品的研究与开发，而且也包括企业组织管理方面的研究与开发；中概念是指技术和产品的研究开发；小概念则仅指产品的研究与开发。为了使我们的讨论更加集中，本章我们将重点讨论产品的研究与开发。

一、新产品的研究开发与企业的发展

（一）大企业的新产品研究与开发

纵观国内外经营得好的大企业，无不重视新产品的研究与开发工作。

1. 它们都为新产品的研究与开发投入大量的资金。在西方发达的市场经济国家里，大中型企业一般都把大量资金用于研究与开发。以企业研究开发经费占产品销售收入的比重来衡量，美国大中型企业平均为3.1%，日本为2.8%，远远高于本国企业的平均水平。美国惠普电子公司每年用于研究开发的资金占销售额的9%左右（1986年，该公司销售的产品中，约有60%是新产品），通用汽车公司达到6%（1986年，它用于研究与开发的经费约为29亿美元），IBM公司达5.8%。1992年，日本的日立公司达到10.8%，东芝为8.4%，富士通为13.1%，日立电气为 10.3%，三菱电机为 7%。从行业来看，美国航空飞行器制造业的研究开发经费占销售额的比重达到 27%，电子行业为 7.8%，精密机械为 7.0%，化学工业为 4.8%。从用于研究与开发资金的总量来看更是可观。美国的通用汽车公司、IBM 公司，德国的西门子公司，荷兰的飞利浦公司，日本的富士通公司都超过 20 亿美元（见表 6-1）。

表 6-1　1990 年研究与开发费用最高的世界 10 大公司

公司	R&D 费用（百万美元）	行业
通用汽车公司	5342	汽车
IBM	4914	计算机
西门子	4132	电子
福特公司	3558	汽车
AT&T	2433	电信
飞利浦	2411	电子
阿尔卡特-阿尔斯通	2237	电信
富士通	2097	计算机
东芝	1864	电气

资料来源：《商业周刊》，1991 年 10 月 29 日。

但是，与国外企业比较，我国在这方面还有很大差距。我国企业用于研究开发的经费仅占企业产品销售收入的 0.7%，比美国、日本等国的企业要低 2—3 个百分点。其中，在国民经济中起骨干作用的大中型企业虽然高于平均水平，但是也只有 1.38%。据对我国工业比较发达的北京、上海、天津、武汉、沈阳等 13 个大城市的大中型企业的调查，1990 年，这些企业用于研究与开发的经费也仅占它们销售收入的 2%。按照国际上比较一致的看法，研究开发基金（包括技术和产品）占销售额 1% 的企业难以生存，占 2% 仅能维持，占 5% 才有较强的竞争能力。按照平均计算，我国的企业还处于"难以生存"的水平，比较好的大中型企业也只能保持"仅能维持"的水平。但是，从发展趋势来看，近年来，我国大中型企业用于新产品研究开发的投资也在增加。

据 1991 年对全国大中型企业的统计,研究开发经费支出总额为 166.0 亿元,比上年增加 24.7%,在研究开发经费支出总额中,用于新产品开发的资金为 71.4 亿元,比上年增长 35.5%,占当年技术开发经费总支出的 43%。

2. 它们为研究开发工作配备了足够的科技人员。在西方,企业是技术进步的主要阵地,从事研究开发的技术人员主要集中在企业。美国、日本、德国等国家在企业从事研究与开发的科技人员占全国同类人员的 60% 以上,而在企业从事研究与开发的科技人员占企业全体技术人员的比重也很高,美国为 33%,日本为 30%。在一些大企业和高技术产业的企业里,这一比例更高。例如,美国的卡博特公司有 2000 多名大学毕业的工程师,用在科研和新产品开发的为 1000 多人,占科技人员总数的 50%。从整体情况来看,我国企业的这一比例是很低的,只有 10%。而且,由于过去我国研究开发的重点不在企业,而在科研单位和大专院校,企业研究开发人员占全体研究开发人员的比例只有 39%,低于日本、美国近 20 个百分点。但是,一些研究开发工作搞得好的地区和企业已经有了很大进步。据统计,1990 年江苏省大中型企业从事研究开发的科技人员已占到企业科技人员总数的 24.4%,在有些企业里这一比例已达到 40% 左右。

3. 大中型企业普遍设立有专门的研究开发机构。到 18 世纪末为止,企业的技术进步大多是通过购买个体发明家的成果,或者在遇到自身不能解决的重大技术问题时才去聘请专家帮助解决。这一状况直到 19 世纪后期才开始发生变化。大约在 19 世纪 70 年代,德国的化学工业在世界上首先组织了自己的专门实验室,雇用科学家和技术人员进行独立的研究工作,以便发现新的产品和新的工艺流程。这种做法 19 世纪 90 年代传入美国。1895 年,通用汽车公司建立了一个为整个公司服务的、研究产品标准化问题的办公室。1901 年,该公司又成立了一个研究实验室,这个实验室由麻省理工学院的威利斯·R.惠特涅教授领导,从事改善产品和生产过程的研究。接着,杜邦公司、西方电气公司、兰考密克收割机公司等都相继建立了自己的研究开发机构。到1921年,美国有526家大公司建立了研究实验室,1927年上升到1000家左右,而到1938年已经有超过1700家大中型企业建立起了自己的研究开发机构。现在美国、日本、德国、英国等国家的大中型企业几乎都拥有自己的研究开发机构,而且资金充裕,设施完善,科技人员能卓有成效地开展工作。有些大企业还联合起来建立了大型的研究开发机构,如美国的半导体行业的一些大企业就联合起来建立一个研究开发机构(MCC),研究开发半导体的新技术、新工艺、新材料和新产品,以对抗日本企业在半导体市场上的竞争。目前,我国约有53%的大中型企业建立起了自己的研究开发机构,这一比例虽然还不高,但是比起前几年来,已经是很大的进步。问题是不少企业的机构由于缺乏资金和人才还不能有效地开展工作,这些问题还需要进一步解决。

(二)研究开发工作与企业发展的关系

企业之间的竞争集中表现在产品或服务方面的较量,能否研究、开发、生产出适销对路的产品或能否提供高质量的服务,是关系企业生存与发展的大问题。这是因为:

1.新产品的研究与开发是提高企业对市场适应能力的重要途径。产品是有经济寿命的,在产品进入衰退期后,销售量大幅度下降,利润越来越少,直到最后消失。在这种情况下,即使增加推销、广告等支出,也很难避免销售量和利润的下降。企业只有利用新产品去代替老产品,使自己的产品处于最佳竞争状态,才能适应市场的需要。据分析,西方市场经济国家的许多企业,其销售额的增长主要是由于新产品的投放。据报道,美国的许多大公司70%的产品是20年前没有的；50%的产品是10年前没有的；25%的产品是5年前没有的。此外，如果一种新产品在50年代能在市场上两年无竞争状态的话，那么在70年代，这个期限缩短为1年，现在某些企业高技术产品刚投入市场，别的企业也就跟上了。战后日本企业生产的新产品更是层出不穷。据1970年《经济白皮书》的统计，1959年日本的工业产品产量比1950年增长了17倍，而1950年前的传统产品却下降了61.9%，其余38.1%则是1951—1964年间陆续发展的新产品，其产量相当于1950年全部工业产品产量的7倍。近年来，我国的一些经营得好的大企业也是靠新产品去适应和满足市场需要的。如北京内燃机集团公司在老产品改进、新产品开发方面，坚持"生产一代，改进一代，研制一代，开发一代，构思一代"的思路，能做到发展有规划，市场有目标，使产品不断上档次。如汽油发动机的电控技术，是当前国际先进技术，该公司积极引进、消化、吸收，先后在自己的产品482和489汽油机上运用，获得成功；多气门技术，是世界各大汽车公司为提高发动机功率、降低油耗、减少废气污染而广泛采用的技术，也是发动机高水平的标志之一，北内正着手研制；为适应家庭轿车的发展，新型的473型发动机的研制也开始进行。由于它们有新的产品不断开发出来，企业能适应市场不断变化的新形势。但是，从整体来看，我国企业的新产品研究和开发还是比较落后的。以上海为例，1989年该市的国有大中型企业的新产品产值率只有6.95%，1990年也只有7.65%，据此测算，上海国有大中型企业的产品更新周期在14年左右；而发达国家企业的新产品产值率约为20%，产品的更新周期为5年左右。上海的企业尚且如此，其他地区的企业就更差了，这也是目前不少企业产品无销路，被迫限产、停产的重要原因之一。据京、津、沪、辽、苏、皖、鄂等七省市对亏损企业的调查分析，在亏损企业中有50%以上是由于产品老化、质次价高和不适销对路造成的。这些企业不开发出市场需要的新产品，不调整自己的产品结构就不可能摆脱困境。

2. 研究与开发是开拓、创造新市场的金钥匙。能满足市场的需要、适应市场变化的企业，也可以取得成功，但是它们还不是优秀的企业。世界上的优秀企业，它们不只是消极地满足市场的需要和适应市场的变化，而是能源源不断地开发出新产品来创造新的市场，使自己永远走在世界的前列。以日本索尼公司为例，他们就是把"从事别人没有搞的事情"视为企业经营的基本原则，把"研究和发展本来没有的新产品"作为公司的宗旨。该公司1945年成立时，只是一个30人的小厂。当时的日本电器制造业都在争先恐后地生产电热器等热门货，唯独索尼不满足于只生产这些产品，而是着眼于未来，开始研究日本当时还没有的磁带录音机。结果，许多生产电热器的企业不久就因竞争激烈而被迫停产，而索尼公司却因经营磁带录音机和磁带而获得了惊人的利润。在取得录音机成功之后，他们又制造出了世界上第二台晶体管收音机和第一台短波段收音机、调频收音机和晶体管小屏幕磁带录像机。1962年又生产出第一批电视机。索尼公司正是由于源源不断地研究开发出了许多市场上没有的全新产品，从而创造了崭新的市场，使自己进入了世界闻名的大公司的行列。

3. 研究与开发是推动企业技术进步的动力。大企业的新产品开发和技术改造存在着密切的关系。首先，一项成功的技术改造，会为新产品的研究与开发创造条件，促进企业的新产品的研究、开发。其次，新产品的研究、开发、生产必然要求企业有先进的技术装备作保证，否则，开发出来的新产品也不能投产，或者勉强投产，也不能保证达到设计的质量、价格，这就要求企业的技术改造围绕新产品的研究与开发来进行。再次，新产品投产后取得的收入反过来又能支持技术改造和新产品的研究与开发工作，从而使企业走上良性循环的道路。所以，新产品的研究与开发必然会推动企业的技术改造。这两者是紧密联系、相辅相成的。过去,我国的许多企业新产品的研制工作总是停留在"样品、展品、礼品"阶段,而不能变成大规模生产的产品,除企业不具有完善的机制和动力外,一个重要原因就是企业缺乏技术改造的机制和资金,不能为新产品的生产提供相应的技术装备和条件。现在,这种情况有了一定的改变。不少企业为了减少技术改造的盲目性,提高技术改造的经济效果,使技术改造围绕新产品的研究开发进行,取得了较好的效果。如常州柴油机厂"八五"期间投资1200万元引进了5台加工中心、1台油泵试验台,完成了一条缸盖孔加工生产线,购买了11台国内关键设备,自制了6台专用机床,提高了新产品研制的能力和产品水平,开发出了不少高质量的新产品,不仅满足了国内市场的需要,而且还大量出口,近几年出口创汇一直保持在1000万美元以上。

4. 研究与开发是提高企业竞争力和经济效益的重要手段。面对激烈的市场竞争,企业为保持自己的竞争优势和提高经济效益,最有成效的战略之一,是以新产品代替老产品。据统计,美国企业的利润有50%是来自近10年内产品结构调整后推出的新产品。[①]我国的一些企业面对激烈的竞争,也采用开发新产品的办法来提高自己的竞争力。例如,北京电冰箱压缩机厂就是一个成功的例子。这个厂是一家引进国外技术装备的专业化生产厂,原来生产的产品比较单一,在全国电冰箱生产过剩的形势下,销售发生了很大困难,为适应各种型号规格电冰箱生产的要求,该厂开发出了1/5、1/4、大1/5、大1/6马力等多规格压缩机,适应了50—300升的单门、双门、三门、大冷冻室冰箱的需求,1991年实现利润比1990年成倍增长。

为了保持企业的竞争优势和取得较好的效益,中外竞争力很强的企业一般都有四个档次的产品:第一档是正在生产的;第二档是已经研

---

① 杨晟:"企业如何立于不败之地",《上海企业》1993年第9期。

究开发出来,等待适当时机投入市场的;第三档是正在试制、改进的;第四档是正在构思或开始试验的。某些研究、开发力量雄厚,在国内外处于技术领先地位的大型企业甚至还有第五档产品,即正在进行基础理论论证和技术研究的产品。有了这几档产品,企业就可以立于不败之地。

二、新产品的研究与开发的关系

(一)新产品研究

研究是指对新产品的构成原理、功能等进行攻关,以期取得新的成果,为开发新产品提供理论指导。研究工作包括基本理论研究、应用研究和发展研究。

1.基础理论研究是指对有关产品的基本原理进行的研究。通过这种研究不仅可以为研制和设计新产品找到理论根据,同时也能推动基础理论的发展。例如对钢材及其他金属材料的金相及其结构的研究,对同水泵、涡轮机、各种交通工具的设计与制造密切相关的流体力学理论的研究等等。这些研究不仅对设计和制造以新构思和新原理为出发点的全新产品是必要的,而且对于改型和换代产品的设计与制造也是不可缺少的。

进行基础理论研究往往花费多而见效慢,如需要高质量的科研人员和昂贵的实验设备、仪器,可能许多年也出不了成果,这也是企业普遍不重视这类研究的重要原因之一。但从战略眼光来看,这类研究又是必不可少的,它不仅关系到个别企业在未来市场上的竞争地位,而且也关系到我国工业在世界上的领先地位。因此,不仅特大型企业和大型企业集团要重视这类研究,一般大中型企业特别是产品与现代科学技术关系密切的企业，同样也要重视这类研究。能力有限的企业可以采取与大专院校和科研单位联合的方法，由企业出钱出题目，利用大专院校和科研单位的科研力量和设备，共同开展研究工作；企业也可以联合起来开展研究工作。

2.应用研究是将新的理论和技术成果、新的构思、新的方法在产品上实现的研究工作。通过应用研究，可以探讨新的科技成果及新的构思和新方法是否能应用在产品上，利用它们所研制的新产品是否有实用价值，以及如何把它们应用于产品的设计和制造上，等等。应用研究是新产品研究所不可缺少的一个部分。有特色的新产品的雏形都是在这类研究工作中产生的。因此，凡是在产品开发中居领先地位的企业，都很重视这类工作。例如磨具产品在我国居于领先地位的某砂轮厂，设置了专门的机构，集中了相当数量的科技人员进行研究工作，使得该厂每年能推出几十种新的研制成果，不仅填补了我国磨具产品的许多空白，而且有些成果还具有国际水平或达到国际先进水平，使该厂产品在国内和国际市场上的竞争力不断增强。开展应用研究工作，对于技术力量雄厚的大中型企业是不困难的，关键是企业能否重视和抓紧开展这项工作。技术力量比较薄弱的小企业，可能会出现心有余而力不足的现象；与有关的大专院校和科研单位联合、与企业联合，同样是解决这一困难的有效方法。例如某开关厂，以前开发新产品的周期为4—5年；全厂同时研制新产品的能力最多只有3—4个；新产品投产后还存在大量的设计质量后遗症，要在生产过程中组织力量攻关。从新产品设计到稳定生产平均要花10年左右的时间。近几年，这个厂采取与科研单位和大专院校、使用单位三结合搞科研的方式，收到了显著效果，现在每年能开发65个新品种，而且开发周期短。由于新产品投产而产生的经济效益占全厂生产经营总收益的1/4，有些新产品达到了很高水平。如该厂与某大学联合研制的 10—35 千伏 SF6 断路器所采用的新原理和新构思,虽然在当时还是世界上刚露苗头的技术原理,但已被他们付诸实践并取得了初步成果。

3. 发展研究包含两方面的内容:一是将经过应用研究获得的成果加以完善,使新产品的雏形变为可以进行小批量生产并能投入到市场上去销售的新产品;二是对市场上已经有的新产品加以改进和完善,使之成为具有新的特色,更具吸引力的新产品。这类研究相对来说比较容易,不需要太多的技术力量,花费较少,而且见效快,一般都由企业独立完成。尤其是人力物力都不雄厚的企业多采用这种办法研制新产品。有时一些力量较强的大企业也主要采用这种办法研制新产品。如早期的 IBM 公司绝少第一个把技术最先进的产品投入市场,而是当一种新产品投入市场后,他们就组织技术人员进行调查,征求用户和消费者的意见,设计出更好的产品投入市场。所以,每当别的企业的新产品上市不久,市场上就会出现比其他企业设计更好、服务更周到的 IBM 的产品。

(二)新产品开发

开发是指将研究成果进行商业化,即将成熟的研究成果转化为现实的生产力。像研究一样,开发也是一个复杂的过程。美国的两位学者鲍因(Louis E. Boone)和库茨(David L. Kurtg)在《当代商务》中说,新产品开发有六个阶段,即新产品概念的形成、筛选、商业分析、产品发展、试销、商业化。有人甚至认为,现代新产品的开发有 19 个步骤,包括调查研究及收集信息、产品构思、技术预测及市场预测、筛选、提出新产品开发建议书、编制新产品开发计划、方案设计、结构及系统模拟试验研究、技术设计、工作图设计、零部件试验、制定工艺方案、编制工艺规程、样机试验与鉴定、小批试制与鉴定、市场试销、市场预测、成批生产、投入市场。①

（三）新产品的研究与开发的关系

从研究与开发的内容我们可以看出，企业的新产品研究与开发既有区别，又有联系。

它们的主要区别是：研究是解决基本理论和原理方面的问题，理论性比较强；开发是将原理变为产品，更多的是解决实际问题。研究是解决企业产品发展的长远问题，特别是基础性研究，它着力于为企业开发全新的产品服务；开发是要求在近期能见到成效，既包括开发出全新的产品也包括对原有产品的改制和升级换代。研究也需要考虑市场的需要，但不像开发那样，必须要以市场的需要为前提；而开发必须进行市场调查，并根据市场需要来确定要开发产品的种类或品种。

研究与开发也存在密切的联系。首先，企业的新产品开发工作一般都以研究工作为先导。没有研究工作作后盾，企业很难开发出新产品，特别是不可能开发出全新的产品。其次，研究工作与新产品开发工作很难截然分开，也不宜截然分开。研究为开发提供成熟的理论研究成果，为开发提供理论指导；产品开发中也存在一些研究工作，特别是开发性研究（应用研究和发展研究）与产品开发是存在紧密联系的、不可分割的。正因为如此，发达的市场经济国家的企业都是既从事产品的研究，又从事产品的开发。据调查，1953—1973年间，美国重大革新项目有80%来自企业内部，只有5%来自大学和政府的实验室。美国的科技人员大部分集中在公司从事研究与开发工作。企业使用的研究开发经费占全国的70%左右。由于我国经济体制和科技体制方面存在的弊病，过去企业一般不重视研究与开发工作，即使有的大企

---

① 胡东帆："新产品开发模式研究"，《吉林财贸学院学报》1992年第4期。

业有研究机构,也多从事产品开发方面的工作,而很少从事研究工作。研究工作主要由国家、各个部委和大学的专门研究机构承担。据统计,在我国每万名劳动者中从事研究与开发的科技人员只有9人(美国是66人),在企业从事研究开发的人员则更少。这种体制造成了研究与开发的脱节。研究机构的研究成果不能转化为产品,企业又无力进行研究工作。所以我国企业生产的产品是几十年一贯制。近些年来,这种情况有了一定的改善。一方面,有些研究机构、大学办了一些企业,为研究成果转化为产品创造了条件,如中科院的联想计算机公司、北京大学的北大方正集团公司都是这方面成功的例子;另一方面一些大型企业的研究与开发工作也加强了。但是与发达国家的企业比较,我国的企业在研究与开发方面还是比较弱的,我们将在本章的第六节加以详细讨论。

三、新产品研究开发的新趋势

面对激烈的市场竞争,面对日新月异的技术进步和社会环境方面的影响,企业的研究与开发也出现了一些新的发展趋势。

1. 把研究和开发高技术含量、高附加值的新产品作为重点。目前正在蓬勃发展的另一次世界新技术革命对企业提出了严峻的挑战。以电子信息、生物工程技术、宇航太空技术、新材料和新能源技术为核心的世界新技术革命对人类社会的影响,无论是从广度上还是深度上,都将大大超过前几次技术革命。面对这种形势,不仅高新技术产业研究开发的产品越来越具有技术含量高、附加值高的特点,而且传统产业也正在用高新技术进行改造,其产品的技术含量和附加值也在增加。比如,将现代生物技术用于农业、畜牧业和食品加工工业,生产出优质高产的农产品、畜产品和营养丰富的其他食品;将电子技术、新材料等用于汽车制造业,开发生产出性能更加良好、功能更加多的新型汽车;用新的电子技术、卫星技术对传统的通信业进行改造，开发生产出高效、快捷、方便的现代通信设备；等等。正因为如此，在工业发达国家，企业产品的技术含量越来越高，一般来说，高新技术产业的产品技术含量都在70%以上，传统产业的产品技术含量也在增加。

2. 研究开发具有多功能的产品。研究设计人员在开发新产品时，在保证产品基本功能的同时，总是力图使产品具有更多的附加功能，以便给消费者提供更多的方便，特别是新的消费品的研究与开发，这种趋势更为明显。大到汽车，小到电视机天线都可以看出这种特点。比如美国生产的一种大型旅游车，即可以像一般汽车一样作为交通工具，而且上面还设有厨房、厕所、居室和客厅（白天作客厅，晚上作居室），可供人居住。有的老年人买这样一部车，走遍全美国，走到哪里，就把家搬到哪里，十分方便。我国一些企业的产品设计人员也在朝这个方向努力。比如，前几年开发出来的矿泉水杯，既具有一般的饮水杯的功能，又可以制造矿泉水，具有保健的功能。

3. 研究开发系列产品。研究开发一种新产品要投入大量的资金、人员和物资，而且还要冒很大的风险。为了降低新产品的研究开发成本，提高企业的经济效益，开发系列产品的做法越来越被企业所接受。开发系列产品是指企业研究开发出一种新产品后，充分利用其原理和开发试制办法生产出更多不同规格、品种、花色、形状的系列产品；或对原产品的某些部分稍作改进生产出改进型产品；或将某些新技术利用到原产品中去，生产出升级换代的产品。总之，系列产品和主产品的基本原理和功能并没有大的差别，只是对主产品的改进，它们能满足用户和消费者的不同需要和要求。如收录机研究开发出来后，就开发出了许多系列产品，在这个系列中既有简单的廉价的小型收放机、录放机、收录放多功能机，也有采用许多新技术的高级的价格昂贵的音响设备。系列产品中的每种产品本身也可以保持自己的系列。

4.缩短产品的使用期。传统的观念是产品要结实、经久耐用。但是，随着新技术新材料的不断出现，产品的更新周期大大缩短。如果产品的使用寿命很长，成本一定较高，用户或消费者花了很多钱去买它们，总舍不得淘汰，但也用不上新的产品。我国电视机的发展就很能说明问题。最先投入市场的是黑白电视机，它们的使用寿命一般在10年以上，买一台黑白电视机还没有使用几年，彩色电视机已经大量投入市场，要买彩电就要狠心将黑白电视机淘汰掉。当然，消费品只影响个人的消费，问题还不大。如果是机器设备，那就成了大问题。因为新的先进设备的性能、效率等方面肯定要比老式机器设备好得多，用旧式机器设备生产的产品根本无法与新机器设备生产的产品竞争，不更新设备企业就无法生存。所以，对相当多的产品来说，不是想办法去延长它们的使用寿命，而是将它们的使用寿命限制在一个合理的年限内，并使其经济合算，不造成大的浪费。如日本、德国等开发的新型照相机、复印机等便是这样的产品。它们达到一定的使用年限后便报废，有的照相机还是一次性的，照完一个胶卷就报废。这样，不仅可以降低产品的成本，而且也有利于淘汰陈旧的产品。

5.使产品小型化、轻型化。70年代第一次世界性石油危机以后，日本、韩国的轿车以其小型、省油、美观、价格低廉等优势，先后打进了美国市场，向美国的汽车业提出了挑战。那些轻便自行车、袖珍照相机、盒式录像机、小型医疗器械等小型产品早已投入市场，受到了用户和消费者的欢迎；便携式翻译机、可视电话等产品正在或即将从设计室走向生产线，将在20世纪末或21世纪初投入市场。研究开发小型化、轻型化的产品，首先是节约原材料、降低产品成本的要求。其次，研究开发小型化、轻型化产品也是大量高新技术使用，产业逐步由劳动密集型、资本密集型向知识密集型转变的要求。日本人形象地将这种转变称为由"吨"重型产品（如钢铁、水泥、造船、汽车、重型机械等）向"公斤"重型产品(如家用电脑、家用电器等)和"克"重型产品(微电子产品、生物工程、新材料等)的转变。再次,使产品小型化、轻型化也是高新技术逐步发展和成熟的要求。比如,当电脑产品刚研究开发出来的时候,由于技术尚不成熟,而且受材料的限制,电脑的体积庞大,且很重,据有关资料记载,第一台电脑的重量有30吨,要占一栋四层的楼房。随着电脑技术的成熟和发展,以及新材料的产生和应用,现在同等功能的电脑可以放在小手提箱里。总之,"小型化的观念已经成为设计人员研制新产品的一个重要基本指导思想,小型化、轻型化产品正在和必将在人类社会的大舞台上扮演越来越重要的角色,以令人惊奇的方式改变人类的生活"。①

6. **体现民族特色**。在当代,一个国家经济的发展越来越离不开国际环境和国际市场,各个国家的经济正在通过各种形式纳入国际经济一体化的进程。在这种情况下,一方面,新产品的研究与开发不仅要考虑本国市场的需要,也要考虑国际市场的需要,特别是一些消费品,要尊重商品进口国的宗教信仰、文化传统、风俗习惯;另一方面,新产品的设计与开发人员也越来越相信"越是民族的,越是世界的"论断,在开发设计新产品时,注意体现本民族的特色,发挥本国在文化传统方面的优势,并使这种体现民族特色的产品走向世界。这种趋向,在旅游产品、服装、食品等方面表现得特别突出。我国的中医中药技术和产品也正在发挥它的优势,为世界上越来越多的人所接受。

7. **保持自然特色**。随着各种人造的、合成的产品充斥市场,人们对纯自然产品的需求越来越多。为了满足人们的需要,新产品的设计人员也把如何保持自然特色作为考虑的重要因素。在食品工业上,要求使用天然的色素、添加剂、防腐剂等,美国的一些消费者甚至联合起来

---

① 林擎国:"浅谈产品的小型化",《厦门大学学报》(社科版)1994年第1期。

反对生产厂家对牛、猪、鸡等使用激素,纯自然食品、绿色食品越来越受消费者的青睐;在服装设计上,贴身的内衣、内裤、高档时装的面料都尽量使用自然纤维,让人们感到更舒适;一些日用化学品,如牙膏、化妆品、香水、香皂等产品也更多地使用自然原料,日本的厚生省和企业协会甚至已经作出规定,要求生产化妆品的企业在未来 10 年内不再使用化学原料;在某些产品的形状、颜色上也越来越保持自然特色,使人们有一种返璞归真的感觉。

8. 节约原材料。由于世界人口的急剧增加,消耗的资源越来越多,某些资源本来就不丰富,由于过度开采和使用已接近枯竭,如木材、石油、某些有色金属,等等,而且一般资源也总是有限的。因此,社会经济的发展和有限资源之间的矛盾越来越突出。为了缓和这种矛盾,除积极开发新的原材料之外,就是千方百计节约原材料。一方面,在保证产品基本功能和质量的前提下,产品的设计开发人员积极寻找一些代用品,以替代某些短缺的或价值昂贵的原材料;另一方面就是想办法降低原材料的消耗,争取用较少的原材料生产更多的产品。资源严重匮乏的国家和地区的企业,都把降低原材料消耗、提高原材料的利用率作为新产品研究与开发的主攻目标之一。比如,日本科学家作过计算,如果将日本现在生产的家电产品的原材料消耗降低 5%,全国每年可以节约近千万吨各类宝贵的金属和非金属原材料,这相当于日本两个大型钢铁联合企业年产量的总和。日本政府非常重视节约原材料的工作,在政策上鼓励企业研究开发节约原材料的产品。日本企业界更是十分重视研究开发节能产品。日本东芝公司新研制的挂式电视机只有 10 厘米厚,原材料使用量比传统产品减少 80% 左右,价格也有较大幅度降低。20 世纪最后几年,这种产品将批量生产,投入市场。

9. 保护人类的生存环境。随着工业的发展,人类生存环境受到了越来越严重的破坏,如何处理好经济发展和保护环境的关系已成了社会经济发展中的大问题。1991年,联合国召开了有各国首脑参加的世界环境大会,并发表了联合声明,与会者在联合起来共同保护人类环境方面取得了一些共识。保护人类的生存环境已经成了各国政府、企业界普遍关心的问题。各国政府制订的保护环境方面的法律更加全面、严格,企业研究开发的新产品必须符合这些法律法规的要求才能投入市场。所以,企业在研究开发新产品时保护环境的意识也越来越强烈。在化工、造纸、制革等设备的研究开发上都把减少污染作为重要的指标对待;在汽车方面,都把研究开发低污染或无污染的汽车作为方向,除研究现在的汽车如何降低废气排放外,还在开发太阳能汽车、电动汽车等新型汽车;在食品保存方面,正在研究开发不使用氟利昂作为制冷剂的电冰箱和全新的保鲜设备;在农用产品方面,正在研究开发能腐化并被土壤吸收的新产品来代替传统的塑料薄膜,正在开发更多的低毒或无毒的农药,正在研究开发更多的不破坏土壤结构的优质化肥;在医药方面,正在研究开发既能治病,又对人的身体无副作用的新产品。总之,企业在研制开发新产品的时候,都把保护人类生存的环境作为最重要的因素之一来考虑。

10. 缩短研究开发的周期。在工业化初期,一种新产品从研制到开发出来投入到市场销售需要上百年的时间,比如,硝化纤维在1655年就开始研究,到1885年才生产出产品,从研制到生产出产品用了230年时间;照相技术的原理1727年已经发明,1839年才生产出产品,从发明到投产用了112年。但是,随着科学技术的进步,随着企业把大量的资金和高质量的人员投入到产品的研究与开发中,以及研究开发手段的现代化,产品的研究开发期大大缩短了,一般的新产品2—3年时间就能研究开发出来并投入生产。比如,尼龙产品从研究开发到产品投入市场只用了2年时间,太阳能电池只用了1年时间。到目前为止,周期最短的要数激光,从研制到生产出工业产品只用了两个月时间。表6-2是一些主要产品从研制到生产出产品的时间。

表 6-2　产品研究开发周期变化情况

发明或开发项目	开发研制或发明年份	出产品年份	发明到投产年限
硝化纤维	1655	1885	230
照相术	1727	1839	112
第一台机器	1680	1780	100
水泥	1756	1844	88
滴滴涕	1874	1939	65
电影原理	1832	1895	63
电动机	1829	1886	57
电话	1820	1876	56
卡普隆	1899	1939	40
收音机	1867	1902	35
真空管	1869	1902	33
汽车	1868	1895	27
柴油机	1878	1897	19
雷达	1911	1925	14
电视机	1922	1934	12
晶体管	1948	1953	5
尼龙	1935	1939	4
太阳能电池	1953	1955	2
脉塞（微波受激放大）	1954	1955	1

资料来源：转引自陈志宏的《企业家的新观念》一书第 146 页，上海社会科学院出版社 1993 年版。

四、新产品研究开发的策略

（一）新产品的种类和特点

1. 新产品可以分为以下三类：

（1）全新产品。全新产品又可以分为两种：一种是世界上没有任何企业生产过,完全是根据新的原理和新的构思去设计、研制和生产的产品;另一种是其他国家或地区的企业已经生产,但是本国企业尚未生产的产品。

(2)升级换代产品。是指这类产品已经存在,但是新开发的产品在性能、结构、原材料的使用等方面都与原产品有显著差异,从而提高了原产品档次的产品,如电子管电视机与晶体管电视机、蒸汽机车与内燃机车等都属于这类产品。

(3)改进型产品。是指对原产品进行过一些小改进的产品,如改变了产品的外观、规格、型号,添加或减少了少量的零部件等等。

2. 新产品的特点。无论哪种类型的新产品,一般具有以下四个特点:

(1)开创性。新产品在原理、结构、材料、用途、功能等某一方面或某几方面具有创新,与众不同。

(2)先进性。采用了新技术,在质量、性能、可靠性方面有提高,使用寿命延长,操作更加方便,或者在节约原材料和能源方面有很大的优势。

(3)继承性。如上所述,新产品有全新的产品、升级换代产品和改进型产品等三种类型。后两种新产品具有明显的继承性是不言而喻的,即便是全新产品它也不是从天而降的,而是在以往知识积累的基础上产生的。国外有人统计过,在一项新技术或新发明中,有90%的内容是可以通过各种信息途径获得,真正创新性的工作只有10%,一项新产品的80%以上的技术是已知的。[①]

(4)相对性。任何新产品都是相对的。有的是相对老产品而言,是对老产品的改进;有的是相对其他国家、其他地区、其他企业而言,换句话说,对其他国家、其他地区、其他企业来说,可能已经是老产品,

---

① 王长治、阎文红:"企业新产品开发及其技术难度",《技术进步》1994年第5期。

但是，对本国、本地区、本企业来说，还是新产品；在一定期限内还是新产品，超过一定期限就变成了老产品。

（二）开发新产品的策略

正因为具有上述特点，所以企业在研究开发新产品时要根据这些特点注意选择适当的策略。这些策略包括：

1. 开发全新产品策略。全新产品是指国内外都还没有的产品。研究开发这种产品的好处是：能开辟新的生产、销售、服务领域，从而创造出一个新市场，使企业获得高速发展的机会；产品在技术上能处于领先地位，别的企业特别是一般中小企业在短时间内很难赶上和超过；在短期内在市场上不会遇到竞争对手，企业能获得垄断利润。研究开发这样的产品一般需要从基础研究做起，需要投入大量的人力、物力和财力，还要承担大的风险。所以，只有大企业和大企业集团才采用这种策略。比如，曾被评为美国"十佳企业"的惠普电子公司在研究开发新产品时多采用这种策略。惠普公司为了研究开发全新的产品，设置了庞大的研究机构和实验室，集中了大批的研究人员，每年投入研究开发的费用占销售额的9%左右。1986年，该公司出售的产品中，60%是新产品，它们给惠普公司带来了丰厚的利润。

2. 升级换代策略。一般是指在不改变产品基本用途的前提下，采用新技术、新材料、新的加工办法等措施对原产品进行重大改造，使其具有技术更先进、结构更合理、功能更完善、使用更方便等效果。在这方面最有代表性的是电子计算机，自诞生以来的30多年间，它已经更新到第四代，现在一些科研机构和大企业的研究人员正在研究开发第五代电子计算机。虽然计算机的基本用途并没有改变，但是，每一代新的计算机的产生，都使这种产品在性能、功能、质量、结构等方面发生了深刻的变化。采用升级换代策略的好处是：不用花费很大的精力进行市场调查，开发出升级换代产品后,不仅可以占领原来的市场,挖掘原有市场的潜力,而且可以开发新市场;技术人员对原产品较为熟悉,对本领域技术的发展状况也比较了解,成功的可能性大,没有大的风险;相对于开发全新产品来说,投入较少,产品的开发周期也不会很长,见效较快。正是由于它具有上述优点,因此,凡是有新产品开发能力的企业都不放弃采用这种策略。当然,升级换代产品也就面临着激烈的竞争。

3. 功能改进及延伸。这种策略与产品的升级换代策略并无实质性的区别。只是升级换代需要对原产品进行重大改造,而功能改进及延伸策略并不需要这样做,它往往是对原产品作一些小改小革,或者增加一些附加功能,从而使产品的型号发生变化。比如,将电视机的控制由手控变为遥控,对一般录像机进行改进,使它具有定时录像功能;对空调、电冰箱进行改进,降低它的噪音,等等,都属于这种策略的运用。日本企业采用这种策略最为普遍,它们决不搞几年"一贯制",新型号的产品层出不穷,让人眼花缭乱。日本的索尼公司每年向市场推出1000多种新产品,其中有800种属改良产品,只有200种属更新换代产品和全新产品。采用这种策略的好处是:节约研究开发费用,也不会对生产线进行大调整,因此能收到投资小、见效快的效果;在开发和市场方面都没有风险;产品涨价人们心理上能够接受;刺激用户和消费者淘汰老产品,购买新产品。但是采用这种策略时,一定要考虑新老产品的差距,一般来说,差别不能太小,否则用户和消费者不易接受。如果要更新某些零配件,也必须能适用于原产品或者保证原产品维修时的需要,不然会引起用户和消费者的不满,失去他们的信任。

4. 组合翻新策略。指采用某种技术将两种或两种以上产品的功能组合在一起,形成一种新的产品,满足用户或消费者的需要。无论是大产品还是小产品都存在组合翻新的问题。比如:将普通文具盒与计算器组合在一起,就会形成一种带计算器的文具盒,既可以作文具盒用,又可以作计算器用；同样是音响设备，将一台激光唱机代替原来的电唱机就可以组合成一套高级音响；在普通小轿车里装上空调设施就增加了轿车的档次。总之，从诸如此类的产品上我们都可以看到组合翻新策略的运用。采用这种策略除具有投资省、见效快的好处外，还可以发挥协作的优势，本企业可以集中力量研制和生产产品的一部分，使其在技术、性能、可靠性等方面具有很大的优势，或者成为名牌，而其他部分则可以通过合作来解决，从而达到扬长避短的目的。

5. 吸收仿造策略。对市场上特别是国外市场上已经有的新产品，将它们买来进行研究、分析，进行仿造，或者针对它们的缺点进行一些改进，生产出比原产品更好的产品来。采用这种策略的好处是：投入少、见效快、经济效益好。国外许多企业都采用这种策略，尤其是日本的企业在这方面做得非常好，有的企业将这种做法称为"筛选超复"策略。比如，日本的本田公司就是靠这种策略起家的。1947年，当本田宗一郎挂出"本田技研工业株式会社"招牌准备生产摩托车时，它只是一个小厂。当时美国的"哈雷"、德国的"神达普"和英国的"大炮"等产品已经很有名气，而且各有千秋。本田宗一郎考察了美国和欧洲生产摩托车的主要厂家，买回了许多产品。他组织人对它们进行了"解剖"分析，全面系统地掌握了世界先进厂家生产的摩托车的性能、特点和缺陷，终于在1958年生产出了性能良好并具有自己特点的摩托车，受到了用户的青睐；又经过几年努力，使本田跻身于世界著名的摩托车生产企业的行列。之后，他们又投资420万美元，建立了本田公司技术研究中心，聘请了800位专家，花费了大量的资金对世界上大汽车公司的汽车进行研究，吸收它们的长处和优点，开发出了自己的汽车，使本田成为日本著名的汽车生产厂家。松下公司也是利用这种策略获得成功的范例。比如，录像机是由索尼公司首先发明的。松下公司在市场上发现这种产品之后，便立即组织人员仿制和改进，不久松下公司就生产出一种消费者更加欢迎的录像机，价格还比索尼的低 10%—15%。采用这种策略虽然有不少好处，但也有侵犯专利之嫌，所以采用这种策略时，必须要在仿造中有创新，做到"同中有异"，千万不要有侵权行为。

6. 引进消化策略。引进消化策略是指引进国外的某种专用设备、技术或生产线以生产某种产品来满足国内市场的需要。一般说来，发展中国家和不发达国家的一些企业多采用这种策略来开发生产新产品。由于采用这种策略可以绕开研究和部分开发环节，所以能在短期内生产出新产品，缩短与发达国家的差距。据统计，目前世界各国的新技术和新产品中，有 70% 是采用引进消化策略而获得的。近些年，我国也引进了大量的技术、设备和生产线，不少是很成功的。例如，我们引进的彩电生产线，已经使我国成了彩电生产大国，大大缩短了我国与发达国家在这方面的差距。但是采用这种策略也存在一些问题，主要是：发达国家的企业一般不可能将最先进的技术卖给别人，所以引进方得到的只能是次先进的技术，有的甚至是发达国家要淘汰的技术；引进设备、技术特别是引进生产线要花大量的外汇，一般企业是很难承受的；企业引进设备、技术或生产线的目的是为生产某种产品，它们的主要目的不是改造、仿制，使其国产化，这种事情是机械制造行业的任务。所以，使用部门和消化、吸收、改造及其国产化是脱节的。而且，由于商业保密和利益方面的影响，这项工作越来越难。因此，在采用这种策略时，必须注意解决这些问题。要注意被引进的东西的先进性，防止上当受骗。为了节约资金，能引进技术的就不应该引进设备；引进关键设备能解决问题的，就不要引进生产线；同时要配合有关部门和厂家做好消化、吸收、改造和国产化的工作。

7. 利用专利策略。用购买专利来开发新产品可以绕开繁重的研究工作，减少新产品研究开发的一些中间环节，缩短新产品开发的周期，减少研究工作的开支和可能造成的风险，而且企业可以有较大的选择性，挑选适合自己技术、工艺特点的专利，较顺利地开发出新产品，也可以利用专利技术对已有产品款式、质量、功能等方面进行调整改进。这种策略比较适合研究开发力量薄弱的企业采用。我国的大中型企业尚有47%没有建立起自己的研究开发机构，已建立研究开发机构的企业，由于资金、人力等条件的限制，有的研究开发能力也不强，因此，对这些企业来说，采用购买专利的办法来研究开发新产品不失为一种上策。但是在购买专利技术及产品时，必须要注意其成熟度、可靠度及有效性。

五、新产品研究与开发的风险防范

新产品研究与开发是非常复杂的工作，它会有很大的风险，特别是开发全新的产品，它不仅有很大的技术难度，而且还面临市场变化等许多不确定因素，风险就更大些。有关资料显示，在美国，每年有80%—90%的新产品在市场上遭到失败；即使研究开发工作搞得成功，经营得好的企业也最多只有50%的新产品能获得市场的承认。美国一市场研究机构曾对80家公司新产品开发情况进行过调查，发现每40个新产品设想只有1个能获得成功，有相当多的设想不等变为产品就夭折了。[1] 美国学者Booz Allen & Hamilton 1968年通过对57家美国公司的调查，也得出了相似的结论。在这57家公司研究开发的58种新产品中，只有12个通过筛选，只有7个通过商业分析，只有3个通过产品发展鉴定，只有2个通过市场测试（试销），最后只有1个上市成功。[2] 正因为如此，如何防止和减少风险就成了企业在研究和开发新产品时需要认真解决的重要问题。在这方面，许多企业提供了不少好的经验，在

---

[1] 蔡显沛："试论在市场经济中企业的新产品开发与情报利用"，《贵州大学学报》1994年第2期。

[2] 朱钟棣："新产品开发能力不足的原因"，《企业经济》1994年第3期。

研究开发新产品的过程中，他们除结合本企业特点选择正确的策略外，还十分注意以下工作：

1. 重视新产品研究与开发的信息工作。信息是企业进行科研和新产品开发工作的向导和依据。信息不灵会使企业的新产品研究与开发工作看不清目标，陷入盲目性，造成人力、物力、财力的浪费。一般来说，企业必须掌握以下三方面的信息：

（1）科技发展信息。企业的新产品研究与开发工作与科技发展趋势和水平密切相关。国内外的科技发展动向，会给企业的研究与开发工作以启迪，为企业制订新产品的研究与开发计划提供依据；有关的科技成果可以为企业的新产品的研究与开发提供方便，可以简化和加速这项工作；科技成果在产品运用方面的信息，不仅有助于企业了解和预测产品改进发展的前景，而且可以为企业改进产品和研制换代产品提供样板。总之，科技发展的信息既是推动企业新产品研究与开发的重要动力，又是可以利用的宝贵资源。

（2）专利信息。科学技术上的发明创造往往会以专利的形式公之于世。通过专利信息了解研究与开发的动态和进展情况，既可以避免研究与开发工作的盲目性，少走弯路，又可以通过引进专利的办法来开发新产品，节约时间和人力，还可以从专利中受到启发而扩大应用范围，从而带动一系列的产品开发工作。因此，国外企业一般都很重视专利信息，有时甚至不惜花重金购买专利。我国的专利制度正在逐步完善，每年也有大量的专利产生，许多企业还不重视和不善于利用专利信息和专利技术来开发新产品，这种状况应当改善。

（3）市场信息。企业的新产品是为消费者和用户的需要而研制和改进的。新产品只有得到消费者和用户的承认，能在市场销售才算成功。许多企业的实践证明，凡是经过认真的市场调查和预测，根据消费者和用户需要而研制的新产品，投入市场后一般都能很快打开销路；而那些只凭主观想象，不认真研究市场需求和需求变化研制出的新产品，则往往难以被消费者和用户接受。因此，国内外在新产品研制中处于领先地位的企业，都十分重视市场的信息，不仅在计划的制订阶段重视市场信息，而且在新产品研究与开发的全过程都重视市场信息，并及时根据市场信息来改进或调整研制工作，这样就减少了新产品研制工作的风险。据我国工商管理访美考察团对美国6大公司的150多个企业的调查，这些企业成功的新产品和新技术60%—80%是来自用户的建议或吸收了用户在使用中的改革。

2. 量力而行。新产品的研究和开发工作是实打实的工作，没有足够的技术力量，缺少必要的试验手段和工具，新产品的研究与开发工作只能停留在设想和计划阶段，后续工作难以进行。在新产品试制成功以后，如果没有必要的原材料来源保证，或缺乏批量生产的制造能力，即使新产品在市场上可能有较好的销售前景，也只能是空中楼阁，难以达到产品开发的目的。此外，还有个时间问题。由于市场需求总是在不断变化的，有些产品在市场上的生命周期是比较短的，如果缺乏必要的物质技术条件，使产品开发周期不能得到保证，等到费了九牛二虎之力把新产品拿到市场上销售时，就可能错过了机会。总之，不量力而行，是导致新产品研究与开发失败的重要原因之一。例如，我国的某无线电厂，它在1981年前生产半导体收音机，企业还有盈利。1982年，由于半导体收音机滞销，它决定转产高档立体声双卡收录机，但是由于技术力量不足，再加上国内元器件无法配套，长期拿不出产品，使企业由盈利转为亏损。在这种情况下，他们又决定转而研制生产低档收录机。可是，等他们把产品投入市场时，市场需求已从低档收录机转向高档收录机。结果，这个拥有900多人的企业，1982—1984年共亏损631.9万元。类似的例子还很多。虽然有些企业没有落到亏损的地步，但是由于不量力而行，盲目设立研究与开发项目，使项目夭折或因推出产品过迟而变得毫无意义，由此而造成人力、物力和财力的极大浪费。所以，为了防止和减少风险，在确定新产品研究与开发项目时必须量力而行。

3. 选择新产品的适当技术难度。新产品的技术难度又称新产品的技术含量，它是指新产品要运用的新技术（知识）与已有技术（知识）的比率。新产品的技术难度越大，开发出的新产品的市场前景可能会越好，越不会遇到竞争对手，但是技术难度大的新产品要求的投入也多，开发周期也会较长，风险就越大；相反，新产品的技术难度低，要求的投入也会少些，也不会有多大的风险，但市场的需求可能有限，竞争也会很激烈。因此，许多学者和企业家都认为在研究开发新产品时必须选择适当的技术难度。比如美籍华人学者吴健民博士认为，新产品的研究与开发的技术难度的选择应该遵循循序渐进的规律，技术难度应该选在15%—20%之间为最佳，大于20%就是巨变，结果不是周期过长，就是要担很大的风险，但技术难度一般也不要低于5%，低于5%，就缺乏新颖性，不能吸引消费者和用户，也会遇到激烈的竞争。美国飞机制造公司研制新型飞机时就遵循这一规律，90%采用已有的技术和结构，研究周期短，成功率高。

4. 优化新产品研究与开发的方案。制定优化方案是新产品研究与开发的重要环节之一。在制定优化方案时，要特别注意处理好技术要求和经济效益的关系，运用价值工程、投资效益法、效益成本分析法、评分法、利益评分法、综合评分法、NPV法等对新产品研究开发方案进行技术经济分析。一方面，要尽可能采用先进技术和先进工艺，以保证产品在一定时期内具有先进的技术水平；另一方面又要注意减低成本，在经济上使用户和消费者能接受，在同类产品中能具有很强的竞争力。对新产品的技术经济分析，要贯穿整个开发过程。比如，对初步设计中的不同方案，通过技术经济分析，筛选出最佳方案；技术设计完成后，要由设计、制造、使用三方面人员组成的审查小组，对产品结构的先进性、工艺性、使用操作性能和价值进行评定,对其中不合理的部分提出改进意见,把多余的功能降下来,极大限度地降低制造成本,保证质量。新产品试制出来后,经过投入市场试销,还要进一步吸收用户和消费者的合理意见,进行改进,做到技术上先进,经济上能被用户和消费者接受。

5. 加强和改善对新产品研究与开发过程的管理。有关资料显示,因对新产品开发过程组织与管理不善而导致的失败约占19%,这是一个相当大的比例,因此,要防止和降低新产品研究与开发的风险,必须加强和改善对新产品研制全过程的管理。首先,必须建立新产品研制的科学、规范的程序和严格的管理制度。前面我们已经指出过,新产品的研究与开发有科学的程序,有的将它概括为6个步骤,有的概括为19个步骤。其实,概括多少个步骤并不重要,重要的是这种概括一定要科学,要涵盖新产品研究开发的全过程,特别是要包括市场调查、方案的筛选与论证、产品设计、试制试验、鉴定、试销、信息反馈、改进与完善等主要环节。要建立和完善新产品研究开发的各种管理制度,使各个环节的工作有章可循。其次,要严格按照规定的程序、制度办事,抓好每一个环节的工作,保证工作的进度,高效率、高质量和高速度地完成每一项产品的研究与开发工作。再次,要建立合理的奖惩制度。奖励那些在新产品研究开发中作出突出贡献的人员,进一步激发他们的积极性,同时,对于玩忽职守、造成重大损失的人员也要给予必要的惩罚。

第七章　专业化与多样化

"二战"之前,专业化生产被认为是提高工业劳动生产率的最重要的途径,所以,多数企业把提高专业化程度当作改善生产组织的重要环节。专业化企业比比皆是。然而,"二战"之后情况有了很大改变,专业化企业减少,多样化经营的企业增多。现在多样化经营已经成了现代企业重要的发展趋势。出现这种趋势的原因是什么?多样化经营有哪些类型?多样化和专业化的关系如何?这些问题将是本章要讨论的主要内容。

一、多样化经营的产生和发展

多样化经营,又称多角经营、多元化经营、多边经营。美国经济学家戈特(M. Gort)在《美国产业的多种经营和一体化》一书中对它下的定义是:个别企业供给市场不同质的产品和劳务。所谓不同质是指产品和劳务的种类不同。换句话说,所谓多样化经营就是指企业不只生产某一种产品或不只提供某一种服务,而是生产多种产品或提供多种服务。所以,它不同于品种多样化,因为品种多样化是同种产品在规格、尺寸、花色以及功能等方面的一些差别。比如,一个生产电冰箱的企业,它生产的电冰箱可以有不同样式、规格、尺寸,但是如果它不生产别的产品,它仍是一个专业化的企业;如果它除生产电冰箱外,还生产电视机或别的不同产品,它就实现了多样化经营。正因为如此,有些专家学者为了把多样化经营与产品品种多样化区别开来,他们又把多样化经营称为企业的"产业多样化"或"事业多样化"。

多样化经营起于20世纪30年代,当时一些主要资本主义国家的经济发展迅速,这些国家的不少企业已经发展到一定的规模,经济实力增强,为实现多样化经营奠定了物质基础;经济的高速发展也使企业进入了激烈的竞争时代,企业之间为争夺原材料、市场展开了激烈的竞争,竞争为企业进行多样化经营产生了压力;企业规模的扩大引起了企业管理组织结构的革新,以适度分权为特征的事业部的出现为多样化经营提供了管理组织上的保证。因此,在这一时期采用多样化经营战略的企业有了较大的发展。戈特教授曾运用美国国家普查局提供的材料对美国111家制造业公司在"二战"前后的企业多样化经营情况作过分析,发现在1929—1939年间,这些公司每年增加的四位数行业的[①]产品为48个,在1939—1950年间为43个,而在1950—1954年间达到108个。这说明美国的多样化经营在"二战"前后已经有了较大的发展。"二战"之后资本主义国家的企业从事多样化经营的更多。现在,发达的市场经济国家的多数企业特别是大型跨国企业几乎都采用了这种经营战略。表7-1至表7-3是美、英、日三国企业多样化经营的发展情况。

表7-1 1949—1969年美国企业多样化经营的变化

年份	专业化率和多样化率(%)		企业样本数
	专业化率	多样化率	
1949	34.5	65.5	189
1959	16.2	83.8	207
1969	6.2	93.8	183

资料来源:Rumelt, Richard R.:《战略、结构和经济运行》,Division of Research Harvard Business School, Boston, 1974。

---

① 美国工业行业分为两位数、三位数及四位数等不同等级,位数越高,分类越细。

表 7-2　1971—1979 年英国企业多样化经营的变化

年份	专业化率和多样化率（%）		企业样本数
	专业化率	多样化率	
1971	41.5	58.5	205
1979	26.8	73.2	205

资料来源：Luffman, G. A. and Reed, R.：《70 年代英国工业的多样化经营》，*Strategic Management Journal*, vol 3, 303-314, 1982。

表 7-3　1958—1973 年日本企业多样化经营的变化

年份	专业化率和多样化率（%）		企业样本数
	专业化率	多样化率	
1958	26.3	73.7	114
1963	24.3	75.7	118
1968	19.5	80.5	118
1973	16.9	83.1	118

资料来源：Luffman, G. A. and Reed, R.：《70 年代英国工业的多样化经营》，*Strategic Management Journal*, vol 3, 303-314, 1982。

上面三个表提供的数字虽然是抽样调查的结果，有它们的局限性，但是我们也可以大致看出，这三个国家的企业都在朝多样化经营的方向发展，从事多样化经营企业的比例在逐年上升。1949 年，美国从事多样化经营的企业只占 65.5%，经过 20 年的发展情况有了很大变化，到 1969 年从事多样化的企业已经达到被调查企业的 93.8%。20 年间采用多样化经营战略的企业上升了 18.3 个百分点。1971 年，英国从事多样化经营的企业只有 58.5%，到 1979 年已经上升到 73.2%，8 年间上升了 14.7 个百分点。在 1958—1973 年的 15 年间，日本从事多样化经营的企业也从 73.7% 上升到了 83.1%，上升了 9.4 个百分点。但是由于各国的情况不同，也存在一些差别。在同一时期，美国从事多样化经营企业的比率最高，1969 年已经达到 93.8%，日本次之，1968 年达到 80.5%，英国 1971 年的水平是 58.5%，1979 年才达到 73.2%，比美国、日本晚了 10 多年。这在一定程度上反映了这些国家的经济、科技发展水平、市场的开发程度和企业之间的竞争状况。

80年代初以来,我国的大型企业也开始向多样化经营的方向发展。与发达市场经济国家的企业相比,在多样化经营方面虽然我国企业还有很大的差距,但是近些年发展是很快的。据1985年我国工业普查资料提供的数字,我国一般机械工业行业的多样化率已经达到12.8%,运输机械行业达到了19.9%,电器机械行业达到了20.8%,精密机械行业达到了18.9%,汽车行业达到了8.3%。化工、冶金、电子以及军事工业等行业的企业在多样化经营方面也取得了较大的进展。我国不少大型企业在多样化经营方面迈出了可喜的步伐。首都钢铁公司就是一个比较典型的例子。80年代初以来,该公司在大力发展钢铁生产的同时,拓宽经营领域,向机械、电子、金融、轻工、化工、航行等18个行业发展,1993年,从事多样化经营的职工数已占到职工总数的50%左右,多样化经营的收入已占公司总收入的20.8%。许多军工企业也通过扩大经营领域走上了多样化经营的道路。比如,沈阳飞机制造公司,将经营扩展到了民用飞机、汽艇、旅游车、洗衣机、铝合金建材、饮料等行业。

企业的多样化经营是通过多种途径实现的。主要是:

1.通过企业兼并、合并实现多样化经营。在市场经济的条件下,企业之间的兼并、合并是经常发生的。企业之间的兼并、合并可以分为三种形式:

横向兼并、合并。即同一部门或行业的企业之间的兼并、合并。比如,同是机械部门的企业,有的是生产工程机械产品,有的是生产冶金机械产品,生产这两种产品的企业之间的兼并、合并就可以实现多样化经营。同一行业企业之间的兼并、合并也可能实现多样化经营,比如同是家用电器行业,生产电冰箱、洗衣机、空调企业之间的兼并、合并也可以实现多样化经营。但是,横向兼并、合并并不都会实现多样化经营。如果被兼并、合并的企业生产的是同一种产品，它们的兼并、合并就只能扩大规模，增加品种，而不能实现多样化经营。比如汽车生产厂之间的兼并、合并，钢铁企业之间的兼并、合并，建筑企业之间的兼并、合并，它们兼并、合并之后如果不进行改组和产品的调整就不会实现多样化经营。

纵向的兼并、合并。它是指不同部门或行业，但在生产经营上有联系的企业之间的兼并、合并。纵向的兼并、合并往往是将原材料的生产和加工、产品的制造、副产品的加工、废物废气的利用、产品的销售等过程联合在一起。比如，钢铁业中，矿山开采、加工、运输、冶炼、轧钢以及钢材的利用等相关企业的兼并、合并等；石油化工行业中，石油的冶炼加工企业和与其有关的各种石油化工企业的兼并、合并，都属于纵向的兼并、合并。纵向的兼并、合并实际上是将两个或两个以上的被兼并、合并企业之间的商品交换关系变成一种企业的内部关系，从而实现多样化经营。

混合兼并、合并。这是指企业打破部门或行业的界限，兼并、合并与自己原来的经营领域没有生产经营联系的企业，实现多样化经营。一般来说，凡是发生混合的兼并、合并，就必然会实现多样化经营。在美国，混合兼并、合并在战后初期约占兼并、合并总数的 1/3，此后逐步增加，到 1968 年占总数的 82.6%，达到了高峰。进入 80 年代后，混合兼并、合并在总数中的比重有所下降，约占总数的 3/4，但仍是兼并、合并的主要形式。[①] 美国的许多大公司都是通过混合兼并、合并实现多样化经营的。比如，在 60 年代，美国的食品、电机等主要工业部门最大的 8 家公司一方面仍然控制着原有领域的生产，另一方面又不同程度地渗透到其他 244 个行业内，并在 107 个行业中产值占该行业产值的

---

① 龚维政：《美国垄断资本集中》，人民出版社 1986 年版。

1/3以上。又如国际电话电报公司，它原先的经营业务主要是电话电报和制造电信器材，1965年它购买了安飞士出租汽车公司，1967年购买了一个饭店系统，1968年又购买了一家玻璃厂、一家陶瓷企业和一家在加拿大有许多森林的造纸企业，同年，它还购买了一家全美最大的面包厂。从60年代以来，它合并了50多家与电信业务无关的公司，使产品和服务种类达到上百种。现在，几乎每个美国家庭都可以获得该公司提供的多种产品和服务：可以从它那里买到房屋和进行房屋保险，可以吃到它生产的面包，看到它制造的电视机接收的电视节目，利用它生产的自动售货机买到香烟和咖啡，从它的金融机构里得到贷款，出外旅游还可以住到该公司办的旅馆，乘坐它的出租汽车。

2.通过投资建立新厂实现多样化经营。企业在经营过程中总要不断地发展自己。企业的发展有两种最基本的方式：一种是内涵式的发展道路，即在不新建厂房、不增加大量设备的基础上，通过革新改造促进企业发展；另一种是外延式的发展道路，就是通过建立新厂来发展自己。这两种方式各有其利弊。一般说来，在企业规模比较小的时候，多采用外延的方式来发展自己；在企业规模已经很大的时候多采用内涵的发展方式。在企业采用外延方式发展自己时，多数情况下并不是为了生产原有的产品，而是生产市场需要的其他产品，所以会增加企业产品的种类。许多企业都是在从小到大的成长过程中实现多样化经营的。日本的日立公司在建厂初期是一个为矿山服务的电机修配厂，战后，不断进入新的经营领域。1955年，日立公司进入了家用电器部门，1958年建成了成批生产电冰箱的车间；1969年，日立首先成功地批量生产出了全晶体管彩色电视机；1967年在世界上率先研制出干式回路空调，不久就投入生产；1978年，它又建成了磁带录音机厂；1965年以后，日立公司还致力于集成电路的开发，1967年完成了集成电路的生产体制，1968年建成了计算机主机生产厂。经过几十年的发展，日立公司已经发展成制造重型电机、家用电器、电子计算机、电子零件、物理化学仪器、测算器、通信机械、工业机械以及车辆等类产品的综合性重型电气机械制造企业。

3. 通过研究开发新产品实现多样化经营。人们常说，企业要以质量求生存，以产品求发展。就是说企业要发展，就要源源不断地开发出自己的新产品。新产品大致可以分为三类：改进型新产品、升级换代产品和全新产品。如果开发生产的是前两种新产品，则不会引起多样化经营；如果开发生产的是全新产品，而这些全新产品和原产品又工艺相近，结构相似，则不需要建新厂也可以实现多样化经营。

二、企业采用多样化经营战略的原因

现代企业特别是现代大企业出现多样化经营的发展趋势，既有内部因素的促进，又有外部因素的促成。这些因素主要是：

1. 企业成长的要求。企业和人一样，也有一个由小到大、由弱到强的成长过程。企业的成长往往会使企业发生以下三个方面的变化：

（1）企业素质的改善和提高。它包括管理组织结构的改善、先进的管理方法和管理手段的采用、职工技术业务知识的提高、技术装备的改进，等等。

（2）企业规模的扩大。美国学者佩罗兹在她的《企业成长理论》一书中指出，成长是一种过程，规模是一种状态，成长过程的结果就是大规模化，所以规模是成长的"副产品"。

（3）产品多样化的产生和发展。企业的成长如果只是立足于改善企业的素质或者增加原有产品的产量，并不会出现多样化经营。但是，实际情况并不是完全如此。如上所述，企业成长往往会带来企业规模的扩大。扩大企业规模有三种途径：①在现有工厂的基础上通过技术改造扩大其规模,增加现有产品的产量。当工厂没有达到最优生产规模,该产品又有较大的市场容量,本企业的产品在市场上又有较强的竞争力的时候,企业可以采用这种途径。②建新厂或兼并其他企业,增加原有产品的产量。如果现在生产的产品还有较大的市场容量,本企业的产品又有竞争力,工厂又已经达到最优经济规模,企业就可以通过另建新厂或兼并其他企业来增加其产量。③发展多样化经营来扩大规模。当现在生产的产品生产容量已经饱和,本企业的产品竞争力不强,增加现有产品产量遇到很大困难时,企业就应当通过建新厂或收购其他企业等方式来发展新产品,实现多样化经营。可见,在企业成长过程中,企业是否会向多样化经营方式发展,主要取决于现有产品的市场容量和本企业产品的市场竞争能力。如果原产品的市场容量已经饱和,或原产品在市场上没有竞争优势,企业在成长过程中必然要发展其他产品,实行多样化经营。

企业成长过程中产生多样化经营的条件可以用表7-4来表示:

表7-4　企业成长过程中实行多样化经营的条件

条件 扩大规模方式	是否达到 最优规模	市场容量 是否饱和	现有产品有 无竞争力
1.老厂改造:增加现有产品的产量	否	否	有
2.建新厂或兼并其他企业:增加现有产品的产量	是	否	有
3.建新厂或兼并其他企业:进行多样化经营		是	无

2.提高企业适应市场变化的能力。当今的市场,由于受科学技术进步、激烈的市场竞争、国际政治经济等因素的影响,变化是很快的。产品单一的企业,虽然有利于组织专业化大批量生产,带来"规模经济"效益,但是,一旦市场需求发生较大的变化,就会对它产生很大的冲击,甚至会陷入危机。而产品多样化的企业,由于可以通过调整产品

的结构来适应市场的变化,因而具有较强的适应市场变化的能力。所以,大企业一般都采用多样化经营的战略。比如,日本的三菱重工,原先的经营方向是造船,60年代逐步向多样化经营方向发展,企业适应市场变化的能力得到提高。石油危机发生后,世界造船业也陷入了不景气的状况,于是它调整产品结构,把力量转入汽车、飞机制造、建筑机械、电气设备制造等行业,使这些行业的产品获得了较大的发展。

3. 利用内部资源。企业内资源的不平衡性和依存性是经常存在的,这决定了企业内部具有未利用资源的必然性。进行多样化经营能使企业内部的资源得到充分利用。

(1)在进行多样化经营的过程中,企业的技术装备能力可以得到比较充分的发挥。在专业化生产企业中,技术装备虽然是按照产量的要求和工艺流程的要求来配置的,多数装备的生产能力能得到充分发挥,但是也不可避免地会存在着某些设备能力有富余的状况,特别是某些通用设备和水、电、气、通风、供暖等公共部门,它们的能力一般都有富余,实行多样化经营能使它们的能力得到较充分的发挥。

(2)进行多样化经营能使企业的原材料、副产品得到充分利用。在对某些原材料进行连续加工和深加工的行业,如冶金、石油化工、普通化工等,企业进行多样化经营不仅可以使原材料、副产品得到充分利用,而且对减少污染、保护环境也有好的作用。举例来说,钢铁公司炼铁要用焦炭,但炼焦时不仅出焦炭,而且出焦油、沥青等副产品,而这些副产品又是化学工业原料,所以生产焦炭的企业又可以同时利用其副产品生产化工产品,而且它们比单独的化工企业有原料保证和降低费用的优势。

(3)可以共享技术。许多技术知识是存在密切联系的,进行多样化经营能使原有的技术得到较好的运用。特别是大企业研究开发力量都较雄厚,它们不仅进行一般的技术和产品开发的研究,也进行基本原理方面的研究，这种研究不仅对改进企业的原有技术和产品有帮助，而且对研究开发全新的技术和产品也有帮助，因此，实行多样化经营可以节约研究与开发的费用。

（4）实行多样化经营还可以利用企业已经树立起来的市场形象，降低产品进入市场的费用。企业形象是企业经过长期努力树立起来的，树立企业的形象是要大量投资的，但是，一旦企业树立起了良好的形象，又会使企业的产品能较容易得到用户和消费者的承认，从而降低产品进入市场的费用，特别是在市场上已经有很高的知名度的企业，这方面费用的节约会更加明显。

4. 减少经营风险。企业在经营过程中难免会遇到风险。产生风险的因素很多，包括经济的衰退或经济危机的出现，市场对某种产品的需求急剧减少，某种新产品取代了老产品，一些企业发明和采用了新技术、新工艺而大幅度提高了生产率和降低了产品的价格，等等，这些因素都有可能使有些企业遇到风险。减少风险的办法很多，办法之一就是实行多样化经营，因为一种经营活动的坏运气会被其他经营活动的好运气所抵消，企业的收益率能保持比较平稳的状态。这也就是人们常说的"不能把鸡蛋放在一只篮子里"，而是要在多领域投资，以达到"东方不亮西方亮，黑了南方有北方"的效果。

5. 科学技术进步的影响。科学技术进步也是促使企业向多样化经营发展的重要因素。首先，科学技术进步给企业的发展带来了良好的机遇。科学技术进步不仅产生了许多新技术、新工艺、新材料，促进了传统产业的改造和老产品的升级换代，而且还促进了大量新产品和新产业的诞生，促进了社会分工的深化，使一些行业从原来的产业部门分离出来。这些新产品和新产业创造出了一个个崭新的需求量很大的市场，给企业的发展带来了良好的机遇。谁抓住了这些机遇，谁就能高速地发展。这就刺激企业向这些高技术产业发展，实施多样化发展战略。

其次,科学技术进步导致市场需求的多样化,市场需求从狭义的有形商品发展到技术、劳务、信息等无形商品,形成了需求内容的多样性;同时,对有形商品的需求也形成了许多不同的层次。适应市场多样化的需求的动机,也促使企业采用多样化发展的战略。再次,科学技术进步迫使企业投入大量的人力、物力和财力进行新技术和新产品的研究与开发,这种研究开发的成果往往能在多领域运用,而且成果的运用会给企业带来新的发展机遇或使企业处于有利的市场竞争地位,这也进一步刺激企业向其他经营领域发展。

三、多样化经营战略的类型与选择

(一) 多样化经营战略的分类

按照不同的标准,对多样化可以进行不同的分类。在许多著作中我们经常可以看到作者是按照多样化经营的扩散方向来分类的,他们把多样化经营分为水平多样化、纵向多样化和侧向多样化。在国外,美国的鲁梅尔特的分类法也被广泛采用。下面我们将按照他的分类法对多样化经营的情况作一些分析。

该分类法引入了专业化率(specialization ratio)和关联比率(related ratio)这两个量的概念作为分类标准。它们可以用以下公式表示:

$$专业化率(SR) = \frac{企业最大经营项目的销售额}{企业的销售总额}$$

$$关联比率(RR) = \frac{企业最大一组以某种方式相关联的经营项目的销售额}{企业的销售总额}$$

根据上述两个量，鲁梅尔特将多样化经营分为以下几种类型（见表7-5）。

表7-5 鲁梅尔特的多样化经营分类

类型		特征
主导型D $0.70 \leq SR < 0.95$	主导集约型（DC）	除具有主导型的一般特征外，各个项目均相关联，联系呈网状
	主导扩散型（DL）	除具有主导型的一般特征外，各项目只与组内某个或某几个项目相关联，联系呈线状
	垂直统一型（V）	垂直统一率（Vertical Ratio）＞0.70
关联型R $SR < 0.70$ $RR \geq 0.70$	关联集约型（RC）	除具有关联型的一般特征外，各项目均相关联，联系呈网状
	关联扩散型（RL）	除具有关联型的一般特征外，各项目只与组内某个或某几个项目相联系，联系呈线状
非关联型U $RR < 0.70$		各个项目没有联系

从表7-5可以看出按照鲁梅尔特的分类法，多样化经营可以分为主导型D（dominant business）、关联型R（related business）和非关联型U（unrelated business）三种基本类型。为了研究多样化经营内部关系的需要，又引出了主导集约型DC（dominant constrained）、主导扩散型DL（dominant linked）、垂直统一型V（vertical）、关联集约型RC（related constrained）和关联扩散型RL（related linked）等五个分支类型。关于这六种类型的基本特征在表中已经有简要的说明，我们不再赘述。这里需要补充说明的是，主导型和关联型除可以按照关联程度分为主导集约型、主导扩散型、垂直统一型、关联集约型和关联扩散型外，还可以按照关联内容分为技术关联型、市场关联型和市场–技术关联型三种形式。

技术关联型是指企业生产的各类产品虽然在用途方面各不相同，但是在研制、制造过程中却存在某种联系。如日本川崎重工业公司以造船和飞机制造技术为中心开发生产船舶、车辆、飞机、钢铁、飞机发动机产品。

市场关联是指企业生产的产品在技术上没有联系,但是在销售市场方面却有较密切的联系。如日本的一家照相器材公司,它生产感光胶片、照相机和影印机,这些产品技术上没有联系,但是市场却联系密切。又如美国的 FMC 公司,原来只是生产食品机械和收割机,在销售收割机的过程中掌握了农民对农用化工产品的需求情况,就利用原有的农业市场和销售渠道发展农用化工产品,既满足了农民的需要,又使企业得到了发展。

市场-技术相关型是指企业的产品不仅在市场方面存在一定的联系,而且在技术上也有联系。如日本的松下、索尼、三洋等公司以生产家用电器为主,这些产品不仅同属于电子工业,在生产技术上有必然的联系,而且面对的销售市场也相关。

(二) 美、英、日等国企业多样化经营类型的构成的分析

为了对多样化经营的类型作进一步研究,我们有必要考察一下一些发达市场经济国家的企业多样化经营类型的构成状况(见表 7-6、7-7、7-8)。

表 7-6　1964—1969 年美国企业多样化经营类型的构成

类型		比例 (%)		
		1949	1959	1969
S		34.5	16.2	6.2
D	V	15.7	14.8	15.6
	DC	18	16.0	7.1
	DL	1.8	6.4	6.5
	合计	35.5	37.2	29.2

（续表）

类型		比例（%）		
		1949	1959	1969
R	RC	18.8	29.1	21.6
	RL	7.9	10.9	23.6
	合计	26.7	40.0	45.2
U		3.3	6.6	19.4
总样本数		189	207	183

资料来源：同表 7-1。

表 7-7　1971—1979 年英国企业多样化经营类型的构成

类型	比例（%）	
	1971	1979
S	41.5	26.8
D（V，DC，DL）	16.6	19.5
R（RC，RL）	18.5	25.9
U	23.4	27.8
总样本数	205	205

资料来源：同表 7-2。

表 7-8　1958—1973 年日本企业多样化经营类型的构成

类型		比例（%）			
		1958	1963	1968	1973
S		26.3	24.3	19.5	16.9
D	V	13.2	15.3	18.6	18.6
	DC	14.9	11.0	10.2	11.0
	DL	6.1	5.9	8.5	6.8
	合计	34.2	32.2	37.3	36.4
R	RC	14.9	19.5	14.4	14.4
	RL	15.9	16.1	22.0	25.4
	合计	30.8	35.6	36.4	39.8

（续表）

类型	比例（%）			
	1958	1963	1968	1973
U	8.7	7.9	6.8	6.9
总样本数	114	118	118	118

资料来源：同表7-3。

根据上面的资料，我们可以得出以下结论：

1. 从一般规律来说，企业的多样化经营是按照主导型→关联型→非关联型的次序发展的。企业发展的关联产品越多，企业内部资源越能够得到有效使用，企业的经营效益也会越好。所以多数企业都愿意采用主导型和关联型的战略，在这方面美国和日本不相上下。美国企业采用主导型和关联型战略的占74.4%（1969年），日本为73.7%（1968年），英国比较低，只有35.1%（1971年）。所以从理论上说，日本企业实行多样化经营的效果要比美国、英国的好，这与实际情况是一致的。

2. 日本企业采用非关联型（U）战略企业的比例要比美英企业低得多。表中的数字显示，日本企业采用非关联型战略的只占6.8%（1968年），美国企业为19.4%（1969年），英国企业为27.8%（1979年）。而且在1963—1973年的10年里，采用非关联型战略的日本企业比例几乎没有大的变化，1963年为7.9%，1973年为6.9%，而采用非关联型战略的美英企业的比例却在大幅度增加，其中美国企业在1959—1969的10年间从6.6%增长到19.4%，增长了12.8个百分点；英国企业在1971—1979年的8年间从23.4%增长到27.8%，增长了4.4个百分点。之所以出现这种状况，日本的学者Kono认为主要有两方面的原因：一是60、70年代日本经济处在高速增长期，社会对各种产品的需求量很大，企业不需要向别的行业发展也有成长的机会，没有实行非关联型战略的压力。而美英在同时期则处于经济稳定增长时期,甚至出现经济衰退与滞涨,这就导致市场需求下降,企业原有产品领域已经饱和或过剩,企业在原有产品领域已经无发展的空间,只得另谋出路。二是日本产业之间竞争十分激烈,产业进入壁垒很严,进入代价很大甚至无利可图,没有强大的实力、不形成一定的规模和没有竞争优势的产品要想将触角伸入别的产业是很难的。我认为,仅仅从这两方面来解释日本企业不采用非关联型多样化发展战略是不够的。他们忽视了以下两个十分重要的因素:其一,日本的经济是一种外向型经济,出口在国民经济中占有十分重要的地位。特别是许多大企业,其产品具有很强的国际竞争力,它们以整个世界为自己的市场,产品不仅出口到发展中国家和不发达国家,而且还大量出口到发达国家。由于它们的产品有稳定宽广的市场,它们用不着采用代价很高的非关联型多样化战略。其二,日本的产业组织程度很高,在产业组织中企业集团具有十分重要的作用。这些企业集团是以某个银行为中心、在集团成员企业相互持股的基础上建立起来的。以银行为中心,就决定了进入集团的企业在生产经营的联系上各不相同,有的联系密切,有的联系松散,有的甚至没有联系。但是相互持股又决定了它们在利益上存在着紧密的关系。这就从两方面影响日本企业非关联型的多样化战略的比例。一方面,大企业无须采用跨行业建新厂或跨行业合并,而通过不同行业的企业之间相互参股的办法同样可以达到采用非关联战略多样化的目的;另一方面不同行业的大企业之间形成了一种制约关系,容易达成某种协议,轻易不跨行业发展。而且,企业集团这种形式的存在,也给专家学者分析多样化战略的类型带来了困难,如果从一个公司的角度考察,采用多样化经营和采用某种多样化战略的企业的比例就低,如果从集团的角度考察,这些比例就会有很大的差异。

3. 美国、日本企业采用垂直统一型(V)经营战略的比例都相当稳定,没有大的变化(缺少英国企业的数字)。在1949—1969年的20年间,美国企业一直保持在15%左右。日本企业变化的幅度也很小,特别是在1968—1973年的5年间采用这一战略类型的企业比例没有发生变化,都是18.6%。出现这种状况的主要原因是,采用这种经营战略受到行业特征的限制,只有那些在生产经营上具有较强的纵向联系的企业如石油化工、冶金、纺织等特殊行业才有可能采用垂直统一型经营战略。

4. 采用主导型(D)战略的企业比例呈下降的趋势,美国从1949年的35.5%下降到1969年的29.2%,日本从1968年起开始下降,英国虽然有所增长,但是增长的幅度不大,1971—1979年只增长了2.9个百分点。特别是美国和日本企业采用主导集约型战略(DC)的企业比例明显降低。1949年采用这种战略的美国企业为18.0%,到1969年下降到7.1%,降低了10.9个百分点;1958年采用这种战略的日本企业为14.9%,到1973年下降到11.0%,降低了3.9个百分点。造成这种状况的主要原因是:企业生产的产品种类增加,产品之间的关联比率下降;各种产品之间的网状联系减少,线状联系增加。其结果是主导型的比例降低,关联型(R)特别是关联扩散型(RL)的比例上升。

(三)影响多样化经营战略和战略类型选择的主要因素

影响多样化战略和战略类型选择的主要因素很多,这里我们只能对一些主要因素进行一些分析。

1. 企业规模与实力。一般来说,企业规模大、实力强,就越有条件采用多样化经营战略,而且生产的产品种类也越多。据统计,1970年美国最大的500家工业公司中,有94%是从事多样化经营的。在美国的制造业中,50年代中有89个企业的经营领域跨10个行业以上,到

1968年经营领域跨10个行业以上的企业发展到了146个。①据美国联邦贸易委员会调查统计，1969年，美国制造业的200家最大公司中，181家生产的产品平均每家有33个种类，按照经营部门计算，平均每家跨20个产业部门。②有些超级大公司的产品种类达到几百种，如国际电话电报公司，在全球90多个国家和地区设有200多家分公司和子公司，它们的经营范围除通信外，还涉及食品、人造纤维、建筑、旅馆、人寿保险、出租汽车、图书出版、医院、军事工业等领域。通用汽车公司生产的产品达300种以上，主要生产汽车，同时也制造柴油机、工业设备、家用电器、电机、铲土机、飞机和飞机发动机以及军工产品，如导弹、潜水艇、宇宙飞船等。百事可乐集团的主要产品是饮料，但是近些年来，它也在向其他领域发展。百事可乐集团公司在全球拥有1.9万家餐厅，已成为世界上最大的餐厅业集团，百事可乐集团的薄饼店、炸鸡店及墨西哥食品店等快餐业务，均是快餐市场中规模最大、增长最快的，1990年销售总额达到110亿美元，除美国外，它的薄饼店已经遍布世界58个国家，炸鸡店则已在59个国家营业。目前，百事可乐集团的产品和服务种类也已达到上百种。③

日本大企业采用多样化经营的比例也很高，而且产品种类在增加。据日本通产省80年代初对东京地区300家大企业的调查，产品种类比60年代增加50%的有165家，增加70%的有72家，增加100%的有31家。④有些大公司的产品达到上百种。如神户造船厂，名曰造船厂，实际上造船只是它的主要业务之一，除造船、修船、改造船外，它还制造钢铁结构件、锅炉、热核电站设备、柴油发动机、炼油设备、有机和无

---

① 刘海云：“企业多角化经营的科技动因”，《技术进步》1994年第6期。
② 洪成：“国外大企业的多样化经营”，《经营与管理》1987年第10期。
③ 郭正则：“发挥集团公司综合优势，多领域多渠道拓展市场”，《消费日报》，1991年2月22日。
④ 《最优化报》，1987年4月27日。

机化工设备、石化设备、炼钢炼铁设备、单轨铁道及新式交通工具,以及航天设备等,它生产的产品达到150多种。

其他市场经济国家企业的多样化经营也是很普遍的。比如,在英国、德国和意大利三国的前100家最大的企业中,实现了多样化经营的,英国为94%,德国为78%,意大利为90%。

2. 行业特征。行业特征既影响企业多样化的比例,又影响多样化经营的类型。表7-9、表7-10是日本、美国一些主要行业实行多样化经营的情况。

表7-9 日本各主要行业实行多样化经营的情况

产业	一般机械	运输机械	汽车	电气机械	精密机械	钢铁	有色金属	化学工业	纤维工业	平均
多样化率(%)	57.6	53.1	17.7	61.7	61.8	48.4	55.2	67.9	60.4	53.8

资料来源:日本通产省产业政策局企业行动课编:《综合经营力指标——制造业》,1988年版。

表7-10 美国若干行业多样化经营类型的分布

类型 行业	S	V	DC	DL	RC	RL	U	合计
木材、家具	3	0	0	0	0	0	0	3
陶瓷、玻璃、水泥制品	1	1	2	0	2	2	2	10
纺织	4	5	3	0	4	0	1	17
交通设备	0	0	1	0	5	0	1	7
电子工程	2	0	1	3	5	2	4	17
机械工程	5	0	4	3	16	23	9	60
食品、饮料、烟草	2	1	6	1	9	0	1	20

资料来源:Grant Rober M., "Performance Differences Between the Wrigley/Rumelt Strategic Categories," *Strategic Management Journal*, vol 9, 333-346 (1988)。

从表7-9、表7-10可以看出,实行多样化经营比例最高的是化学工业，其次是机械工业和化纤工业，这些行业从事多样化经营的企业都在60%以上。很显然，这种状况是与这些行业特征分不开的。首先，这些行业都是一些成熟的产业，本行业发展已经较充分，竞争激烈，企业要在本行业内发展已经相当困难。其次，这些行业适合大规模生产，因此，企业的规模比较大，实力强，有向外行业扩张的实力。再次，这些行业具有实行多样化的生产技术特征。上面我们已经提到过，像化学工业、冶金、纺织工业等行业适于向前后向发展，实行垂直统一经营；机械工业则适宜采用关联型的多样化经营。相反，汽车工业由于适合大批量生产，这个行业的多样化经营的比例就比其他行业低。

3. 企业的生命周期。企业像人一样，也是有生命周期的。企业的生命周期可以分为孕育期、求生存期、高速发展期、成熟期、衰退期和蜕变期。[①] 企业进入成熟期后，已经发展到一定的规模，经济实力增强，已经形成了自己的特色产品甚至名牌产品，原来的产品市场已经逐步饱和，已经无多大的发展余地。所以，一般说来，企业只有进入了成熟期之后才有可能向多样化经营发展。

4. 管理组织结构。企业管理组织结构的变化特别是事业部制的产生对多样化经营有很大影响。到底是事业部制的产生带来了多样化经营，或者是多样化经营促进了事业部制的产生，专家、学者们有不同的看法。比如，戈特就认为是事业部制产生后为了充分利用这种管理资源才产生多样化经营。他举例说，美国的化学工业是在采用事业部制后不久，即20世纪30年代开始实现多样化经营的。也有的学者认为是实现了多样化经营后，因为管理的需要才产生了事业部制。不管是谁先产生，有一点我们可以肯定，实行事业部制可以促进多样化经营的发展。因为事业部制是一种适度分权的管理组织结构。公司总部只管公司的大政方针，各事业部都是一个个利润中心，要对盈亏负责，而且许多事业

---

① 陈佳贵：《企业学》，重庆出版社1988年版。

部都是按照产品种类组织起来的,在产品发展上有很大的自主权。各个事业部产品种类的增加,自然会加速公司多样化经营发展的进程和范围。

四、多样化与专业化的关系

表面看起来,多样化率和专业化率是矛盾的。多样化率和专业化率是一种反比例的关系。多样化率越高,专业化率就越低。有些人甚至认为多样化是对专业化的一种否定。我认为,这样笼统的不加分析的结论是很片面的。

首先,这种结论只有对单厂企业才有可能成立。单厂企业是一个企业只有一个工厂,在这种情况下,增加企业的产品种类,自然就会降低企业的专业化率。在现实生活中,这种单厂企业采用多样化经营的确实存在,但是在实行多样化经营的企业中所占的比例较低,更多的企业是多厂企业,而且每一个工厂只生产一两种产品,所以,对企业整体来说虽然是实行了多样化经营,对每一个工厂来说,仍然是实行专业化经营,或者说专业化程度仍是比较高的。它们的关系可以如图 7-1、图 7-2 来表示。

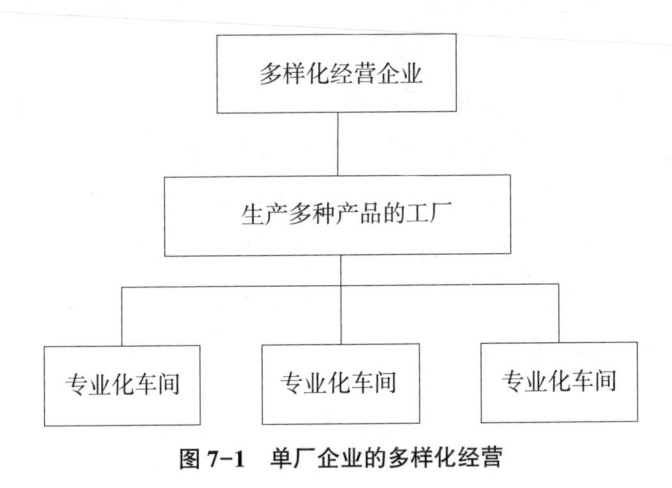

图 7-1　单厂企业的多样化经营

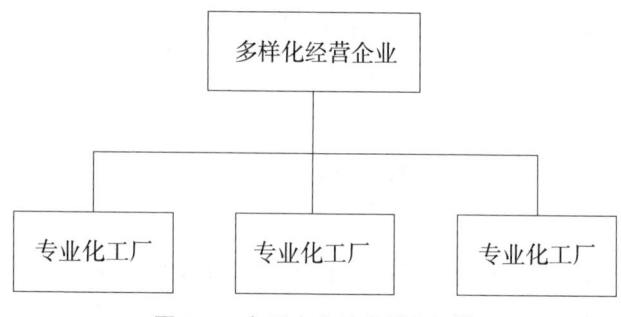

```
        ┌─────────────────┐
        │  多样化经营企业  │
        └────────┬────────┘
       ┌────────┼────────┐
  ┌────┴───┐ ┌──┴───┐ ┌──┴────┐
  │专业化工厂│ │专业化工厂│ │专业化工厂│
  └────────┘ └──────┘ └───────┘
```

图 7-2　多厂企业的多样化经营

其次，专业化可以分为工艺专业化、零部件专业化（对象专业化）和产品专业化。对单厂企业来说，它虽然不能实行产品专业化，但是它仍然可以组织工艺专业化和零部件专业化生产，即按照工艺相同或零部件相同的原则来设置工段、车间，实行工艺专业化或零部件专业化生产。

通过以上分析，对专业化与多样化的关系我们可以得出以下结论：

（1）多样化是在专业化的基础上发展起来的。多样化经营必须以专业化生产为基础（包括工艺专业化、零部件专业化和产品专业化），没有这个基础，也不可能很好地进行多样化经营。

（2）多样化不是对专业化的简单否定，而是改变了专业化实现的形式，是专业化的发展，是更高层次专业化的体现。

（3）多样化经营促进生产组织形式的改变，如采用成组技术、柔性生产线等，但是这些形式也是以专业化为基础发展起来的。

（4）多样化与专业化也存在区别。专业化是与大规模生产相联系的，是实现规模经济的要求；多样化虽然也要求尽量扩大生产规模，但是它主要不是规模经济的要求，而是成长经济的要求，即企业要充分利用自己的内部资源的要求。

第八章　企业联合与企业集团

在市场经济条件下，价值规律及由它派生出的竞争规律对企业的发展起着支配作用。竞争—联合—合并是企业发展的普遍规律。

扩大企业的规模，既是企业自身利益的需要，也是提高企业市场竞争力的强烈要求，但是，企业规模的扩大受到内部因素和外部因素的约束。在内部约束因素方面，主要是由于企业过大，就不可避免会出现大企业病，使企业的效益降低；在外部约束方面，主要来自政府的反垄断法。随着市场经济的发展和成熟，为了防止垄断，保持经济的竞争力，国家会制定反垄断法来限制企业在同一行业的过度发展。内外部因素都迫使一些大型企业改变组织形式，采用集团的形式来发展自己。

早在"二战"之前就存在与企业集团类似的企业组织，如财团、财阀、康采恩等等，但是，当时人们还没有明确提出企业集团这个概念。企业集团一词最先是由日本人在"二战"后提出来的，由于它比具有垄断性质的财团、财阀和康采恩等具有较好的名声，法律对这种企业组织形式也没有明确的限制，所以很快就在世界上流行起来。不过人们在使用企业集团这个词的时候，所给予它的含义并不是完全相同的。比较一致的看法是，企业集团应该是在经济、技术、生产经营上有联系的企业通过一定的方式结合而成的经济联合体。如日本学者金森久雄、荒宪治郎、森口亲司 1986 年主编的《经济辞典》给企业集团所下的定义是：企业集团是"多数企业互相保持独立性，并互相持股，在金融关系、人员派遣、原材料供应、产品销售、制造技术等方面建立紧密关系而协调行动的企业群体"；日本学者山田一郎在《企业集团经营论》一书中对企业集团也有类似的定义，他指出：企业集团是"以各成员企业在技术及其他经济机能上的互相补充为目的，以成员的自主权为前提，在对等互利原则下结成的持续长久的经营结合体形态和经营协作体制"。而在对企业集团进行分析时，有的学者把企业集团和企业系列、企业群体区分开来；有的学者又把企业系列、企业群体只看作企业集团的不同类型。我们不偏重企业集团的理论研究，而是重点研究大企业的发展规律和发展趋势，因此我们将采用后一种归纳法，即只把企业系列、企业群体当作企业集团的具体形式来对待。

一、企业集团的兴起和发展

企业集团的出现可以追溯到20世纪初，当时资本主义正处在由自由竞争阶段向垄断阶段过渡期，在一些比较发达的资本主义国家里出现了不少称为财团、财阀、康采恩的垄断组织，它们与现在人们所说的企业集团有许多相似之处。这类垄断组织是由不同产业的一些企业联合组成的一种垄断组织。这种垄断组织的目的是在销售市场、原材料产地和投资场所的竞争中获得优厚利润。参加这类组织的企业虽然在形式上保持着各自的独立性，但是实际上已经被大企业特别是大银行所控制。这种组织通常采用母子公司的结构，母公司（由大企业特别是大银行充当）通过控股、参股的办法控制着许多中小企业从而形成了一个规模巨大的康采恩财团。20世纪初，美国的第一批垄断财团就形成了，当时大约有15—20家工业和银行集团，其中，实力最雄厚的是摩根财团和洛克菲勒财团。它们控制了397亿美元的资本，占当时美国工业和银行总资产的36%。在第二次世界大战前，摩根、库恩-罗比、洛克菲勒、芝加哥、梅隆、波士顿、克利夫兰等垄断财团基本上控制了美国的经济。

战后由于经济发展的新要求和各国政府实行反垄断政策等原因，这种垄断组织为了生存，不得不进行某些改革，逐渐发展成企业集团。企业集团和战前的财团、财阀及康采恩一类的组织并没有实质上的区别，它们的具体差别主要表现在四个方面：一是在企业集团中工业企业的作用更加突出了。在企业集团中，银行和其他金融组织虽然仍起着十分重要的作用，但是它们已不像在财团和康采恩这类组织中那样起支配作用了，美国吸取1929年经济危机的教训，还严格限制银行对企业进行直接投资。相反，由于工业企业是直接给社会提供各类产品和服务的，它们的影响远远超过了金融企业，有些集团内部还设立了自己的银行或者其他金融机构，在集团内部工业企业的地位加强了。二是企业集团类型增加了。企业之间的紧密联合方式不再局限于财团和康采恩的组织形式，还出现了企业系列等新形式。三是企业集团普遍实行了跨国经营，变成了跨国公司，以致在许多时候，人们常常把企业集团和跨国公司相提并论。四是一些国家的国有企业也加入了集团的行列，如西班牙的伊尼集团、意大利的伊里集团和埃尼集团等都是以国有企业为主体组建起来的。

把财团改造成企业集团的首先是日本。战前日本形成了三菱、三井、住友、安田等四个大财阀，它们控制着日本的经济命脉并成为军国主义分子发动侵略战争的经济后盾。战后美国占领军强制解散了它们。然而就在解散的同时，实际上又已经做好了重组的准备，如建立经理会等。50年代中期，日本进入了恢复高潮期，投资十分活跃，旧财阀系统中的三菱、住友、三井银行通过发放"系列贷款"等措施分别将旧财阀系列纠集在一起，重组了旧财阀体系，分别形成了三个大的企业集团。这就是人们常说的"三老"集团。在旧财阀三大集团形成以后，一些企业为了应付激烈的竞争，便依存于大银行而聚集在一起，形成了以大银行为中心的富士集团(也称芙蓉集团)、三和集团、第一劝业集团。由于它们是后起之秀,与"三老"集团相比,没有战前的传统结构,所以称为"三新"集团。

随后,在经济高速增长期发展起来的一批大型重化工企业和电子工业企业,由于本身规模的扩大和生产经营的需要,联合一批中小企业形成了一些以某一特定产业为基础的产业集团。如冶金行业的新日铁和住友金属,汽车行业的丰田和日产,家电行业的松下和东芝,电子行业的日立和日本电气,交通行业的日本航空和日本铁道,流通行业的大容和八佰伴等都是很有代表性的产业集团。这类企业集团与上述企业集团有一些重大区别。首先,它们是以一个大型的、实力雄厚的工商企业为核心,联系一大批中小企业建立起来的,而不像上述六个企业集团是以金融机构为核心形成的。其次,集团各成员企业之间的资金联系是以参股、控股的方式实现的,集团内部设有银行,它们不依赖银行的系列贷款。再次,集团成员之间在生产、技术和经营方面存在着一定的联系,往往是中小企业为核心大企业提供零部件和其他服务,而且通过稳定的承包、加工订货等形式来加强这种联系。正因为如此,有些学者又把这类企业集团称为企业系列或者企业群体。

继日本之后,其他发达资本主义国家的一些垄断组织也改革了内部的产权结构、管理组织结构和联系方式,逐步完成了向企业集团的转变。

在发达国家的垄断组织向企业集团转变的同时,一些新兴的工业化国家和地区的企业集团也逐步发展起来,尤其是韩国的企业集团更是引人注目。早在50年代末期,在韩国的建筑业和轻工业中就形成了三星、现代、乐喜-金星、双龙、韩国火药等初具规模的企业集团。60年代,韩国推行"出口主导型"经济发展战略,将私营大企业作为出口主力军,并为它们提供低息贷款和出口补贴,这使它们的资本和实力迅速扩张,培植了一批像大宇这样的生产经营轻纺产品为主的企业集团。进入70年代,韩国转而实施重化工业的进口替代战略,依靠大量国外借款,扶植私营大企业集团,三星、现代、乐喜-金星等集团在这一时期进一步扩大经营领域和实力,成为大型企业集团。同时,鲜京、韩进、乐天等一批新的企业集团也相继发展起来。

二、企业集团的地位与作用

(一)企业集团的地位

企业集团出现后,随着规模的扩大和实力的增强,它们在各个国家的经济发展中的地位日益显著。在70年代,美国最大的220家大公司中,属于洛克菲勒、摩根、第一花旗银行、波士顿、杜邦、梅隆、克利夫兰、芝加哥、加利福尼亚和得克萨斯等10大集团的就有16家,它们中的大部分都拥有10亿甚至上百亿美元的资产,这些大公司本身就是巨大的垄断组织,拥有一大批子公司、孙公司,而一个大的集团(财团)控制着几个乃至几十个垄断组织,其影响就更加广泛了。日本的企业集团对日本经济的发展更具有举足轻重的作用。1991年,六大集团(即"三老""三新")中参加"总经理会"的企业数占全国的0.008%,就业职工占3.8%,总资产占12.98%,销售额占14.32%,纯利润占15.21%,持有股票占上市总量的25%,银行融资占全国的36.8%。[①] 如果把企业系列这种集团形式包括在内,几乎所有大企业都"各有归宿",它们控制着日本经济的命脉。在德国,企业集团通过其子公司、关联公司也控制了国家的国民经济命脉。例如,德国全部企业销售额的1/4,都

---

① 姜波:"日本企业有两大主力军:企业集团和企业系列",《经济日报》,1993年11月6日。

集中在 100 家大公司中。1990 年,奔驰集团年销售额达 855 亿马克,西门子为 631.85 亿马克,赫希斯特为 448.62 亿马克,占德国前 20 家企业集团年销售额的 23.7%。目前,这 20 家企业集团所属的行业涉及汽车、电子、航空、能源、化工、邮电、机械、商业、煤炭和交通等 10 多个行业。[①] 与其他国家比较,韩国的企业集团在该国经济中的地位尤显重要。据统计,1987 年,韩国前 30 个大企业集团的销售额达到 1226 亿美元,与韩国当年的 GNP 不相上下;1991 年,韩国前 50 个大企业集团的销售额达 2188 亿美元,占当年韩国 GNP 的 77.9%。1983 年,前 10 名大企业集团的出口贸易额达 126.6 亿美元,占当年韩国出口贸易额的 51.8%。1990 年,前 7 位的大企业集团的出口贸易额达 247.4 亿美元,占当年韩国出口贸易额的 38.1%,其中,三星集团一家 1990 年的出口贸易额就达 63.3 亿美元,接近韩国当年出口贸易总额的 10%。[②] 所以,有的韩国学者认为,"财阀(企业集团)就是韩国经济之全部的说法并非夸大其词。由于财阀在整个国民经济中所占的比重和发挥的作用如此之大,故可以说没有对财阀的理解,就不能理解韩国的经济"。[③] 在其他国家,企业集团对其经济发展的作用也越来越重要。

(二)企业集团的作用

企业集团作为一种紧密的经济联合体组织在企业经营与发展中的作用越来越明显。

1. 可以使成员企业做到扬长避短,优势互补。企业集团多是以一

---

① 姚振贵等:"德国企业集团的管理",《财政研究》1992 年第 1 期。
② 张英:"韩国是如何焕发企业集团活力促进经济发展的",《社会科学战线》1993 年第 3 期。
③ 朴炳润:《韩国五十大财阀》,韩国日报社 1986 年版。

个大企业为核心,联合一大批中小企业而形成的。在本书的第一章中我们已经分析过大企业和中小企业各自的优劣势,比如,大企业经济实力强、技术装备好、人员素质高,在采用大功率设备、组织大批量生产、新产品开发、开拓国际市场等方面有许多优势,但是,大企业也有自己的劣势,如船大难掉头、管理复杂、工资高等。大企业的优势正是中小企业的劣势,而大企业的劣势则正好是中小企业的优势,它们联合起来可以更好地做到扬长避短,优势互补。比如,在日本,100—990人的中型企业职工的工资只有大企业的77%,30人以下的小企业职工的工资只有大企业的55%,大企业将零部件让这些企业去加工,大大降低了零部件的成本。

2. 在生产要素的供给和产品的销售方面能够产生稳定的协作关系。企业集团将原来各企业间的纯市场关系变成了一种准市场关系,使企业的许多购销活动都在集团内部进行,而这种内部交易还有某些优惠。因此,集团的中小企业不仅能从银行得到比较稳定的贷款,而且能从大企业得到比较稳定的符合要求的原材料供应。大企业也能从中小企业那里获得高质量、低价格的零部件。这样,就减少了一些不必要的中间环节,节约了交易成本,提高了经济效益。据调查,在日本集团单个企业之间直接交易量占10%左右,但集团内通过综合商社(日本企业集团中的重要成员)进行内部交易的比例约占20%。从集团看,集团内企业间交易累加比例约占40%。①

3. 有利于组织专业化协作。大企业将许多零部件固定给大批中小企业去生产,就可以大大降低本企业零部件生产的种类,从而为提高专业化水平和组织大批量生产创造条件。同时,零部件转移给中小企业生产后,中小企业由于有了稳定任务,它们也能够按照小而专的方向发

---

① 杜娟、邱维纲:"日本的股份制与企业集团",《机电日报》,1993年2月16日。

展，形成一定的生产规模，取得规模经济效益。据有关资料显示，在日本的丰田集团里，丰田公司汽车零部件的自给率只有30%，其余70%全部发包给集团内的中小企业生产。接受丰田公司一次发包的企业有248家；这248家还要向4000家企业二次发包，而且还有3万家企业接受三次发包。①

4. 有利于提高产品质量。企业集团通过设立专门的科研机构和质量检测机构，制定出严格的质量标准，建立一整套严格的质量控制制度，对集团内所有企业实行严格的质量管理。同时，大企业可以将开发新型部件的工作承包给中小企业，自己集中力量突破关键技术，而中小企业由于只研究某几个零部件，也容易创新。这样有利于提高产品的总体质量。

5. 企业集团是进入国际市场的先遣队和国际市场的主力军。国际市场竞争激烈，单个企业势单力薄，很难进入。只有组成联合舰队才能有所作为。从各国的情况来看，率先进入国际市场的都是一些企业集团，从这种意义上说，企业集团是进入国际市场的先遣队。进入国际市场后，它们又逐渐发展成跨国集团。这种跨国集团又成了活跃在国际市场的主力军。据统计，在1960—1977年间，德国最大的15家企业集团的营业额增加了5倍，其中，国外实现的营业额增加了7倍，国外实现的营业额占营业总额的比重从23.8%上升到33.2%。1990年，在法国按照营业额大小排列的最大10家工业集团中，国外实现的营业额高于50%的有8家，其中，佩希尔公司集团最高，达81.0%，其次是罗纳—普朗克公司集团为77.0%，托道达尔集团为72.3%，汤姆逊公司集团为70.3%，埃勒夫—阿基坦石油公司为66.0%。②

---

① 姜波："企业有两大主力军：企业集团和企业系列"，《经济日报》，1993年11月6日。
② 黄文杰："美日欧国家外贸企业集团初探"，《世界经济文汇》1993年第3期。

三、企业集团的类型及特征

（一）企业集团的类型

由于各个国家在企业制度、银行制度和经济法规等方面存在着某些差异，形成了不同类型的企业集团，下面我们将着重介绍一下日本、德国、美国和意大利等国的企业集团。

1. 日本的企业集团。日本的企业集团有两种类型：财团型企业集团和系列型企业集团。

日本的三菱、住友、三井、富士、三和、第一劝业等集团都是财团型企业集团。它们的主要特征是：

（1）银行在集团中处于支配地位。在这种集团中实现了金融资本和工业资本相结合，但是起支配作用的不是工业资本，而是金融资本。大银行和其他金融机构通过发放贷款、参股、控股等手段使自己成为集团的核心，生产经营企业则围绕着大银行而组织起来。

（2）集团内的成员企业相互持股。集团成员企业被本集团各成员企业持股率合计（相互持股率）比较高，1989年六大集团相互持股率平均为21.64%，其中"三老"为27.46%，"三新"为15.82%。

（3）集团设"总经理会"，协调集团成员企业之间的重大事务。参加"总经理会"的企业为集团的正式成员，没参加"总经理会"而与集团有紧密联系的企业为准会员。"总经理会"每月活动一次，协调集团内的重大事务。由于集团成员是相互持股的，因此，"总经理会"在一定意义上相当于集团的董事会。日本的六大集团除有"总经理会"外，还有其他组织联系纽带，如商标委员会。商标委员会由集团内大企业的总务部长组成，其主要职能就是制定商标使用标准和资格。三井集团就规定，要使用"三井"的商标，必须是资本金在10亿日元以上，其股票的 50% 由三井集团的企业所持有。

（4）形成环状的多层次的组织结构。集团的成员企业通过单向或者双向持股，以及其他联系纽带形成了环状的多层次性的组织结构（如图 8-1 所示）。

（5）综合商社对集团成员企业的购销活动起着重要作用。

（6）成员企业分布在各个产业。由于这类企业集团是以银行为中心建立起来的，它的投资不受产业的限制，而是向各个产业发展。

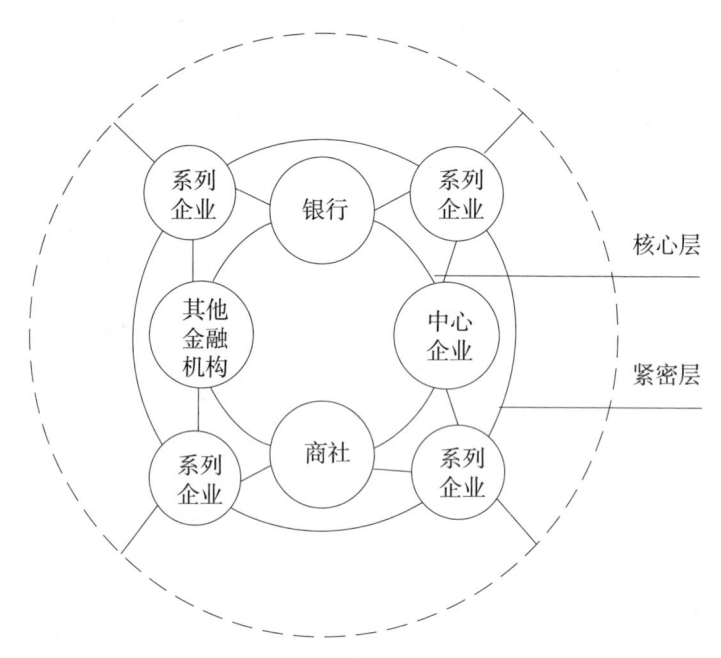

图 8-1　日本的财团型企业集团

除财团型企业集团外，日本还存在许多企业系列，它们也是集团性的联合组织。系列型企业集团的主要特点是：

（1）以一个大的生产企业为核心，联合一大批中小企业而形成。其内部采用母公司、子公司、孙公司以及关联企业的产权结构。

（2）参加集团的都为生产经营性企业，它们除有资金联系纽带外，在生产、技术、销售、科研和新产品开发等方面还存在许多联系。因此，在集团内部还存在一些分工，存在着专业化协作关系，正因为如此，一些人又把它们称为机能性集团。

（3）集团没有经理会，核心企业通过资金、人事、生产、技术、销售等手段对其他成员企业实行垂直控制，形成金字塔形的多层次的集团组织结构（如图 8-2 所示）。

（4）集团与某些银行存在着密切的关系，但是它们在集团中不起支配作用。有些集团还有自己的银行或别的金融机构，如财务公司等。

（5）这些企业集团虽然也实行多样化经营，但是大多立足于一两个特定的行业发展。如丰田主要从事汽车制造，日立、松下、东芝主要经营电子电器。

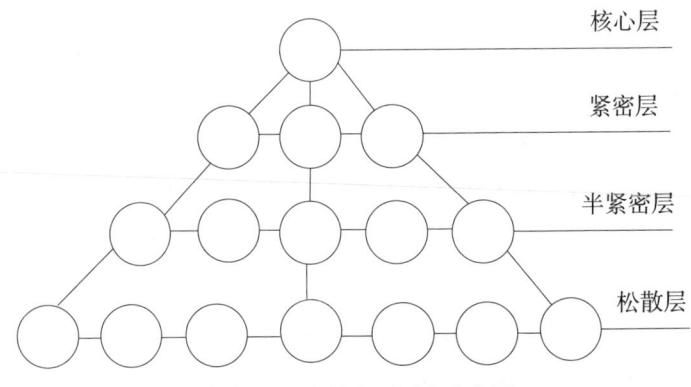

图 8-2　日本的系列型企业集团

2. 德国的企业集团。德国企业集团的主要形式是康采恩模式，其主要特征是：

（1）以一个大企业为核心，通过参股、控股形成母子公司结构。

（2）康采恩内部实行垂直控制，核心企业通过监事会、董事会向成员企业派遣监事、董事,参与成员企业的决策。

(3)康采恩大多在一个特定的行业经营。比如,法本康采恩主要经营化学工业,蒂森康采恩主要经营钢铁,西门子康采恩主要经营电子、电器。它们很少跨行业经营,但在本行业内进行产品的多样化经营。

(4)银行在集团中起着特殊的作用。在德国,上市企业的股票是不记名的,一般股东都愿意将股票委托给银行保管,银行对保管的股票有表决权,因而可以影响相关企业的经营决策。有关资料显示,开展股票寄存业务的主要是德意志银行、德累斯顿银行和商业银行。这三家最大的城市银行控制着德国100多家最大的工商业企业集团和30多家中小银行。

3. 美国的企业集团。美国企业集团可以称为复合型企业集团。它既具有财阀型企业集团的一些特征,又具有系列型企业集团的一些特征:

(1)银行或其他金融机构在集团中处于核心的地位。美国各大财团成立之初,几乎都是家族控制,随着历史的发展和财团家族的繁衍扩大,财富也日益分散,各大家族对财团的控制逐步削弱,金融机构对财团的控制则逐步加强。

(2)金融机构形成金融网络,在职能和业务上有一定分工。商业银行一般吸收存款和发放短期贷款;商业银行信托部、保险公司、基金会一般负责收购其他公司的股票;投资公司一般负责承销大公司的股票、债券。

(3)财团所属企业之间也存在相互持股的情况。

(4)财团所属的大公司一般都有自己的为数众多的子公司、孙公司、关联公司,以及协作企业,从而在集团之下形成以大公司为核心的系列型企业集团。

(5)形成环状和金字塔形相结合的多层次的组织结构。这是复合型企业集团的基本特征(如图8-3所示)。

(6)财团的边界不十分清楚。大财团之间存在着相互渗透的现象,有些世界闻名的特大公司已由几个大财团分别持股。据 70 年代的统计，美国 100 家最大工矿业公司中，已有 1/3 以上是由两个以上的财团控制的，致使其归属难以划分。

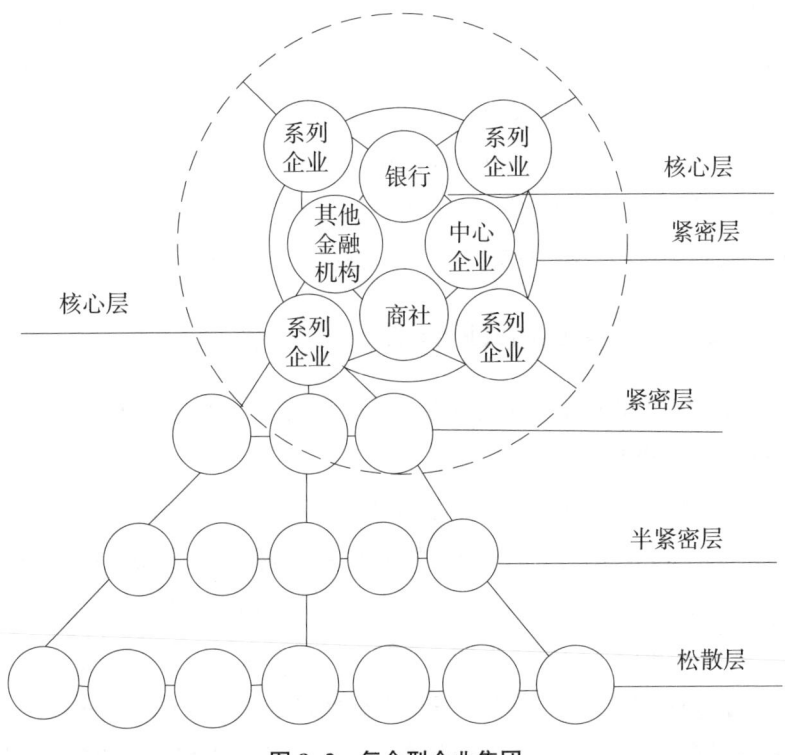

图 8-3　复合型企业集团

4. 意大利等国的控股型企业集团。这种集团的核心企业不是银行，而是国家控股公司，如投资公司、控股公司等。意大利的伊里集团、埃尼集团、埃菲集团、埃弗来集团和埃吉克集团，西班牙的伊尼集团等，都属于这种类型的企业集团。它们的基本特征是：

（1）以国家控股公司为龙头和核心。如伊里集团的控股公司为伊里公司，埃尼集团的控股公司为埃尼公司，伊尼集团的控股公司为伊尼公司。这些控股公司处于金字塔的顶端,是集团的龙头和核心。

(2) 形成多层次的金字塔结构。国家参与制企业集团除一级控股公司外,还有次级控股公司和生产经营企业。一级控股公司只进行国有股份管理,不直接进行经营。次级控股公司既控股又进行经营。集团内实行垂直控制,形成金字塔形的多层次结构。

(3) 三权分立。控股公司实际上是集团的领导机构,设董事会、执行委员会、审计委员会和总经理。其中执行委员会是董事会的常务机构。企业集团的重大投资项目的决策权在政府的有关部门,一般的投资决策权在控股公司,日常的生产经营权在基层企业。

(二) 企业集团的共同特征

虽然各类企业集团都有一些自己的特点,但是作为集团它们也有一些共同的特点,主要是:

1. 集团主体的多元性。企业集团是多个法人企业通过一定的方式而组成的经济联合体,企业集团的规模在一定程度上取决于参加企业集团的法人企业数量,因此,有的大型企业集团拥有几十个甚至上百个成员企业,小的企业集团也拥有十几个成员企业。比如,在韩国的78个企业集团中,拥有20个以上子公司的就有16个,其中,乐喜-金星集团拥有子公司58个,三星集团拥有子公司52个,现代集团拥有子公司43个(详见表8-1)。

表8-1 韩国的78个大企业集团名称及其下属企业数

企业集团名称	系列公司数	企业集团名称	系列公司数	企业集团名称	系列公司数
现代	43	味元	22	金刚	5
大宇	22	三焕企业	11	大韩油化	6
三星	52	汉拿	10	高丽通商	8
乐喜-金星	58	宇城建设	6	朝阳商船	10
双龙	22	极东精油	4	和承	16

（续表）

企业集团名称	系列公司数	企业集团名称	系列公司数	企业集团名称	系列公司数
韩进	23	统一	15	甲乙	22
鲜京	31	泰光产业	9	大韩海运	13
韩国火药	27	太平洋化学	17	大田皮革	10
大林	13	丰山	6	忠南纺织	6
乐天	32	江原产业	14	双铃	22
东亚建设	16	碧山	19	韩国轮胎	2
韩一	15	凤鸣	11	成友	17
起亚	10	三养社	7	友元建设	3
斗山	24	东国贸易	10	泰荣	5
汛洋高船	4	东洋	14	东亚制药	16
晓星	14	亚南产业	9	Nonno	5
东国制绸	14	东元	7	新亚	3
三美	14	真露	20	三千里	13
汉阳	4	大信	6	友都	5
极东建设	9	东洋化学	13	大韩电线	5
高龙	21	大农	9	三林食品	16
锦湖	25	韩信工荣	3	农心	6
东部	11	韩国玻璃	8	瑞通	12
高丽合纤	7	永丰	15	新东亚	7
韩宝	4	星信洋灰	10	朝鲜麦酒	5
海苔	10	大成产业	21	青丘	7

资料来源：韩国《每经周刊》，1992年4月15日。

企业集团的这种多元性结构使它与托拉斯这样的垄断组织有很大的不同，它们的根本差别在于：无论托拉斯企业有多少个分公司、工厂或其他机构，它都只是一个单一的法人企业，而不是多个法人企业的联合体。

2.组织结构的多层次性。企业集团往往是围绕一个核心企业组织起来的，由于其他成员企业与核心企业在联系纽带方面的差异，企业集团还形成了多层次性的组织结构。一般说来，企业集团内部结构可以分为以下四个层次：

第一个层次是集团的核心层。它由核心企业及其分支机构组成。

第二个层次是集团的紧密层。集团的紧密层由核心企业及其子公司构成。一般说来,一家公司如果握有另一家公司50%以上的股份,前者就成了后者的母公司,后者则成了前者的子公司。在这种情况下,子公司虽然也是独立的法人,有自己的名称、章程和财产,实行独立核算、单独纳税、自负盈亏,但是事实上子公司的权限已经受到了很大的限制,对母公司已经产生了一种依附关系,母公司可依照法定程序,通过股东大会或人事参与对子公司施加影响,从而达到控制子公司生产经营活动的目的。

第三个层次是集团的关联层。如果核心企业向其他公司参股时,其股份未达到50%以上,就形不成母子公司的关系,只能是一般的持股关系,被参股的企业也不是参股企业的子公司,而是它的关联公司。集团成员之间的单向参股和相互参股,使它们之间产生了共同的利益关系,这就形成了集团的关联层。

第四个层次是集团的松散层。核心企业与一些企业,并没有直接的资金联系纽带,而它的子公司和关联公司却与这些企业有资金、生产、技术、经营方面的联系,因此,它们构成了集团的松散层。企业集团组织结构上的多层次性是区别于卡特尔、辛迪加这类垄断组织的重要标志。卡特尔、辛迪加虽然也是多个法人企业的联合体,但是它们并没有一个中心,也不围绕这个中心形成多层次性的组织结构。

3.一般成员企业对核心企业的依附性。企业集团虽然是由多个法人企业组成的,但这并不是说它们之间没有主次。无论哪种类型的企业集团都存在一个或者多个骨干企业,它们是集团的核心,对其他成员企业处于支配的地位,其他成员企业则处于依附的地位。所不同的是财团型集团的骨干企业是大银行,系列型企业集团的骨干企业是大型的工业企业。形成核心企业与一般成员企业的这种主从关系的因素很多。有的是由于产权关系产生的,如依附企业是核心企业的子公司、控股公司;有的是由于生产、技术、销售等方面的因素产生的,如依附企业专门为核心企业生产零部件,使用核心企业的专门技术、商标等。

4.**联系纽带的多样性**。企业集团通常是通过以下四种联系纽带来形成和维持正常运行的:

(1)资金纽带。资金是企业集团形成并产生较大的向心力、凝聚力的最重要的纽带,从某种意义上说,没有资金联系纽带就没有企业集团。资金联系纽带首先表现为成员企业之间的单向或者双向参股、控股。日本的"三老""三新"这六大集团平均相互持股率为21.6%,其中,以向心力最强为自负的三菱集团相互持股比例达26.4%。资金联系纽带还表现在银行和其他金融组织在集团中的重要作用。银行不仅是集团成员企业的大股东,而且还具有融资功能。在日本的企业集团中,一般企业都有一个主要依托银行,从这个银行得到的融资占借入总资金的20%—40%,其中,六大集团内部融资比例达到36%。有些企业集团内部还设有财务公司,用这类金融机构来融资和加强集团成员之间的资金联系。

(2)人事纽带。产生人事参与的原因有三条:一是企业间有相互持股的关系;二是有信贷和资金融通关系;三是在生产经营上有长期的紧密的联系。由于大型企业都是股份制企业,企业间的人事参与多采取互派董事的方式。1989年,日本的"三老""三新"集团中的企业接受董事的平均比率为62.26%,其中,三菱集团接受董事的企业比率最高,为96.56%,三井集团的比率最低,为41.66%。由于银行在这些集团中有特殊作用,所以银行派职员去企业担任董事以上高级职务的企业占60%以上。1992年新上任的203位总经理中,12%出身于银行。在三菱集团中,还出现了"相互持子"现象。三菱商事董事长之子在三菱银行就职;三菱银行董事长之子在三菱重工就职;三菱化成董事长之子在三菱商事就职。[1]

---

[1] 姜波:"日本企业有两大主力军:企业集团和企业系列",《经济日报》,1993年11月6日。

（3）生产、技术和销售方面的联系纽带。组建企业集团的重要原因之一，就是要发挥集团的内部优势，用成员之间的紧密协作来弥补纯粹市场关系的缺陷，降低交易费用。所以，在许多企业集团中，成员企业之间都存在生产、技术和销售等方面的紧密联系。据日本公正交易委员会1992年的调查，"三老""三新"集团内部平均销售依存率为7.3%，采购依存率为8.1%。在系列型集团中，成员企业在生产、技术和经营方面的联系更为密切，比如，丰田汽车公司70%的零部件都是由其协作厂生产的。

（4）科研、新产品开发和人才培训方面的联系纽带。有些企业集团还设有统一的科研和新产品开发机构，它们由成员企业共同投资，成果由大家共同分享。有些企业集团还成立了人才培训中心，为成员企业培训各类技术和管理人才。

5. 经营范围的多角性。由于集团是多个企业的联合体，它不可能只生产一种产品。当然，由于集团的类型不同，进行多角化经营（又称多样化经营）的方式也有区别。由于财团型企业集团是以银行为核心而建立起来的，银行投资并不局限于某一个特定的产业，而是在第一、第二、第三产业并行展开，这就形成了混合多样化的格局。而系列型企业集团则是以一个大的工业企业为核心建立起来的，它的经营往往立足于某一特定产业，在此基础上实行多样化经营。换句话说，这种集团往往有一种主导产品，在生产主导产品的同时还生产几种别的产品。

6. 市场目标的全球性。几乎所有的企业集团都是把占领国际市场作为自己经营战略的重要目标，因此，实行国际化经营也是企业集团的重要特征。企业集团的国际化经营有三种形式：

第一种形式是外向型集团。这是经营国际化的初级形式。集团在本国注册、本国生产，但是它们的产品很大一部分销往国外，它们是出口导向型的企业集团。

第二种形式是跨国集团。集团的核心企业变成了跨国公司,围绕跨国公司成立了跨国集团。现在世界上所有大的跨国公司无一不是集团性的超级大企业,它们不仅在本国有一些子公司、孙公司、关联公司和协作企业,而且在国外也建立了类似的组织,使它们成为跨国集团。这是国际化经营的中级形式。

第三种是全球企业集团或者叫无国籍企业集团。这种集团的核心企业不立足于某一个国家发展,而是推行全球战略,在许多国家谋求发展,因此,它们的国籍已经很模糊,变成了无国籍公司。这是国际化经营的高级形式,属于这种跨国集团的目前虽然还是少数,但是它是今后跨国集团的发展方向。

四、我国企业集团的现状

我国的企业集团是从 1987 年开始起步的。到 1992 年为止,全国冠以企业集团名称的经济联合体有 2600 多家。列入国家试点的企业集团也有 55 家。

从整体来考察,现在我国的企业集团也可以分为以下三类:

(一)企业集团的雏形

这一类是发展得比较好的,已经形成企业集团的雏形。这类集团有 100 多家,约占集团总数的 5%。这些集团尽管也还存在一些问题,但是,近几年它们取得了一些新的进展,发展前景良好,具体表现是:

1. 联系纽带增多,集团的向心力逐渐加强。

(1)在一些集团里,成员企业之间的资金联系纽带加强了。其具体途径是:①国家对部分企业集团实行了国有资产授权经营。1992 年国家已经对东风汽车集团、东方电气集团、中国重型汽车集团、第一汽车集团、中国五矿集团、天津渤海化工集团、贵州航空工业集团和中国纺织机械集团等七家集团实行了国有资产授权经营。与此同时,各省、市、自治区也对一些属于地方管理的企业集团实行了国有资产授权经营,而且随着国有企业公司化改造的逐步展开,国家将会对更多的企业集团实行授权经营。其基本做法是:由国有资产管理部门将企业集团中紧密层成员企业的国有资产统一授权给集团的核心企业集团公司经营和管理,建立核心企业与紧密层成员企业之间的产权联系纽带,使核心企业成为集团的母公司,紧密层成员企业成为其子公司。授权经营后的集团公司董事会,一般享有如下权力:决定集团公司和全资子公司的重大经营事项,并按照持股比例参与决定控股和参股子公司的重大经营事项;统一决定授权范围内国有资产的配置和管理方法;决定企业组织结构和领导体制;决定授权范围内的企业兼并、合并、股份制改组、资产交易和产权(股权)转让,或提出方案报批,集团公司将统一对国家承担授权范围内的国有资产保值增值责任。通过国有资产的授权经营,使集团公司与集团内的其他企业的关系发生了根本变化,它们之间的关系更紧密了。如东风汽车集团,至1992年年底,集团公司已经拥有全资子公司和控股子公司22家,参股企业45家。②政府把部分国有企业通过行政办法划归集团公司(集团的核心企业)管理,这些企业相当于集团的全资子公司。③核心企业对集团成员企业进行控股、参股。这主要是通过四种途径实现的:一是集团的一些成员企业进行公司化改造时,核心企业趁机对它们进行控股、参股,成为它们的法人股东,而被参股的企业则成为核心企业的子公司或关联公司。二是核心企业对其他成员或者非成员企业进行兼并,如为被兼并企业承担债务、购买被兼并企业的全部或者部分资产等,使被兼并企业成为核心企业的全资子公司、控股公司或者关联公司。三是从核心公司分离出新的公司,这种新公司是核心公司的一个生产单位或者一个管理部门,分离前它们并没有法人地位,分离后拥有了独立的法人地位,但它们的资产仍属于核心企业所有,成了核心公司的全资子公司。四是设立新的合资或独资公司。为了集团的发展需要,需要新开办一些公司,如联合销售公司、技术和新产品开发公司等,这些公司有的是核心企业单独设立的,也有的是采用股份制的形式由集团的成员企业联合开办的。④集团的其他成员企业向核心企业参股,成为核心企业的股东。近年来,一些集团的核心企业也进行了公司化改造。它们进行公司化改造时,优先吸收其他成员企业的资金入股,使它们成为核心企业的股东。如金杯汽车(集团)公司在改造成股份有限公司时,就优先吸收了中汽公司、山西省机电公司、辽宁汽车工业公司等法人单位入股,成为金杯汽车(集团)股份有限公司的股东。郑州第二砂轮厂是郑州白鸽集团的核心企业,1993年,它变成了白鸽股份有限公司,股票已经上市。在进行股份制改造时,它优先吸收集团其他成员的资金入股,使一些集团的成员企业变成了它的法人股东。⑤政府允许一些企业集团成立财务公司。目前55家大型企业集团中已经有8家成立了财务公司。这种财务公司一般都是由集团的部分成员企业联合开办的,它本身就是成员企业之间资金联系的一种形式,它既可以开展一般的银行业务,在成员企业之间拆借资金,经过批准也可以发行债券和股票来集资、融资。

(2)在一些集团里,加强了成员企业之间的人事联系纽带。人事联系纽带主要是通过三种途径实现的:①集团组成理事会,作为集团的协商议事机构。理事会成员由主要成员企业推荐,理事长一般由核心企业的代表担任。理事会的主要职能是制定集团的发展目标和战略,协调成员企业之间的行动。②核心企业向子公司和关联公司委派董事或者经理。由于参股的多少不同,具体做法也不一样。对于全资子公司,其董事会成员全部由母公司委派;对控股子公司和参股关联公司,母公司按照持股比例委派董事会成员行使股东权。③对国家通过行政办法划归集团公司管理的企业,集团公司直接委派厂长(经理)对其进行管理。

(3)部分企业集团计划、生产经营等方面的联系纽带得到了加强。国家对部分试点企业集团实行了计划单列,这些企业集团的计划由国家计委统一管理,目前实行计划单列的企业集团已经有15家。为了改变企业集团组织结构松散的状况,对试点企业集团中的企业逐步实现"六统一",即由核心企业统一规划、统一对上承包、统一对银行贷款还款、统一进出口、统一任免紧密层企业的厂长(经理)、统一对国有资产保值增值负责。

通过以上途径,这些企业集团的联系纽带增强了。根据作者对44个大型企业集团公司提供的资料计算,有38个对它们的358个成员企业实行了"六统一",占90.5%;有28个拥有全资子公司,占66.7%,它们拥有的子公司数达330个;有17个对其子公司实行了承包制,实行承包的企业数达147个;有23个对其他成员企业进行了参股、控股,占54.6%,共拥有子公司和关联公司283家。控股、参股在10家企业以上的有8家,其中,第二汽车制造厂67家,中国华能集团公司58家,东北内蒙古煤炭工业联合公司33家,中国五金矿产进出口总公司26家,中国新型建筑材料公司21家,中国洛阳浮法玻璃集团公司13家,中国东方航空公司12家,中国南方航空公司11家。由于联系纽带的加强,这些集团克服了松散状况,许多集团成员企业成为命运共同体,加强了向心力。

2. 为适应社会主义市场经济的要求,集团向多样化经营方向发展。为了适应社会主义市场经济的要求,开拓新的服务领域,减少经营风险,安排多余的人员,提高劳动生产率和经济效益,不少企业集团已经向多样化经营的方向发展,并取得了较好的成效。其多样化经营,可以分以下三个层次考察。

（1）整个集团的多样化经营。这部分企业集团一般都是由核心层（核心企业）、紧密层（核心企业的全资子公司、控股子公司等）、半紧密层（核心企业参股的关联公司等）和松散层（与紧密层企业有经济、技术和生产等方面联系的企业）组成的，把四个层次的企业加在一起，大的企业集团有几百个成员企业，小的也有十来个成员企业。对整个集团来说，它不可能只生产一种产品，进行多样化经营是很自然的事情。因此，研究整个集团的多样化经营意义不大，而且，要把所有成员企业多样化经营的情况都搞清楚也是很困难的。所以，我们将不把研究的重点放在整个集团的多样化经营上。

（2）集团紧密层企业的多样化经营。如上所述，集团的紧密层企业一般包括核心企业（集团公司）、核心企业的全资子公司、控股子公司等。据对42家全国性企业集团的统计，它们共有紧密层企业688个，平均每个集团有紧密层企业16.4个，中国远洋运输集团最多，有160个，最少的只有3个。因此，研究紧密层企业的多样化经营无疑有重要意义。表8-2是中国42家全国性企业集团的紧密层企业生产的产品（提供的劳务）的种类和跨行业经营的分布情况。

表8-2 42家全国性企业集团紧密层企业生产的产品和提供的劳务种类

产品种类数	1	2	3	4	5	6	7	9	10	11	15	21	22
企业集团数	2	5	8	6	7	5	2	1	2	1	1	1	1

从表8-2我们可以看出以下几点：①在42个大型企业集团中，只有2个企业集团只生产1种产品，尚没有进行多样化经营，只占4.8%，换句话说，95.2%的企业集团都实现了多样化经营。②生产2—6种产品的企业集团最多，达31家，占73.8%，生产10种及10种以上产品的也不多，只有6家，占14.2%。

（3）集团核心企业（集团公司）的多样化经营。从下面的分析我们可以看到，不仅集团的紧密层企业在向多样化经营的方向发展，而且多数集团的核心企业（集团公司）也实现了经营多样化。表8-3是列入机械电子工业100强中的23家集团公司多样化经营的情况。

表8-3 列入中国机械电子工业百强中的23家集团公司
生产的产品和提供的劳务种类

产品种类数	1	2	3	4	5	6	7	8
公司数	4	2	4	4	5	2	1	1

从表8-3可以看出：①在23家集团公司中，有4家只生产1种产品，尚没有实行多样化经营，占17.4%，换句话说，实行多样化经营的占82.6%，其多样化的程度要比包括紧密层企业在内的低12.6%。②生产2—6种产品（劳务）的有17家，占73.9%；6种以上的只有2家，占8.7%；8种以上的没有，说明不把紧密层企业包括在内，集团的实力受到很大影响，生产的产品种类也随之而减少。

在实行多样化经营时，一部分企业还进行跨行业经营，表8-4、表8-5是一部分企业集团和集团公司跨行业经营的情况。

表8-4 42家全国性企业集团紧密层企业生产
的产品和提供的劳务种类

产品种类	1	2	3	4	5	6	7	9	10	11
企业集团数	2	5	8	6	7	5	2	1	2	1

表8-5 列入中国机械电子工业百强的23家
集团公司跨行业经营情况

跨行业数	1	2	3	4
公司数	5	7	9	2

3. 少数企业集团向外向型的方向发展，初步具备了跨国公司的雏

形。到1993年年底，我国的一些大企业集团在境外设立的企业已达到4497家，我方投资达51.6亿美元。其中贸易性企业2927家，我方投资为32.13亿美元；非贸易性企业1570家，我方投资19.47亿美元。这些企业遍布世界120多个国家和地区。近10年来，中国在境外所办的企业数量平均每年增长40%以上，投资协议总额年增长率为50%以上，中方直接投资额年增长率约为50%。这些外向型企业集团对于扩大进出口贸易，加强中国和其他国家和地区间的经济联系，引进资金、技术和先进的管理方法、手段等起到了很重要的作用。

（二）经济联合体

这一类正在向企业集团的方向发展，但是现在仍属较松散的经济联合体。这类企业集团占集团总数的比例大约为80%。它们的主要问题是：

1. 缺少资金联系纽带，集团向心力差。这类集团是在政府强调发展企业的横向经济联合的时候建立起来的，一般地说，成员企业之间存在着生产经营方面的联系，这是有利的一面，但是，成员企业特别是大企业没有进行股份制改造，在它们之间不存在参股、控股的关系，缺少资金联系纽带，由此，也缺少必要的人事参与。集团的向心力不强，稳定性差。当成员之间发生矛盾或者市场情况发生变化时，随着生产协作关系的改变，集团也就随之而解散。

2. 没有形成真正的核心层。据对近200个集团的调查，没有核心的企业集团占调查总数的13%；有的是把成员企业共同出资组建的联营公司作为核心企业，实际上它们很难起到核心作用；有些集团的核心企业规模太小，出现了小马拉大车的现象。据有关部门对431个企业集团的分析，核心企业固定资产原值在10亿元以上的有27个，占6.3%；固定资产原值1亿—10亿元的有144个，占33.6%；0.5亿—1亿元的有

83个，占19.1%；在5000万元以下的有177个，占41%。销售额在50亿元以上的有7个，占1.6%；10亿—50亿元的有40个，占9.5%；1亿—10亿元的有243个，占55.8%；在1亿元以下的有141个，占31.9%。据分析，核心企业固定资产原值在5000万元以下，销售额在1亿元以下的企业集团很难形成真正的核心层。换句话说，至少有40%以上的企业集团没有形成真正的核心层。

由于没有形成真正的核心层，在集团内部也形不成多层次的组织结构。前面我们已经分析过，以大企业为核心，形成多层次的组织结构是企业集团与辛迪加的主要区别，由此可见，这种类型离真正的企业集团还有很大的差距。

（三）行政性公司

这一类名曰企业集团，实为行政性公司。这种类型约占企业集团总数的15%。它们的主要问题是：

1. 集团的顶头企业既具有政府职能，又具有企业的职能。这类企业的顶头企业原来都是行业性的公司，是在政府机构改革中变为企业的。它们变为企业后，仍具有行政管理的职能，用通俗的话来说，叫换汤不换药，与原来的行政公司的体制并没有什么区别。在生产经营方面，顶头企业对其他成员企业的帮助很小，反而截留国家给企业下放的经营自主权，束缚其他成员企业的手脚，增加它们的负担，其他成员企业也不喜欢这种组织形式。

2. 集团的成员企业之间没有经济联系纽带。顶头企业自己没有资产，对成员企业也不拥有产权，它们与其他成员企业之间只有行政的隶属关系，而没有资金、生产、技术等方面的联系，集团的其他成员之间基本上都是生产同类产品的，存在着竞争关系，难以形成生产、技术方面的协作关系。

3. 没有形成多层次的组织结构，很难进行生产要素的优化组合和产品结构的调整。这类企业集团形不成多层次的组织结构，特别是形不成集团的紧密层，不能按照专业化协作原则组织生产，产品结构的调整也难以进行，起不到优势互补、扬长避短的作用。

五、我国企业集团的发育与完善

（一）模式选择

前面我们分析过西方市场经济国家企业集团的类型及其特征，我国应当发展哪几种类型的企业集团呢？我认为，日本的系列型和意大利的国家控股型比较适合我国的实际情况。

1. 从国外的情况来看，财团型企业集团虽然在一些国家存在，而且也有一定的作用，但是这种组织已经引起了社会的广泛关注，是政府反垄断组织注意的重点，日本的六大集团的"总经理会"也矢口否认有实质性的活动。相信今后国际上将会对它进行严格限制。

2. 我国金融体制正在进行改革，借鉴美国等国家的经验教训，不大可能让银行对工商企业进行参股、控股，特别是我们国家的银行都是国有制的，如果让银行控制企业，将会带来许多弊病，因此，建立财团模式的道路很难走通。

3. 我国是国有经济为主导的社会主义国家，国有制在所有制结构中仍将占较大的比例，对国有企业进行公司化改造，必然会形成以大型工商企业为龙头的母子公司结构的企业集团。

4. 为了改变我国企业存在的严重"大而全""小而全"的状况，提高企业的组织程度，改善企业的组织结构，也需要发展系列型的企业集团。

(二) 企业集团的股份制改造

前面我们已经分析过，在我国现有的企业集团中已经有少数进行了股份制改造，但是从总体来看，多数企业特别是核心企业没有进行股份制改造，因此，以资金作为主要联系纽带的企业集团的比例仍很低。从国外企业集团的发展经验来看，采用股份制的形式是组织企业集团的一种有效途径。由于集团成员企业的规模不同，采用股份制企业的形式也应当有所区别。集团的核心企业（即集团公司）的规模一般都比较大，应该争取改组成股份有限公司，并优先吸收成员企业入股；一般的成员企业由于其规模不大，一般可改组成有限责任公司。集团公司可通过股权和非股权参与，成为一般成员企业的母公司或关联公司。

(三) 采取多种途径组建和完善企业集团

由于组成企业集团有多种联系纽带，决定了企业集团的形成可以有多种途径。

1.通过资金参与形成企业集团。这是企业集团形成的最主要途径，其具体方式又有三种：第一种是某一个大企业向若干个中小企业投资，根据需要和可能，有的采取控股形式，有的只参股，不控股。第二种是连环套式的投资。如果是控股关系，就会形成母公司、子公司、孙公司的垂直控制关系；如果是一般的参股关系，就会形成许多关联公司。第三种是相互参与，形成你中有我、我中有你的交叉结构。日本的企业集团普遍采用这种形式。

2.原有的企业分裂出新企业。有些企业在发展过程中，为了加快自身发展，将有关的部门或者生产单位分离出去，如把销售部门分离出去成立销售公司，把有的分厂、车间分离出去成为独立的企业。由于分离出去的新企业的资产为原企业所有，它们变成了原企业的全资子公司。

3. 几个企业联合投资建立新企业。

4. 通过签订一个带控制性的合同发展集团关系。某些中小企业在生产经营上与某个大企业存在着紧密的联系，它们或为大企业生产零部件，或依靠大企业提供主要原材料、主要部件，或要借用大企业的某种商标，或依靠大企业进行科研和新产品开发，等等。这些企业只有联合起来才能共存共荣，因此，它们通过合同把这些关系稳定下来，在统一领导下共同经营，形成一个单一中心、多层次的网络型组织。这样，事实上一般中小企业都把自己置于大企业的领导之下，处于从属地位，而大企业则处于领导地位。

（四）扩大规模

企业集团的规模是指劳动力、生产资料等生产要素在集团内的集中程度，它反映集团的经济实力和生产经营能力的大小。由于企业集团是具有一定经济技术联系的若干个企业的联合，所以企业集团的规模主要取决于各成员企业的规模和数量，可以用公式表述如下：

$$S=S_1+S_2+S_3+S_4+\ldots+S_n=\sum_{i=1}^{n}S_i$$

上式中的 S 表示企业集团的规模；S_i（$i=1,2,3,\ldots,n$）表示成员企业的规模。与企业的规模一样，企业集团的规模也可以用固定资产金额、销售收入等来表示。

从当前的情况来看，我国企业集团的规模普遍较小。我国的企业集团的成员企业并不少，小的也有三五个、十来个成员企业，大的有几十个甚至上百个成员企业，但是集团的整体规模并不大。如深圳的赛格集团，1989 年有成员企业 158 家，但资产仅 10 多亿元人民币，产值仅 27 亿元人民币；1988 年成立的厦门华夏集团，成立初期有成员企

50多家，但注册资本只有1亿元人民币。相比之下，国外有些企业集团的规模要大得多。如韩国的三星集团，它拥有的公司只不过52个，但是1987年其销售额达到240亿美元，相当于韩国当年国民生产总值的20%。

造成我国企业集团规模普遍较小的原因是：①集团的核心企业规模不大。以汽车行业为例，1987年，我国汽车行业最大的集团的核心企业拥有的固定资产原值超不过6亿美元，产量不过上10万辆，销售收入只有近5亿美元。而同期，美国的通用汽车公司的资产达到874亿美元，销售收入达到1000多亿美元，产量达到400万辆以上；日本丰田公司的资产达到330亿美元，产量也达到400万辆以上。②集团的一般成员企业的规模也很小。大点的资产不过几百万元，小的只有几十万元。所以，尽管集团的成员企业并不少，但集团的整体规模却不大。③我国企业集团的成员企业多为单厂企业，复合体的公司企业较少。由于成员企业的组织形式不同，集团有工厂企业结构和公司企业结构、工厂公司混合组织结构和公司复合体组织结构等形式。目前我国企业集团的成员企业多为单一的工厂企业，这种组织结构要比有公司企业参加的复合体结构规模小得多。

扩大企业集团的整体规模除要适当增加集团成员企业数量外，更重要的是要扩大成员企业特别是核心企业自身的规模，这可以通过多种途径实现。在这里，我们特别要强调企业要采用兼并、合并的方式来发展自己。实践证明，这是一种行之有效的办法，它有以下三个好处：一是可以以优惠的价格使企业获得现存的厂房、土地、设备，从而迅速扩大企业的生产能力，扩大集团的规模，取得专业化协作和规模经济优势。二是可以迅速壮大企业的技术力量。三是对规模经济效益差的企业，通过兼并可以解决市场狭小、企业规模小的弊病，壮大自身的力量，提高竞争力。

由于兼并有上述好处，国外的大企业和大企业集团许多都是采用这种方式来发展自己。以日本为例，在1960—1980年的20年间，兼并、合并的现象大量发生，比较著名的合并事例有：日本汽车和王子汽车合并成为当时日本最大的日产汽车公司；1970年八幡制铁与富士制铁合并成世界最大的钢铁公司——新日铁公司。根据《财富》杂志的统计，作为合并的结果，在除美国以外的前100家世界最大公司中，日本由60年代初的13家增加到70年代的70家。1984年在包括美国在内的世界500家大公司中，日本占了147家。另据研究，2/3的企业合并提高了利润率。美国的情况也是如此。美国历史上发生了四次大的兼并、合并高潮：第一次发生在1880—1905年，1899年达到高峰；第二次发生在20世纪20年代，1925—1930年达到高峰；第三次发生在20世纪50年代中期到60年代末；第四次发生在70年代初，一直延续到80年代。特别是第四次兼并、合并浪潮，规模之大、时间之长是从未有过的。1981年8月，杜邦公司用75.7亿美元合并了美国第九大石油公司——大陆石油公司，成为美国历史上最大的兼并事件之一；1982年3月，美国钢铁公司花63亿美元买下了居美国石油工业第17位的马拉松石油公司；1984年2月，德士古公司以101亿美元的巨款购买了美国的第12大石油公司——格蒂石油公司；1984年3月，加利福尼亚美孚石油公司以134亿美元的巨资收购了海湾石油公司，这是美国历史上最大的一起大公司兼并事件。通过兼并、合并，美国大公司、大企业集团的规模迅速扩大。

近几年，企业兼并与企业合并的现象已经开始在我国发生，有了一个良好的开端。随着经济体制改革的深入和发展，企业兼并、合并必将大规模地展开。因此，有条件的企业集团应该抓住有利时机，促进成员企业特别是核心企业采用兼并、合并的办法来发展壮大自己。

第九章 跨国公司与企业的国际化经营

跨国公司并没有一个统一、一致的概念，人们常常是从不同的角度来观察跨国公司。对什么是跨国公司，具体有以下几种不同的说法：

第一种说法认为，跨国公司是指在国外经营业务的组织。如联合国跨国公司中心把跨国公司定义为"凡是在两个或更多国家里控制有工厂、矿山、销售机构和其他资产的企业"。英国著名的跨国公司专家邓宁也说，国际或多国公司的概念，就是"指在一个以上的国家，拥有或者控制生产设施的一个企业"。

第二种是从所跨国家的数量和公司的业务性质来定义的。比如，有的美国学者就认为，只有在国外的子公司中有6个或6个以上是从事制造业的大公司才能称为跨国公司。

第三种是从国籍方面看跨国公司的股权所有、管理权控制或公司所依据的法律基础，以此来限定跨国公司的特性。如梅森劳基认为，"跨国公司的第一个标准就是在许多国家从事经营。第二个标准是它在那些国家从事研究、发展和制造。第三个标准是，管理必须是多国性的。第四个标准是，股票所有必须是多国性的"。

第四种说法是从跨国公司国外业务的比重来确定是否属于跨国公司。如罗尔夫认为，一个跨国公司可以定义为：有25%或者更多的国外业务份额的一个公司；国外业务份额的意思是指国外销售、投资、生产或雇用人数的比例。

第五种说法是一种综合性的叙述。美国哈佛大学的维农教授认为,"一个多国企业就是控制着一大群不同国籍公司的母公司。这些构成群体的公司,对人力和财力资源实行统一使用,并根据一个共同战略要领行事"。

从上述不同的表述中我们可以得出这样的结论:跨国公司有广义和狭义两种概念。广义的跨国公司是指在两个或两个以上国家设有企业的公司;狭义的跨国公司不仅对公司所跨越的国家作了更加严格的规定,而且对国外公司的经营性质、特征、业务比重等也作了明确的规定。

一、跨国公司的特征

跨国公司是公司的一种特殊形式,它除具有公司的一般特征外,还具有以下特征:

1. 打破了国与国的界限,成为多国公司。一些大的跨国公司在国外拥有上百个分公司,涉及十几个甚至几十个国家。而且,随着公司规模的扩大,它们所跨的国家也在增加。如美国最大的180家公司,在1950—1980年,在6个国家投资的由138家降到9家,在6—20个国家投资的由42家升为128家,在20个以上国家投资的发展到43家。美国的埃克森石油公司拥有100多家子公司,遍布100多个国家。从雇员的构成看,福特汽车公司的雇员有39%在美国以外,荷兰飞利浦公司79%的雇员在其母国以外,帝国化学公司有37%的雇员不在英国,松下电气公司37%的雇员在日本以外的国家和地区。

2. 在国外直接投资,形成了一体化的国际生产体系。跨国公司通过在国外建立独资企业、兼并原有的企业、建立合资企业等手段,在国外直接投资,把触角直接伸向世界市场的各个角落,通过无所不包的公司战略的实施,企业内、企业间和广阔的地理区域内更高程度的职能一体化和各种行为组织的网络结构构成了企业层次上的一体化国际生产。一体化国际生产中跨国公司上述行为的聚合构成了国家层次上的一体化国际生产体系。该体系中,跨国公司管理和控制的资产占世界私营部门生产性资产的1/3。

3. 发挥内部优势,许多活动在公司体系内进行。跨国公司的母公司和在国外的子公司属于同一个联合体,它们之间的经济活动无疑是国际经济活动,但是它们的许多活动并没有通过市场,而是在公司体系内部进行。一些跨国公司母国的数据表明,公司内部交易在母国贸易中占30%—40%。

4. 进行多样化经营。它们打破部门的界限,向多种产业发展,形成生产多种产品、开展多种业务的综合体系。如美国的埃克森公司,主要经营范围包括石油、化工、煤炭、电力设备、电子计算机等。60年代末,在英国的大型跨国公司中多角化公司占52%,而到80年代末,这类公司已经占到81%。

5. 公司规模大,发展成为"超级企业"。西方国家的跨国公司年生产总值已经相当于整个资本主义世界生产总值的50%。据联合国跨国公司研究中心对世界最大的600家跨国公司的统计,它们在发达国家和发展中国家生产的工农业总增加值所占比重超过20%。在技术竞争激烈的高技术产业中,大的跨国公司的地位更加显要。1986年,世界最大的10家半导体公司占了世界市场份额的66.2%,最大的8家占57.8%。最大的9家电信公司占世界电信市场份额的89%,最大的8家占87%(见表9-1)。在世界计算机市场,主机市场的70%和各种类型计算机市场的35%—40%都属于IBM公司。[①] 约1%的大型跨国公司对外直接投资总额占世界对外直接投资总额的50%以上,最大的100

---

① 辛欣:"跨国公司——发展与趋势纵观",《集团经济研究》1993年第10期。

家跨国公司对外直接投资总额就已经达到 2800 亿美元,占世界对外投资总额的 14%。①

表 9-1 最大 8 家半导体和电信公司所占份额

半导体公司(1986)	所占份额	电信公司(1985)	所占份额
NEC(日本)	10.5	AT&T(美国)	31
东芝(日本)	9.7	ITT(美国)	12
日立(日本)	8.8	西门子(德国)	11
Texas(美国)	7.2	GTE(美国)	7
摩托罗拉(美国)	7.1	NEC(日本)	7
飞利浦-SIG(荷兰)	5.0	Northern Telecom(美国)	7
富士通(日本)	4.9	爱立信(瑞典)	7
松下(日本)	4.6	日立(日本)	5
其他	42.2	其他	13

资料来源:联合国跨国公司研究中心:《四论跨国公司》,1988 年。

二、跨国公司产生和迅速发展的原因

到 1992 年年底,全球有跨国公司 3.7 万家,它们拥有子公司 17 万家。1992 年,跨国公司的销售额高达 5.5 万亿美元,远远大于世界贸易总额;全世界对外投资总额达 2 万亿美元,绝大部分都是由跨国公司进行的。② 跨国公司已经垄断了世界上对外直接投资的 95%,研究与开发的 85%,国际技术转让的 70%,国际贸易的 60%,国际生产的 40%。90% 以上的跨国公司总部设在发达国家;不到 1% 的跨国公司来自中欧和东欧;来自发展中国家的跨国公司数量占 8%,在世界对外直接投资存量中的比重为 5%。③

---

① 焦素芬:"吸引跨国公司来华投资",《国际贸易问题》1993 年第 10 期。
② 同上。
③ 李荣民:"抓住机遇走向世界",《国际商报》1993 年第 3 期。

对跨国公司产生和发展的原因,西方学者进行了大量的探讨,有许多不同的说法,比较有影响的有"企业特定优势理论""内部化优势理论""国际生产折中理论"和"产品周期理论"。

"企业特定优势理论"又称"垄断优势论""企业寡占反应论"。其代表人物是美国学者海默(Stephen Herbert Hymer)和金德尔伯格(Charles. P. Kindleberger)。海默认为,直接投资必须满足两个条件:①企业必须拥有竞争优势,以抵消在与当地企业竞争中的不利因素;②存在不完全竞争市场,企业能拥有和保持这些优势。金德尔伯格则直接将市场不完全作为产生直接投资的决定因素。他把市场不完全划分为产品市场不完全、资本和技能等要素市场不完全、规模经济造成的市场扭曲和关税等贸易限制措施造成的市场扭曲。前三种市场不完全使企业拥有垄断优势。第四种市场不完全则导致企业对外直接投资以利用其垄断优势。因此,海默和金德尔伯格的论证方法被称为"市场不完善分析法",其理论基础是"企业特定优势",而这一优势形成的原因在于产品市场或要素市场的不完善,所以,更多的文献认为他们运用了产业组织理论,故又把他们的方法称为"产业组织分析法"。

"内部化优势理论"是英国学者巴克利和卡森在1976年提出的。[①]他们认为,现代企业的经营范围不仅包括产品的制造和劳务的提供,而且还包括销售、研究与开发以及职工培训等,这些活动是紧密联系的,由中间产品(其中主要是技术、诀窍和管理技能等知识产品)把生产-销售过程紧密联系成统一的整体。但是中间产品市场的不完全,使得企业利用市场的交易成本很高,因而导致企业创造出内部市场,将原先由市场连接和组织的各项活动由企业来组织,当企业内部化越过国界时,跨国公司就产生了。有些学者认为,"内部优势理论"的基石是"高

---

① P. J. 巴克利、M. 卡森:《跨国公司的未来》,伦敦,麦克米兰出版社1976年版。

斯定理"。因为高斯认为,如果不存在交易成本,就根本不会存在市场失效。因此,他强调不仅要在行政管辖下,企业内部各单位相互交易,而且还要将企业内部的专业化协作和资源配置,统一纳入一个行政管理体系下而不是通过市场来进行。

"国际生产折中理论"是国际著名跨国公司学者邓宁提出的。[①] 这个理论的核心是"三优势模式",即"OLI Parading"。"O"是指所有权特定优势(ownership specific advantages),它与"垄断优势""寡占优势"的含义是相同的。"L"是指区位优势(location specific advantages),它有两层含义:一是指东道国不可移动的要素禀赋优势,如地理位置、自然资源等;二是指东道国政府的政策法规灵活、优惠、合理而形成的优势。"I"指内部化优势(internalization specific advantages),其含义是企业能够将独占的无形资产或其他中间产品在内部交易并运用,克服市场失效的障碍,减少交易成本,并获得内部化的其他利益。只有这三种优势同时具备,缺一不可,才能对外直接投资,建立跨国公司。如果只有"O"和"I",而没有"L",企业就缺乏有力的国际投资场所,企业只能在国内实行内部化,如发展企业集团、组织专业化协作等,以生产出具有优势的产品供出口;如果只有"O",缺少"I"和"L",则企业难以在内部利用,也不能向外直接投资,只能将无形资产转让给别的企业。邓宁将上述关系用表9-2说明:

表9-2 跨国公司建立的条件

优势 行为	所有权优势 (O)	内部化优势 (I)	区位优势 (L)
对外直接投资	有	有	有
出口	有	有	无
特许权转让	有	无	无

[①] J. H. 邓宁:《国际生产和跨国公司》,伦敦,艾伦与昂温出版社1984年版。

"产品周期理论"是由雷蒙德·弗农提出的。弗农在1966年5月出版的《经济学季刊》上发表的"产品周期中的国际贸易和国际投资"一文中把产品的发展过程分为新产品、成熟产品和标准化产品三个阶段。他以产品在各个不同发展阶段的特点对于经营战略的影响来解释跨国公司产生和发展的原因。弗农认为,在产品周期的不同阶段,应该有不同的贸易和投资战略。在新产品阶段,以美国为代表的创新国,由于拥有产品和技术上的优势,此时在国内生产最为有利,因而在该阶段一般通过出口产品来满足国外市场的需要。在成熟阶段,产品和生产技术基本稳定,生产上出现了仿制者和竞争者,价格对于需求的影响程度很大,这时到海外投资有利于企业维持和开发市场,保持竞争优势。在产品的标准化阶段,由于产品的生产技术已经普及,竞争主要表现在价格上,此时一些地区在生产成本上可能有某种优势,因而应在这些地区生产产品,向创新国反向出口。弗农在他后来与小路易斯·T.威尔斯合著的《国际企业的经营环境》一书中更进一步发展了他的理论。图9-1描述了美国和欧洲之间的这种演变过程。

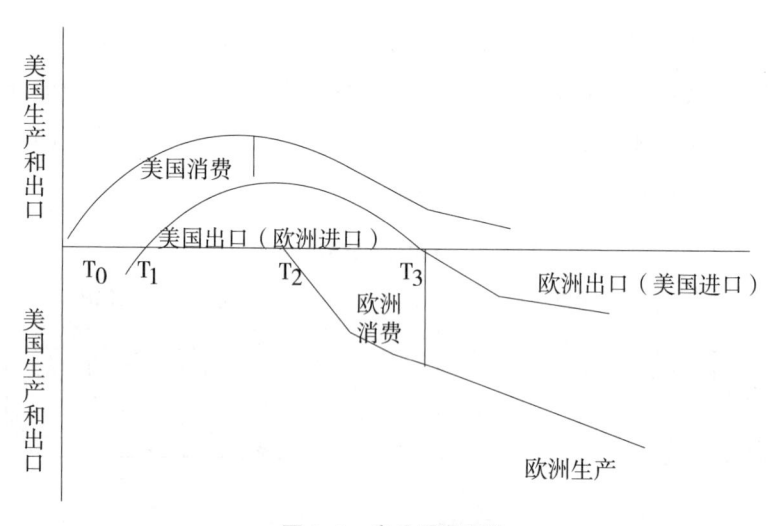

图9-1 产品周期理论

从上面的介绍可以看出,无论用什么理论来解释跨国公司的产生和迅速发展的原因,都涉及以下一些因素:

1. 生产社会化的深入和发展。邓宁指出,对国外直接投资,不仅与一个国家的国民经济发展水平有关,而且与厂商的特有优势有关。随着生产力水平的提高和社会分工的发展,一些在经济或技术上具有跨国经营实力的大工业企业不可能使生产和交换局限于本国,它们为了寻求更大的市场,寻找更好的资源,追逐更多的利润,必然要打破国界,参加国际分工和交换,实现产品国际化和生产过程国际化,从而带来企业组织形态的国际化。换句话说,科技革命和由它带来的生产力的高度发展,使国际分工发生了很大的变化,其重要表现之一,是企业之间的分工向企业内部的分工转化。这就导致一个企业内部不同的工厂、车间、工段、工序或环节得以分散在世界范围内进行,出现了企业内部分工的国际化,产生了新的跨国的企业组织形式。

2. 科技进步的影响。首先,先进科学技术的发展促进了生产力水平的提高,并使掌握这些优势条件的跨国公司占有绝对优势,得到了发展机会,仅1965—1975年的10年间,世界技术贸易总额就从30多亿美元增至110多亿美元,其中约80%是在跨国公司内部转让的。其次,科学技术的进步使企业间的竞争加剧,为了取得技术上的优势,一些企业通过对外直接投资、发展跨国公司的形式来获得别国的先进技术,以增强竞争力。再次,科学技术的发展也为跨国公司的发展提供了先进的交通工具和通信手段。

3. 避免国与国之间的贸易摩擦。随着双边贸易摩擦的不断加剧,国与国之间的贸易限制、贸易制裁越来越多。比如,近年来美国为了减少贸易逆差,一方面,对中国、日本和欧共体的一些产品进行限制,另一方面又以制裁相威胁,迫使这些国家向它开放市场。如果到对方国家投资设厂,在当地生产产品,就可以避免这些摩擦。加拿大学者拉格曼指出："跨国公司是适应产品和要素市场的不完全性而发展起来的，这时，某一国家的特殊优势（导致自由贸易的因素）被跨国公司的企业内部优势（导致国际直接投资的因素）所取代。当企业拥有知识和其他特殊信息等企业内部特殊优势时，它可以通过跨国公司的内部市场由母公司转移到设在东道国的子公司，在这种情况下，跨国公司成为自由贸易的替代物。"①

4. 双边保护外国投资条约和世界经济区域化、集团化发展的结果。80年代以来，经济合作与发展组织国家对内对外签订了一系列双边投资条约。据《1992年世界投资报告》提供的资料，到1992年年底，其条约总数达506个，其中最显著的变化是中欧、东欧和苏联分离出来国家的参与增加。在国家层次上，1991年在35个国家的政策变化中有82%与国外直接投资有关，80个国家实行更大范围的经济对外开放，为直接投资创造了新的机会；1992年43个国家通过了19项新的立法规定，这些国家都欲放松对外国直接投资管理，向外国直接投资开放它们的市场。各个国家之所以欢迎直接投资，是因为这种形式对双方都有利。对投资方来说，它们可以避开贸易摩擦，扩大出口，并能获得一些别的好处；对东道国来说，它们可以获得部分投资，可以得到就业的机会，刺激经济的发展。而且直接投资是相互的，并受双方签订的投资条约的保护。

世界经济的区域化、集团化形成了相互竞争、相互对抗的局面，到区域集团中去办企业，可以冲破区域集团的排他性保护主义。另一方面，区域集团内部的国家，不仅不会把自己的活动局限在本集团内，而且也需要打进其他国家及区域性组织，巩固占领有利阵地。

5. 充分利用有关国家的优势。其他国家在投资环境、自然资源、技术和市场等方面可能有比本国更好的条件。在世界性产业结构调整和

---

① 拉格曼：《跨国公司和内部化理论》，密奈鲁巴书房1983年日文版。

转移过程中，西方发达国家甚至一些新兴的工业化国家和地区，通过大规模的对外直接投资将自己的资金、技术优势与他国的劳动力、资源优势结合起来，从而促进了跨国公司的发展。

三、跨国公司发展的新趋势

20世纪，特别是80年代以来，随着科学技术的飞速发展、国际市场竞争的加剧和世界经济一体化进程的加快，跨国公司的发展也出现了一些新的特点。

1.在发达国家的跨国公司继续保持强大增长势头的同时，发展中国家的跨国公司也获得了很大的发展。据国际货币基金组织统计，1990年，发达国家的对外直接投资占国际直接投资总额的80%以上（大部分为跨国公司所有），并形成了日本、美国和西欧三足鼎立的对外直接投资局面。这些发达国家的对外直接投资，主要是流向美国和西欧。据统计，1958—1989年，西欧国家在美国的直接投资从1071.05亿美元增加到2341.2亿美元，日本在美国的直接投资从191.73亿美元增加到696.99亿美元；1989年，美国对西欧的直接投资已经达到1767.36亿美元，比1984年增长了48.2%，年平均增加170.28亿美元；日本对西欧的直接投资也增长很快，1985—1989年的直接投资累计额已经达到358.9亿美元。

当代国际直接投资虽然仍以发达国家的直接投资为主流，但是，新兴的工业国家和地区，以及发展中国家的对外直接投资也发展很快，国际直接投资呈现多元化的特点。如新加坡、韩国、中国香港、中国台湾、泰国、印度、墨西哥、马来西亚等国家和地区的跨国公司近年来发展也很快，据不完全统计，目前，发展中国家已有50多个国家和地区发展直接投资，在海外设立分公司、子公司数千家，直接投资累计金额达

300亿美元。①

2. 服务业跨国公司迅速发展,投资的行业结构发生变化。80年代中后期以来,服务业在国民经济中的比重迅速上升,银行、保险公司、广告公司、管理咨询公司等一直在加速发展它们的国际网络,90年代初,第三产业投资占绝大多数投资国资本流出总额的50%—55%,②其中,发达国家对国外服务业的投资已经占到全部对外直接投资的3/5,发展中国家也达2/5,有些国家如美国竟达2/3。到1986年,美、日、欧的服务业跨国公司已达231家,分支机构达13050家。90年代,在科技进步和信息流动的推动下,服务业跨国公司将建立更加完善的全球网络和服务一体化体系;计算机网络使信息流动加快,从而将使技术密集服务业的跨国公司能够提供更加有效的服务;服务业跨国公司将进一步推动国际服务业的发展。总之,服务业在90年代将成为跨国公司最主要的活动形式。

3. 非股权参与日益成为跨国公司实行海外控制的重要方式。对外直接投资历来是跨国公司对海外企业控制的主要方式。母公司通过对外直接投资获得控股权实行对国外子公司的产权控制。但是80年代以来特别是近年来,由于发展中国家不同程度地加强了对外资参与的管制和监督,也由于高科技在生产经营和国际竞争中的作用日益加强,跨国公司发展了一种对外直接投资的替代物——非股权安排,即在简单的专利许可证、经营合同、产品分成合同、技术协助合同、交钥匙合同、专用权、各种经济合作、"三来一补"、国际转包合同等形式中,跨国公司不参与股权,而是以承包商、代理商、经营管理者等身份参加承包工程、经营管理、技术咨询以及商品销售等活动,并借此获得优厚收益。这种非股权安排在采掘业中已经广泛运用,在其他行业也正在推

---

① 李荣民:"抓住机遇 走向世界",《国际商报》1993年第3期。
② 林康:"我国跨国企业的基本思路",《对外经济贸易大学学报》1993年第4期。

广，它们的重要性日益增加。据统计，美国跨国公司对国外子公司采取股权完全拥有或对等拥有形式的，50年代占70%以上，80年代则下降到47%；相反，采取少数拥有或对等拥有形式的，则由50年代的16.8%上升到80年代的50%多。① 在股权控制型迅速减少的同时，非股权安排下的国际合作迅速增加，根据联合国跨国公司研究中心统计，1984年发达国家在47个发展中国家生产或组装的汽车达300万辆，其中47%是以非出资合同生产的。②

4. 推行全球战略。美国哈佛大学教授波特说，全球战略并不单纯指企业经营活动越出了国界，而且还包括如何将这些越出国界的经营活动有机地结合起来，使某一企业在某一国家的竞争地位直接影响着该企业在其他国家中的竞争地位。也就是说，跨国公司发展到国际分工阶段以后所采取的战略，不受任何民族利益和国家疆界的限制，也不考虑某一子公司的盈亏得失，而是将公司的所有资源、各个经营环节和各种经营活动进行跨国界的配置、协调和管理，以追逐世界市场和全球性的机遇为目标，以求得整体的发展和全公司的最大利润。比如，跨国公司的产品开发和生产，一开始就服从全球战略的需要，因而其产品的生命周期是由国际市场决定的。其产品往往在成长期就进入市场，利润增长的最高点一般发生在产品跨出国门之后。跨国公司的全球战略也决定了它们的垄断行为，而这种垄断作为全球战略的一部分，也直接决定了它们争夺世界的中心市场——发达国家市场的欲望和行为。可见，全球战略既不同于以扩大出口为目标的国际市场战略，也不同于一般的对外直接投资战略，而是跨国公司发展到参与国际分工阶段的一种总战略。

采用全球战略后，公司的经营思想会发生巨大的变化。首先，公司

---

① 江夏健一：《全球战略——竞争优势的再构造》，诚文堂新光社1988年版。
② 高井真编：《全球化》，清文社1991年版。

要向"无国籍企业"的方向发展。一方面,要在有利于公司发展的国家多建立子公司,并使母公司和子公司成为一个有机整体;另一方面在公司内部要淡化国籍的概念,多选用外国的尤其是子公司所在国家的经营管理人才。其次,必须把世界作为一个统一的大市场,在全世界范围内构造公司的竞争优势。这种全球战略服务于各个国家中基本相同的市场,以全球中心战略代替多中心和地区中心战略。在全球性的市场扩张中,不在地方偏好和习俗的基础上开拓国际市场,而是在全球寻找相同的市场,使用综合的方式在发达国家与发展中国家中同时开拓,构造公司的产品开发优势、技术垄断优势、区位垄断优势和资源互补优势等,并使产品价格、质量、可靠性、运输等达到最佳组合。再次,建立面向全球的公司组织结构。消除国际业务与国内业务的区分,以世界市场为对象设置公司的管理机构和生产服务体系。

5. 跨国公司战略联盟的出现与加强。跨国公司的战略联盟又称"战略合伙""公司的外部合作"或者"新型投资形式"。它既不同于通常意义上的"合资经营"和"合作经营",也不同于一般的国际垄断组织形式,而是指两个或两个以上的跨国公司面临激烈的市场竞争和高技术发展的挑战,出于对整个世界市场发展的预期和实现公司总体经营目标的考虑,所采取的一种长期合作方式。这种联合是通过协议、合同实现的,联合的行为是自发的而非强制性的,形成的联合体是松散的而不是紧密的,参加联盟的公司仍然是独立的而不是受控制的。

80年代以来这种战略联盟不断出现,并在逐渐加强它们之间的合作关系。跨国公司组成的战略联盟,或在市场行为方面进行某些协调,瓜分或者垄断某些市场,或在生产领域进行某些合作,或共同开发新产品、新材料和新技术。比如,1982年,世界上著名的机器人生产企业日本的法拉库公司与世界机器人大用户美国通用汽车公司达成协议,合办了从事机器人技术开发、生产和销售为一体的"通用-法拉库机器人开发公司"；1985年，美国的通用汽车公司和日本的丰田汽车工业公司在美国的加利福尼亚合办了奴米公司，在生产领域进行合作；1988年，日本的松下电器工业公司与美国的英特尔公司合作，共同开发16M DRAM微细线路板的复印技术，美国通用电气公司、日本三家公司和法国斯索克玛公司共同开发"CFM50"发动机的新一代产品；1989年，日本松下电器工业公司与西德的西门子公司就建立生产电子零部件的"西门子-松下元器件公司"达成协议，同年又与瑞典和瑞士合营企业阿赛阿·布拉温堡伯利集团达成在日本销售机器人的协议；80年代后期以来，日本的东芝电器工业公司与美国的摩托罗拉公司就建立全面协作与分工的产业联盟达成了一系列协议。这类联合还有很多事例（见表9-3）。

表9-3 跨国公司战略联盟的其他典型事例

公司	产业
AT&T/NEC	计算机技术
Texas/Kobe	逻辑半导体
沃尔沃/雷诺	汽车
日产/大众	汽车
丰田/通用汽车公司	汽车
汤姆逊/松下	电子诊断仪
通用电气/Franc	电子技术
爱立信/ThomEMJ	数字电话系统
西门子/飞利浦	硅芯片
佳能/柯达	光学材料
汤姆逊/JVO	电子产品

资料来源：根据有关资料整理。

四、我国跨国公司的兴起与发展

截至1993年年底，我国在境外投资的企业已经达到4497家，我方投资达 51.6 亿美元。其中，贸易性企业 2927 家，我方投资为 32.13 亿美元；非贸易性企业 1570 家，我方投资为 19.47 亿美元。这些企业遍布世界 120 多个国家和地区。[①]

（一）我国跨国公司发展的特点

1. 起步晚，发展快。我国企业的对外直接投资和跨国经营始于 80 年代初，起步晚，但是发展速度快。10 多年来，我国境外企业数平均每年增长 40% 以上，我方直接投资额平均每年增长 50% 以上。而在这期间全世界对外直接投资的年增长率约为 30%，尽管我国对外直接投资总额在全世界对外直接投资总额中的比重仍很低，但其增长率却高于全世界约 20 个百分点。

2. 投资领域大多集中在资源开发和加工业。我国企业的对外直接投资领域较广，涉及进出口贸易、资源开发、加工、生产装配、种植、工程承包、房地产、交通、运输、金融保险、医疗卫生、咨询服务、旅馆服务及中餐馆等领域，但是，大多数集中在资源开发和出口带动型加工业。有关资料显示，资源开发型占 29.4%，出口带动型占 51.6%，科技开发型占 19%。

3. 投资区域大多集中在北美和亚太地区。在这些地区，无论企业数，还是投资额所占的比重都较大。在美国、泰国、俄罗斯、日本、加拿大、澳大利亚、新加坡、德国、中国香港、中国澳门等 10 多个国家和地区集中了我国海外企业数的 55%，对外直接投资总额的 78%。

4. 平均投资水平低，以发展中小项目为主。当前国际上单一项目跨国投资的平均投资额，发达国家约为 600 万美元，发展中国家约为 450 万美元，我国只有 57 万美元。

---

① 《人民日报》，1994 年 2 月 6 日。

5. 投资方式以新建型较多。我国对外直接投资的方式较多。从所有权构成来看,海外独资企业占 20%,与东道国共同举办的占 71.4%,与第三国合资的占 8.6%。合资企业主要采用股份有限公司和有限责任公司的形式,其中股份有限公司占 64%,有限责任公司占 36%。新建的约占 86%,通过购买、兼并方式形成的比重较低,而发达国家的对外直接投资 50% 以上是通过购买、兼并等方式实现的。

(二) 我国跨国公司的类型

在我国的外向型企业中,少数大型企业集团正在向跨国公司的方向发展,有的已经具备跨国公司的雏形。有关材料表明,我国享有对外经营权的企业集团已超过 100 家。它们主要有以下几种形式:

1. 工贸一体化型。这种跨国公司以一个或几个大型骨干企业为核心,联合一批在经济技术上有密切联系的企业,生产一种或几种产品,并通过自己的销售系统打入国际市场。如深圳赛格集团,它是一个由 158 家企业联合而成的外向型企业集团。前几年它在香港地区建立了赛格有限公司,1988 年它还在香港地区收购了艺高电脑公司的部分股份,开办了以产品开发为主的善美赛格研究所,在加拿大收购了在美国东部拥有 95 家联销店的销售网,在美国开办了太平洋赛格有限公司,在肯尼亚开办了肯尼亚赛格电子有限公司。此外,在日本、德国、中国澳门等国家和地区也建立了技工贸结合的分支机构。近几年,该集团出口产值已经超过总产值的 50% 以上。

2. 外贸联营型。这种跨国公司是以一个或几个外贸企业为龙头而联合起来的。它们的主要任务是为为数众多的中小企业提供出口服务。随着中国外贸体制改革的深化,这类外向型企业集团迅速发展。除原有的中化、五矿、华润、南光等集团外,近几年各地又发展了一批这种企业集团。比如,北京市就先后成立了首饰、针织、机械、毛纺织等出口联营集团,这些集团凭着各自不同的顾客和销售渠道,以互相区别的经营范围、各具特色的经营手段,活跃在国内、国际市场上。

3.交通运输型。它们主要是以从事国际间的海运、空运的公司为龙头,联合一批为其服务的企业而形成的。这种集团规模一般都比较大,而且具有一定的行业垄断性。如以中国远洋运输总公司为核心形成的中国远洋运输集团,拥有紧密层企业160家,半紧密层企业150家,其中在国外的企业34家,1992年,其远洋商船队吨位约占全国远洋商船队吨位的76%,远洋运输量占全国远洋运输量的69.1%;以中国国际航空公司为核心而形成的中国国际航空运输集团,经营航线74条,1991年,运输周转量占全民航局的38.4%,旅客运输量占全局的14.8%。

4.金融投资型。有的金融企业通过在国内外投资新建、兼并、参股等形式不断向其他行业发展,进而形成了金融与工商企业紧密结合的跨国集团,中银集团、中信集团就是如此。中银集团主要以中国银行的海外分行为主体,进行跨国经营;中信集团是以中国国际信托投资公司为核心而发展起来的。现在它已经发展为以信托投资为主,经营生产、技术、金融、贸易、房地产、旅游服务等综合性业务的外向型企业集团。它现在拥有20多家子公司,这些子公司分布在国内一些主要省市,以及美国、加拿大、澳大利亚、中国香港等国家和地区。此外,它还在日本、美国、法国等国家设立了办事处。

5.劳务输出和对外服务型。组建这种跨国集团的目的是为了更好地对外提供各种劳务和服务,因此,它们集中在建筑、旅游等行业。比如,以中国建筑工程总公司为核心组成了中建集团,以中国国际旅行社为核心形成了中国国际旅行社(中旅集团)集团。

五、发展我国跨国公司的意义和作用

1.发展跨国公司有利于扩大出口。在海外办企业,可以避开一些国家的贸易保护主义壁垒,降低出口成本,扩大我国的出口量,尤其在我国的出口额不断增长,一些国家对我国的出口限制越来越严、越来越多的情况下,采取在海外办企业的方式对扩大我国的出口越来越重要。从我国对外直接投资的构成来看,直接投入的外汇资金只占1/3,而设备、技术、劳务作价投资约占2/3,增加对外直接投资无异于增加了我国的对外出口。例如,上海自行车集团公司在非洲加纳成立了凤凰加纳有限公司,在巴西也兴办了两家自行车组装厂,1991年这三家海外企业销售自行车80万辆,占集团自行车出口量的1/3;又例如,福州在北也门合资兴建的金属制造有限公司总投资额为49万美元,中方投资24万美元,4年营业额达到423万美元,获净利润78万美元,为我方投资的3.25倍。

2. 跨国公司的发展有利于利用国外资源弥补我国资源的不足。虽然我国是一个幅员广阔、资源丰富的国家,但并不是各种资源都占优势,而且我国人口众多。有关资料表明,我国有经济价值的资源的人均拥有量大部分低于世界平均水平,这是制约我国经济发展的一个重要因素。发展海外直接投资是缓解我国某些资源紧张的重要措施。近年我国一些海外企业在这方面已经进行了有益的探索,取得了成功的经验。中冶进出口总公司在澳大利亚投资的恰那铁矿,预计在30年内将运回国内2亿吨含铁量在60%以上的高品位铁矿砂。中信等公司在美国独资经营的森林开采项目以及与美国合资经营的西林公司、与加拿大合资兴办的纸浆厂等,目前已把木材、纸浆等产品运回国内,有助于缓解我国木材和纸浆的不足。我国远洋捕鱼业已经在印度洋、太平洋、大西洋和阿拉伯海沿岸的一些国家投资9000万美元兴办海外企业,产品除在国际市场上销售外,还运回国内满足国内市场的需要。

3. 有利于利用国外资金。在海外办企业,可以利用海外发达的金融市场更方便地筹措资金,少花钱多办事,以缓解我国资金短缺的状况。由我国几个大企业集团投资在1亿美元以上的大项目，几乎都是在海外自筹资金兴办起来的。如中国外运总公司没有花国家一分钱，完全靠国外商业银行的贷款，采取滚雪球的办法在短短十几年里建立起了一支规模可观的远洋船队，拥有集装箱船、散货船、多用途船、滚装船等各类船舶150万载重吨，航行在30余条航线上。中信公司和有色金属工业总公司，以国际金融租赁方式，利用四国九大银行的银团贷款，投资1.2亿美元，购买了澳大利亚波特兰炼铝厂10%的股权，两年后就收回了全部投资。

4. 有利于引进国外的先进技术、设备和管理经验。通过在海外办企业，可以得到国外的一些先进设备、技术，管理人员在与外籍人员的合作中也可以学习到更多的现代管理方法和先进的管理经验，提高管理人员的素质。我国一些大企业在海外办企业的实践已经为我们提供了很有说服力的例子。如首钢1988年购买了美国斯塔工程设计公司70%的股权，使它在我国钢铁工业中首先获得了国外先进的轧钢和连铸设备设计技术，首钢还可以直接使用该公司的850份图纸和微缩胶片、46个软件包、41项专利技术和2个注册商标，并为首钢设计2060热连轧机和5.5米宽板轧机，填补了我国冶金工业的空白。

5. 有利于消化和转移国内过剩的加工能力和传统技术，加快国内产业结构和产品结构的调整。我国除在发达国家和地区创办海外企业外，也在一些发展中国家创办海外企业，这些国家经济技术比较落后，缺乏高水平的技术人才和管理人才，对高新技术并不很适应，倒是喜欢对它们来说比较适应的技术。因此，我们对这些国家有技术、设备、人才等方面的优势。在这些国家发展海外企业我们多采用出设备、出技术的投资方式，例如我国的一些企业在有的非洲国家创办的自行车厂、棉纺织企业多采用这种形式。这不仅扩大了我国的商品出口，而且转移了国内过剩的加工能力和传统技术，有利于国内产业结构的调整和产品结构的调整。

六、深化改革，推进我国跨国公司的发展

实行改革开放政策以来，我国的跨国公司迅速发展，成效显著，但是也还存在不少问题，如体制上还不适应跨国公司的发展，投资结构还不合理，投资规模较小，缺乏经营国际企业的人才，管理不适应，等等。解决这些问题，必须从以下几个方面努力：

1.转变观念，进一步提高对发展跨国公司的认识。跨国经营是国际经济发展的大趋势，在发展我国的跨国公司这一问题上，一些人还存在一些糊涂认识。比如，有人认为，我国是一个发展中国家，只是在土地、劳动力等方面才有优势，在管理、技术、设备、产品等方面缺乏优势，而这些正是发展跨国公司所必须具备的，所以，我国发展跨国公司的条件还不成熟；也有的人认为，我国是一个资金短缺的国家，为了国内的现代化建设，我们制定了许多优惠措施来吸引外资，在这种情况下，我们又把自己的有限资金投向海外，这样做是得不偿失。这些看法不能说没有一定的道理，但是它们并不能成为我们可以不发展跨国公司的理由。比起发达国家来，在发展跨国公司方面我们的优势较少，这是事实。但是，我们并不是在各个领域都没有优势；而且，我们还应当将国家的优势和企业的优势区别开来，就整个国家来说，我国还是发展中国家，优势不如发达国家多，但是并不排除我们的少数大型企业已经具备了发展跨国公司的基本条件，而这正是跨国公司产生的真正原因；更何况优势是相对的，对一些国家我们没有优势，对另一些国家我们就有优势。发展跨国公司没有必要的资金自然不行，但是资金并不是对外直接投资的唯一形式，设备、技术等有形资产和无形资产也是对外直接投资的重要形式。美国哈佛大学的经济学教授刘易斯·威尔斯就曾

经指出,发展中国家对外直接投资有以下三方面的竞争优势:一是利用小规模制造占领大跨国公司不愿意占领的小规模市场;二是有效地利用当地的资源和革新技术,以生产满足特殊需求的特殊产品取胜;三是接近市场,以低成本、低价格获得竞争优势。实践也证明,近年来发展中国家的对外直接投资是在不断增长的,有的发展中国家还成了资本净流出国。

更重要的是,我们对发展我国的跨国公司必须有一种紧迫感。20世纪90年代和21世纪我们将面临着更加复杂的国际经济形势。一方面,经济国际化将进一步发展,任何一个国家的经济都将通过各种形式成为互相联系的全球经济的一个不可分割的组成部分。对我国来说,随着我国在关贸总协定缔约国地位的恢复,外国公司和产品将更加方便地进入我国,同时也为我国的企业和产品进入别的国家创造了较好的条件,我们既将面临一个更加开放的国际环境,又将面临着更加严峻的挑战。另一方面,国际经济的区域化、集团化的趋势也将进一步加剧,为了争夺市场,各国之间特别是发达国家之间的贸易战、贸易制裁等也会不断发生和升级。能够避免贸易壁垒的跨国公司必将得到更大的发展,所以20世纪90年代和21世纪也必将是跨国公司盛行的时代。谁不发展跨国公司,谁就会在激烈的国际竞争中处于十分不利的地位。

2. 深化改革,为海外企业的发展创造宽松的环境。

(1)要对国有企业进行公司化改造,建立现代企业制度,理顺母公司和子公司的关系,增强企业的活力。跨国公司的母公司一般都在国内,现在它们中的多数还隶属于政府的行政管理机构,受许多不必要的行政干预的困扰。"城门失火,殃及池鱼",它们在国外的子公司也因此而受到许多干扰,使企业缺乏充分的自主权,缺乏竞争力。为了增强企业的活力,要对国有企业的产权关系进行重组,实现所有者(投资者)主体的多元化,把国有企业改组成有限责任公司或股份有限公司,对其经营的资产拥有法人所有权,使它们成为能自主经营、自我发展、自我约束和自负盈亏的真正的法人企业,增强企业的活力。同时,也要理顺它们和海外子公司的关系,给子公司充分的自主权,以使它们在现代市场经济的激烈竞争中求生存、求发展。

(2)要制定完善的对外直接投资的有关法规、政策。在海外直接投资主要取决于双边的保护投资协议,东道国的公司法、保护外国投资法等法律,但是也涉及国内的一些问题,如资金融通和出入、人员出国的审批、税收征管等,也应该通过有关的法律、法规作出明确的规定。

(3)要建立一个管理机构,对海外直接投资进行指导、服务。我国在海外的直接投资已经具有相当规模,但是缺乏统一的规划、协调,有的还在海外相互竞争,自相残杀,而使渔翁得利。因此,我国应当建立一个指导、服务性的机构,对海外直接投资进行规划、指导、协调和提供咨询及其他服务。

3. 制定我国跨国公司的长期发展战略。明确发展我国跨国公司的目标,制定我国跨国公司发展的行业战略、地区战略和进入战略。

在选择投资行业时,我们既要考虑各国直接投资在行业方面的变化趋势,又要考虑我们自己的实际情况。从国际上的发展趋势来看,战前跨国公司主要投资于采矿业、石油业等,行业结构比较单一。战后逐渐向制造业、金融业、邮电通信等产业发展,形成了多样化的投资格局。其中,制造业成了跨国公司的投资主体,占50%左右,长期处于第一位,但是近年来其比重有所下降;处于第二位的是金融、保险、邮电、通信等服务行业,占35%左右,且仍呈上升趋势;在石油、采掘业的投资比重迅速下降,只占15%左右。从发展趋势看,我国的对外直接投资的重点也要逐步转向制造业,但是从现实情况看,我国的制造业只是对发展中国家有较多的优势,对发达国家它的优势较少,这就制约了这个产业对外直接投资的增加,目前只能是打好基础,积蓄力量,以待将来有更大的发展。我国在工程承包、远洋运输、金融、咨询、旅游、饮食服务等行业则有较多的优势，对外直接投资已经有了一定的基础，而且也合乎国际上对外直接投资的发展趋势，我们应该抓住机遇，大力发展。为了弥补我国某些资源的短缺，资源开发方面的直接投资仍可以有一定的发展，但是，由于多数资源开发需要的资金多、周期长，不可预料的因素较多，这方面的直接投资一定要适度。

在投资的地区分布上，应该在突出重点的基础上，逐步向全方位展开。在今后相当长的时期里，我国的投资重点应该放在北美贸易区、独联体地区和东南亚地区。美国、加拿大、墨西哥已经签订了自由贸易协定，在这些地方投资，可以突破贸易壁垒，扩大出口；独联体国家正处在经济体制转轨期、经济发展转型期，物资匮乏，资金短缺，它们的企业竞争力又不强，我国和它们在经济上也有很大的互补性，在这些国家投资比较容易站住脚跟，取得较好的效果；东南亚的多数国家与我国发展水平差不多，我们的产品、技术对它们较适用，它们的市场潜力很大，市场条件较好，并且，我国在这一地区还有不少华侨，在这一地区有良好的发展前景。除这些地区之外，我们也应当注意增加在欧共体、非洲等地区的投资，以形成全方位的投资格局。

采取适当的进入战略是在海外直接投资能否尽快见到效果的前提。进入方式可以有多种形式，如建立独资新企业、联合投资建立合资企业、购买现有企业的股权、兼并等。在这些进入方式中，我们要特别重视利用兼并这种形式。这是因为：

（1）世界产业界已经进入企业兼并的新时期。据英国《金融时报》报道，1992年，全世界企业兼并和收购交易为18100起，交易总额达726亿美元，比1991年的544亿美元增加34%。其中，欧共体内兼并的企业为1850家，比1991年的1300多家增长50%。德国工业发展咨询中心和美国波音公司经济预测中心的权威人士预言：未来世界产业界将步入企业兼并发展的新时期,将以兼并、重组为特征,勃兴竞争浪潮,带动产业向更大规模、更高层次发展。

(2)全球经济不景气给兼并带来了好机会。西方经济的长时间不景气,使许多企业陷入了困境,不少企业急需寻求买主,出让产权。资料表明:1992年,德国约有9500家企业经营不景气,其中一半左右需要拍卖产权;英国约有8500家中小企业利润滑坡,需要输血;比利时有5000多家企业已经倒闭或即将倒闭,日本也有3500家企业岌岌可危,拟出卖产权。据世界银行亚洲分部所属咨询机构分析,仅西方发达国家受经济危机严重影响的就达6万家左右。约旦2/3的企业需要改组,直至拍卖产权。独联体国家的企业也面临相似的处境。据俄罗斯报刊透露,仅1993年,出让产权的企业就达5000家,今后几年,每年将有2000家左右的企业需要出售。

(3)采取企业兼并形式比直接投资办新企业更有效益。据日本企业家协会对200家直接投资办厂和兼并企业的跨国公司的比较,直接投资办企业一般要一年半到两年才能开业,要形成一定的规模至少要3—5年;而兼并企业有3—5个月即可,而且许多兼并企业迅速形成规模,即使加以改造最多也只需1—2年,比新建缩短2—3年。

(4)采取兼并的形式更符合我国企业的实际情况。我国许多企业的规模不大,资金不充足,今后应该更多地采用兼并的方式,可以是一个企业进行独立兼并,也可以和几个企业联合起来共同去兼并一个企业。

4.建设好大型企业集团特别是大型外向型企业集团。大型企业集团是我国企业跨国经营的国家队和先遣部队,特别是大型外向型企业集团已经初步具备了跨国经营的条件和实力,积累了不少国际经营的经验,有的已经形成了跨国公司的雏形,在理顺集团与国家以及集团内部关系的同时,要鼓励这些集团向跨国公司发展。

第十章 企业的生命周期与企业的蜕变

在前几章,从不同角度讨论了大中型企业的经营与发展问题。这一章是本书的最后一章,我们将从总体上来讨论一下大中型企业的经营与发展问题。所以,本章所涉及的都是企业经营与发展的一些综合性问题。

一、企业的生命周期

(一)企业的成长类型

按照不同的划分标准,可以把企业的成长划分为不同的类型。比如按照扩大再生产的方式,可以把企业的成长划分为内涵式成长方式和外延式成长方式。为了分析企业的生命周期,这里我们按照企业的规模扩张来划分企业的成长方式。我认为,按照企业的规模扩张可以将企业的成长方式划分为A、B、C三种类型。每种类型的发育成长如图10-1所示。

图10-1中的类型A为欠发育型。所谓欠发育型是指企业在建立时是一个小企业,经过多年的成长与发展,虽然其素质可能提高了,实力也可能增强了,但是在它们的生命延续的整个过程中,始终没有成长为大中型企业。所以,我们把这种成长类型称为欠发育成长型。

类型B为正常发育型。所谓正常发育型,是指企业诞生时,只是一个小企业,经过多年的成长,不仅素质提高了,实力增强了,而且从一个小企业成长为一个大中型企业,甚至成长为一个超级大企业。虽然这种企业的数量并不多,但是,它们却非常有代表性,所以我们将它们称为正常发育型。

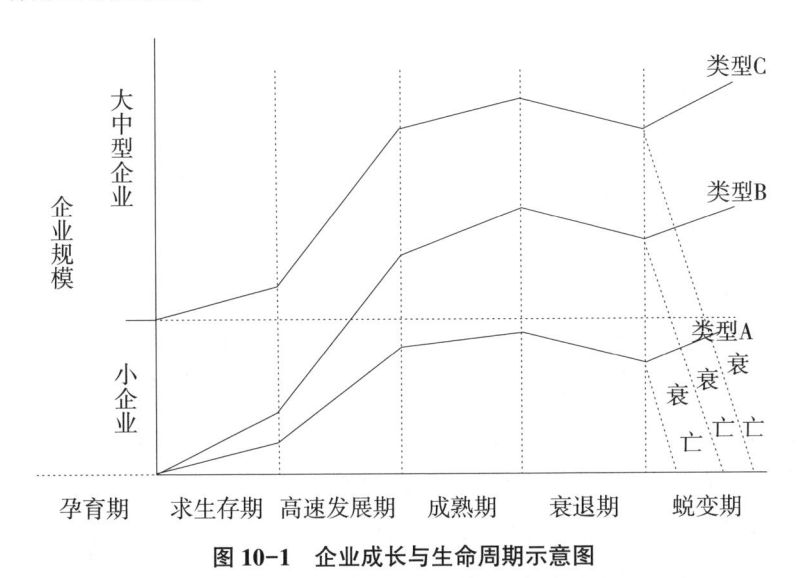

图 10-1　企业成长与生命周期示意图

类型 C 为超常发育型。从图 10-1 可以看出,这种类型的企业诞生时就是大中型企业,因此,在成长过程中它们的起点高、实力强,它们中的不少企业在成长过程中发展为超级大企业和跨国公司。随着大企业股权的社会化、分散化的发展,随着机构投资者、法人投资者的大量涌现,随着一些新兴产业的出现,这种类型的企业越来越多。

(二) 企业的生命周期

许多管理学者和企业家都认为企业既然可以作为能动的有机体看待,那么,企业一定是有生命周期的。比如,松下幸之助就说过,"松下电器也会自然消亡"。有些人还对企业的寿命作过分析,比如,日产的

Business 的《企业的寿命》一书就提出了企业的寿命一般为 30 年左右的观点。中国台湾企业家张安平先生也对企业寿命进行过分析。他认为,"无论在东方或西方,大多数的企业只有着与人一般的短暂生命。70 年前美国及日本 50 家最大的公司,所剩寥寥无几。而中国则可能一个都没有。历史告诉我们,大多数企业的繁荣期不过 30 年"。①

所谓企业的生命周期,就是指企业诞生、成长、壮大、衰退甚至死亡的过程。根据对国内外企业成长过程的考察,企业的生命周期可以划分为孕育期、求生存期、高速发展期、成熟期、衰退期和蜕变期等成长阶段(如图 10-1 所示)。

由于企业有不同的成长类型,各成长类型在生命周期的各个成长阶段的特点自然也会有所不同。本书主要讨论大中型企业的经营与发展问题,所以,类型 A 与本书的研究对象无关;类型 B 的某些发展阶段虽然与本书的研究对象有联系,但是它们和类型 C 的相同阶段是重复的,而且作者在《企业学》一书中曾对这种成长类型作过较详细的分析。②所以,下面我们将只讨论类型 C,即超常发育类型的生命周期问题。

超常发育类型与其他类型一样,其生命周期可以划分为孕育期、求生存期、高速发展期、成熟期、衰退期和蜕变期。

1. 孕育期。指企业的创建阶段。大中型企业无论采取哪种方式兴建,在孕育期都有如下特点:

(1)可塑性强。由于企业处在筹建过程中,产品方向、工艺技术装备、建厂地点等的选择余地都很大。企业建成什么样子,主要取决于创办者的实力、技能、经验、发展目标以及市场定位等因素。

(2)投入大,建设周期较长。要建设一个大中型企业,需要投入大

---

① 张安平:"企业家精神",载于《论企业家精神》,周叔莲、闵建蜀主编,经济管理出版社 1989 年版。

② 陈佳贵:《企业学》,重庆出版社 1988 年版。

量资金。建成这样的企业,一般都需要3—5年,有些企业,如大型水电站、地铁等则需要更长的时间。在建设期,只有投入,没有产出。建设周期越长,企业的负担越重。因此,要尽可能缩短孕育期,使企业早投产,早创收。

(3)对企业以后的发展影响大。在孕育期,各方面的工作做得比较细,基础打得好,企业投产后就能顺利发展;相反,如果工作做得粗,决策失误,如技术装备选得不合适,工艺不合理,就有可能造成先天不足,甚至流产。

针对以上特点,在企业的孕育期,企业应该把主要精力放在抓建设质量和生产的准备工作上,包括产品的设计、流动资金的筹措、原材料的准备、人员的培训以及管理组织模式的选择,等等。只有把这些工作抓好了,企业才有可能顺利投产。

2. 求生存期。企业取得登记注册,并开始营运后,就进入求生存期。小企业在求生存期间具有实力较弱、产品方向不稳定、波动大、破产率高和创新精神强等特点。与小企业不同,大中型企业在求生存期间则具有一些新的特点,包括:

(1)人员结构不合理。由于是新建企业,新职工多,年轻职工多,有经验的老职工少,特点是缺乏有丰富经验的技术人员和管理人员。

(2)产品质量不稳定。由于新职工多,技术力量薄弱,职工对设备的技术性能、操作等还不熟悉,管理特别是质量控制也还没有走上正轨,产品质量会经常发生波动,有时甚至会发生质量事故。

(3)发展速度不稳定,波动大。在求生存阶段,一方面,由于企业是从零开始,基数较低,产量尚未达到设计能力,只要有市场需要,企业的发展速度可以达到几倍,甚至十几倍;另一方面,企业竞争力还不强,用户还不稳定,又会影响企业的发展,使企业的生产产生较大的波动。

(4)管理工作不规范。由于管理制度还不健全,无章可循和有章不循的现象同时存在,致使管理工作还不规范,管理水平较低。

(5)企业缺乏自己的形象。由于企业刚投产不久,在企业内部尚未形成具有本企业特点的管理哲学和企业文化,企业的产品在市场上还没有得到广泛认可,企业还没有树立起自己的形象。

根据以上情况,在求生存期,企业的主要精力应该放在做好基础工作、树立自己的形象和开拓产品市场上,围绕着这些工作促进企业健康成长。

3. 高速发展期。企业创立以后,在5—7年之内能生存下来并获得一定的发展,一般就会进入高速发展期。企业在这一发展阶段的主要特点是:

(1)实力增强。企业进入高速发展期后,生存问题已基本解决,经营者已积累了比较丰富的管理经验,企业职工增加,它们的技术水平也得到了提高,企业自身拥有的资金增加,筹措资金的能力也增强。

(2)形成了自己的主导产品。在这期间,企业形成了自己的主导产品,它们一般都占企业销售额的70%以上。这些主导产品已经得到用户的承认,因此,企业可以大批量生产。与此同时,企业的专业率降低,据日本专家分析,处于高速发展期的企业,其专业率要比处于求生存期的企业降低60%以上。

(3)由单厂企业向多厂企业发展。在求生存期,企业一般为单厂企业,随着高速发展期的到来,企业规模进一步扩大,单厂企业发展到一定规模,要再扩大生产规模就会使成本上升,效益降低。为了使企业继续成长,只得另建新厂,企业由单厂企业变成了多厂企业。

(4)创造力强,发明创造投入使用快。处于高速发展阶段的企业,不仅具有很强的创新精神,而且具有很快将创造发明投入使用的能力。据有关材料反映,在原西德,来自高速发展的大中型企业的创造发明占74%。而且在这些企业里,创造发明的成果只需两年就可以投入使用,而在进入成熟阶段后的大企业里,创造发明的成果要4—5年才可能被使用。①

(5)发展速度快,波动小。处于高速发展阶段的企业既具有很强的活力,又具有较强的实力,所以一般都发展很快。美国一家企业管理咨询公司麦西金公司1983年提供的研究表明,属于美国企业家协会的70家会员公司(都属于迅速发展的中型企业)在过去的五年里,销售额每年至少增长15%。1982年,美国中型企业销售额平均增长12%,资本的平均回收率为10%,其中,名列前茅的一批迅速发展的中型企业,销售额的年增长率达到43%,企业资本回收率达到14%,在销售额和资本回收率两方面,迅速发展的中型企业都超过了《财富》杂志所列举的美国发展最快的250家大公司。②

(6)企业的专业化水平提高,企业之间的协作加强。在高速发展阶段,由于企业的产品得到了社会的承认,销售量激增,往往出现企业的生产赶不上市场需求增长的现象。为了解决这一矛盾,不少企业往往把零部件扩散出去,让别的企业生产。这样就既减少了本企业生产的零部件的种类,提高了专业化水平,又发展了与其他企业的联合关系,取得了扬长避短的效果。因此,企业之间的协作、联合大多数发生在企业的高速发展阶段。

(7)管理逐步走上正轨。企业规模扩大,管理变得复杂起来。企业的规章制度得到了完善;一些先进的管理办法也逐步在企业得到采用;管理组织结构发生变化,逐步由集权制向分权制发展。

高速发展阶段是企业的关键发展时期,在这一发展时期,一方面,企业的战略重点应逐步由争取生存转到争取有利的发展机会和争取各种发展资源方面来,抓住有利时机,使企业获得快速、健康的成长;另

---

① 翁全龙:"西德的中小企业何以能生存和发展",《经济与管理研究》1982年第3期。
② "朝阳经济里的美国中型企业",《世界经济导报》,1983年8月22日。

一方面，企业的决策者又要保持清醒的头脑，认真分析企业的内外部形势，全面估计自己的实力，不要把摊子铺得太大，把战线搞得过长，使自己陷入困境。在实际经济生活中，许多企业的领导者，容易只看到前者，而忽视后者，结果作出了错误的决策，使企业的发展遇到极大困难。比如，深圳的一家颇有名气的以经营房地产为主的企业，前些年发展很快，经济实力大大增强，但是他们没有抓住有利时机调整投资结构，当经济形势变化、房地产市场不景气时，它就遇到了极大的困难。还有些企业在发展多样化经营时，由于摊子铺得过大而发生了严重的困难，应该认真吸取这些教训。

4．成熟期。经过高速发展后，企业就进入成熟期阶段。处于这一阶段企业的主要特征是：

（1）发展速度减慢，甚至出现停止发展现象，但是效益提高。企业规模已经很大，企业的发展逐步由外延式转向内涵式，由粗放经营转为集约经营。这种转变，虽然使企业的发展速度减慢了，但却使其效益提高了。

（2）产品逐步向多样化方向发展，并形成了有特色的产品，甚至名牌产品。企业经过长期的经营，提高了自己产品的知名度和市场占有率，有些企业还创造出了在全国或全世界有很高知名度的名牌产品。与此同时，原有产品市场的竞争也越来越激烈，为了进一步发展自己和减少经营风险，企业的产品逐步由单一化向多样化发展。

（3）企业向集团化方向发展。随着分公司、分厂数量的增加，总公司对它们采取集权式管理越来越不利于发挥它们的经营积极性，只好将它们从总公司分离出来，让它们成为独立的法人，而且公司在发展过程中也会兼并一些企业，这样就形成了母子公司体制。随着子公司、关联公司数量的增加，公司逐步向集团化方向发展。有些企业还跨出国门，在国外设立生产经营性的子公司，从而向跨国公司的方向发展。

（4）树立起了良好的企业形象。经过多年的经营，企业形成了自己的经营理念和经营哲学,培养起了具有本企业特点的企业精神,创出了名牌产品和商标,并通过各种广告媒体的作用,使企业的经营思想、企业精神、企业的产品为世人所知晓,在公众中树立起了良好的形象。

(5)内部管理逐步由集权模式向分权模式发展。为了适应公司产品向多样化方向发展和公司组织形态向集团化和跨国公司的方向发展,企业管理模式逐步由集权型向分权型发展,公司下属单位的权限扩大。据J.马克汤姆70年代初对美国202家工业公司的四大决策权的分析,公司的下属单位分别拥有52%的定价权,44%的广告权,28%的研究开发权和4%的投资权。①此后,分权情况有了进一步发展。在许多大公司内部,各个经营单位的经济关系越来越"市场化"。比如在通用汽车公司内部,各生产经营单位之间的往来虽然有一个统一的计划,但是如果产品(或劳务)的提供部门的开价高于市场价格,使用部门有权要求调整;如果提供部门不肯降价,使用部门可以到市场上去采购。同时,为了适应这种分权的管理办法,公司的管理组织结构也广泛采用事业部制、超事业部制、矩阵制等管理模式。

(6)创新精神减退,思想趋于保守。处于成熟期的大企业,领导者中老年较多,他们的知识全面、见识广、经验丰富、老成持重,但是,他们最明显的缺点是不如年轻人对新生事物敏感和有强烈的改革要求,而且,企业发展到今天,他们付出了极大的心血,他们对企业充满了深厚的感情,容易只看到成绩,而忽视缺点,因此,创新精神、改革精神减退。从企业职工来说,在处于成熟期的大企业里,中老年职工是主体,年轻职工较少,职工思想不如新企业活跃。同时,处于成熟阶段的大企业力量雄厚,竞争力强,压力比较小,这些也是导致大企业创新精神减

---

① J.马克汤姆:《混合联合企业和公共政策》,1973年版。

退、思想趋于保守的因素。

在这一阶段，企业工作重点是如何保持创新精神，防止和克服骄傲自满情绪，千方百计挖掘企业潜力，提高企业的经济效益，延缓衰退期的到来。比如，在保持创新精神方面，可以更多地起用年轻的经理人员，特别要注意将年轻有为的中青年管理人员选拔到高层领导中，让他们承担更多的责任；在研究与开发方面，必须增加投入，加快技术装备更新改造和产品升级换代的步伐。

5. 衰退期。企业如同人一样，机体也会衰退。企业在衰退期的主要特征是：

（1）"大企业病"日益严重。"大企业"是由于规模过大而产生的。它的症状很多，包括间接生产人员增多、管理机构庞大的"肥胖症"，决策过程复杂、行动缓慢的"迟钝症"，企业内部各个部门、各个单位的矛盾增多、协调困难的"失调症"，各单位本位主义严重、企业上层领导很难控制的"失控症"，安于现状、墨守成规的"思想僵化症"，等等，都属于"大企业病"的表现。它们虽然在成熟期就已出现，但是还不十分严重，而且采用适当分权的管理办法，在一定程度上还能得到医治，但到了企业衰退阶段，由于其他一些因素的影响，它们又会变得突出起来，逐步成为企业成长的一种顽症，不动大手术，就不能得到根除。

（2）工艺落后，技术装备陈旧。在现代，新工艺、新技术、新材料大量涌现，使得企业技术更新的周期加快，处于衰退期的企业，由于没有抓住机会进行技术更新改造，或者企业无力进行大规模的更新改造，使得企业的工艺落后，设备陈旧。

（3）产品老化。造成产品老化的原因很多：有的是因为整个产业衰退了，出现了新兴的产业，如半导体元件的出现，使以电子管为元器件的产品被淘汰；有的是由于企业的研究与开发工作没有搞好，拿不出新产品代替老产品；有的是由于工艺落后、技术装备陈旧，生产的产品达不到新的标准。除此之外,还有的企业是由于资源发生了枯竭而造成产品质量下降、生产衰退,如油田、矿物开采等。

(4)企业的生产萎缩,效益降低。由于受产品老化、资源枯竭和"大企业病"等因素的影响,企业的生产发生萎缩,有的甚至出现负增长。同时,企业的效益降低,利润率下降,有些企业还发生严重亏损。

(5)负债增加,财务状况恶化。由于生产萎缩、效益降低和严重的亏损,企业的资金周转日益困难,负债增多,企业的财政状况日益恶化。

因此,处于衰退期的企业的工作重点是尽量缩短衰退期,促进企业的蜕变。

6. 蜕变期。企业进入衰退期后,存在着两种前途:一是衰亡。如图10-1的虚线所示。企业在成长的各个阶段,都可能因为各种原因而破产,使企业消失,但是这些破产死亡只是夭折;而进入衰退期之后的破产死亡是企业机体老化而引起的,所以可以称它们为衰亡。二是蜕变。这种蜕变就如同某些昆虫的蜕变一样,是改变了形体而存续下去。这里需要强调的是:对欠发育成长型企业来说,进入衰退期后,衰亡的可能比较多些,因为它们的规模比较小,破产比较容易,对社会的影响和震动也小;对正常发育型和超常发育型企业来说,由于它们都是大企业和超级大企业,绝大多数不会衰亡,而是发生蜕变。

企业的蜕变期是企业成长过程中的一个关键阶段,它关系到企业是否还会延续。为了对企业的蜕变期有个明晰的概念,我们先要对企业的形体作点分析。我在《企业学》一书中,曾提出企业有两种形体:一种是经济形体,包括法律形式、产权关系、经营方式、管理组织结构、劳资关系等,这种经济形体产生企业的经营机制(经济机制);另一种是实物形体,包括机器、设备、厂房等,它们按照一定的工艺流程要求有机结合起来,就产生了企业的生产机制。这两种机制的紧密结合,才使企业的各种经济活动和生产经营活动正常进行,生产出适应市场需要的产品,或提供市场需要的劳务,并健康发展。[①] 在企业成长的其他阶段,企业的经济形体、实物形体和产品也会发生变化,但是这些变化是渐进的、局部的;而在企业的蜕变期,企业的经济形体、实物形体和产品都会发生巨大变化,这种变化是一种革命性的、脱胎换骨的变化。由此我们可以知道,企业蜕变期要通过经济形体、实物形体和产品(劳务)发生革命性的、脱胎换骨的变化才能获得新生。为了对企业的蜕变期有更多的了解,我们将在下一节对它进行深入讨论。

二、企业的蜕变

(一)企业蜕变理论

蜕变理论首先是由日本明治大学经营学部教授藤芳诚一教授在他1978年出版的《蜕变的经营》一书中提出来的。[②] 笔者有幸在1981年听过藤芳教授讲解他的"企业蜕变理论"和"蜕变的经营哲学"。据藤芳教授介绍,他的蜕变理论是受日本帝国人造丝公司的经营实践的启发而产生的。这个公司战后没有及时从生产人造纤维转到生产合成纤维上来,企业曾濒临崩溃的边缘。幸而后来该公司抓紧时机,转产涤纶,才得以生存下来。藤芳教授在总结帝国人造丝转产的经验教训时得出结论:蝉由幼虫变成成虫,脱去原来的皮壳,这是生物的蜕变现象。企业和生物一样,不进行蜕变,就不能在变化的环境中生存。这就叫"蜕变的经营哲学"。

藤芳诚一教授的蜕变理论的要点是:

1. 企业的经营可以分为两类,一类是"战略经营",另一类是"生产率经营"。战略经营是着眼于企业周围复杂多变的环境,有意识"蜕

---

① 陈佳贵:《企业学》,重庆出版社1988年版。
② 滕芳诚一:《蜕变的经营》,泉文堂1978年版。

变"所进行的经营；生产率经营则是着眼于扩大规模，大批量生产以提高生产率和利润率的经营。

2. 以往的经营管理概念是把"提高工作效率"和"充分满足人的需要"这两个方面作为实践目标，藤芳教授认为，应该在上述两项目标的基础上增加"企业的变态存续"，以这三个实践目标结合成完整的、统一的管理理论体系。

3. 企业的组织是一个事业转换的形态组织。要适应环境的变化，从昨天的事业转换为今天的事业，在今天的事业中孕育明天的事业。随着某种产品乃至产业经历"朝阳—夕阳—朝阳"的变化过程，企业人事、经销、产品研制部门及有关科室，从组织形式到业务范围都要进行新陈代谢。

4. 藤芳教授认为，传统的企业目标、企业同社会的关系、企业的利润概念等，在新的环境下都应该进行更新，建立起适应环境的新概念。

从上述要点我们可以看出，藤芳教授的企业蜕变理论是很有新意的，对企业的经营管理有很大的指导作用。但是，我们也可以看出，他的蜕变理论还不完善。首先，藤芳教授没有从企业生命周期的角度来考察企业蜕变，因而没有把企业的蜕变看成是企业成长的一个特殊阶段，这就很难将企业在其他阶段发生的变化和企业在蜕变期发生的变化区别开来。其次，藤芳教授在分析企业蜕变时只注意到了企业的经济形体和产出的变化，而忽视了企业实物形体的变化，而在实际的经营过程中，企业实物形体的变化对产出的变化具有十分重大的影响，它是企业蜕变中的一项重要的变化。

下面，我们将从企业的经济形体、实物形体和产品三个方面来分析企业的蜕变。

（二）企业蜕变的实践

1. 企业经济形体的蜕变。企业经济形体的蜕变包括以下三个方面的内容：

（1）企业法律形态的变化。企业法律形态的变化是经常发生的。有的是从个人独资企业变成有限责任公司，有的是从有限责任公司变成股票上市的股份有限公司，也有的是从私人独资企业变成职工持股的合作企业。比如美国的威尔顿钢铁公司，该公司建立于1909年，其主要拳头产品是用来制作食品罐头盒的马口铁薄板。80年代后，市场需求的变化和美国钢铁工业生产能力的过剩，使其面临严重的危机。1982年，公司老板决定让其自行倒闭。在企业陷入绝境、近万名工人面临失业的情况下，这个厂的职工接受一家投资公司的建议，由企业的全体职工参股将这个企业买了下来，改组成全体职工持股的合作性质的企业，并对管理制度等进行了一系列改革，使企业完成了蜕变，获得了新生。1985年这个企业由亏转盈，纯利润达1亿美元，其中1/3分给了职工。1987年公司职员平均每人都得到约5000美元的红利。1988年，每名职员所得红利增至约9500美元。通过改变法律形态来实现企业蜕变的最典型的例子莫过于国有企业的改革。我们知道，改革前，许多国有企业特别是社会主义国家的国有企业都实行国有国营，近些年来，许多国家都在对国有企业进行改革。改革的方向是逐步实行民营化，包括将一部分国有企业改为负有限责任的国有独资公司，一部分改组成投资主体多元化的有限责任公司，一部分改组成投资主体分散化的股票上市的股份有限公司，一部分企业的资产出卖给私人，变为私人独资企业或合伙企业。无论哪种形式，都改变了企业的法律形态。通过这种改革，企业发生了蜕变，获得了新生。

（2）企业组织形态发生重大变化。主要有以下三种形式：①被兼并。从企业组织形态来考察企业兼并，有两种不同的情况：一种情况是当企业被兼并时，被取消法人地位，换句话说，在法律形态上，企业已不存在。另一种情况是当企业被兼并时，企业的名称、法律形态没有变化,只是所有权或股权发生了重大变化。公司已经变成了别的公司的子公司,由别的公司所控制,所以其性质、地位都发生了变化,从实质上看,企业的经济形态发生了变化。②企业的合并。公司的合并是指两个或两个以上的公司依照法律规定的程序合并为一个公司。公司合并有两种形式:吸收合并和新设合并。吸收合并是指当两个或两个以上的公司合并时,其中一个公司存续,另外一个或一个以上的公司被解散(如图10-2所示)。一个公司如果处在衰退阶段,与其他公司合并时,往往是自己被取消。新设合并是公司在进行合并时,原有公司没有一个存续下来,合并的公司以一个新公司的名称出现。新设合并如图10-3所示。③企业分立。公司的分立也有两种方式:一是公司将一部分业务或某些部门分离出去,让它们成立一些新的公司,这些公司与原公司一样都是独立的法人,但它们在产权上与原公司保持着密切的关系(如图10-4所示)。这种分立方式是比较多的。比如,在国有企业公司化改组时,把服务部门和生产辅助部门分离出来,成立独立的公司,逐步让其自负盈亏,就属于这种方式的分立。二是将公司分离成两个或两个以上的新公司,原有公司解散(如图10-5所示)。无论是哪种方式的分立,从企业组织形态考察,企业都发生了蜕变。

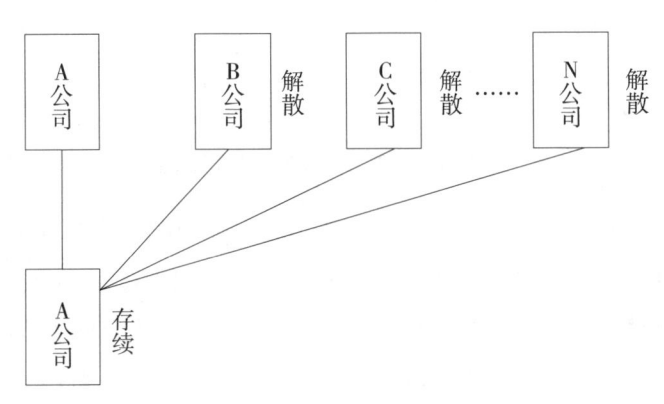

图 10-2　公司的吸收合并

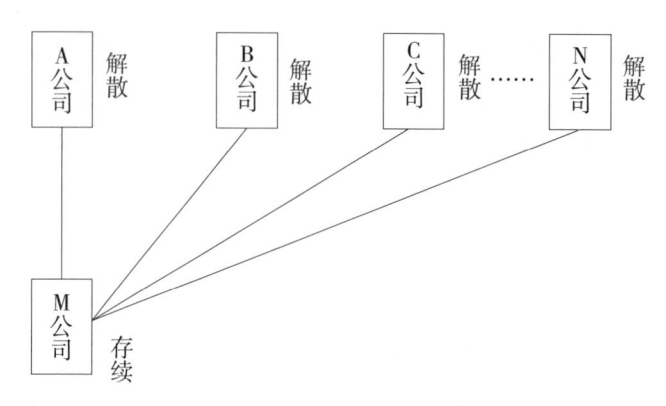

图 10-3　公司的新设合并

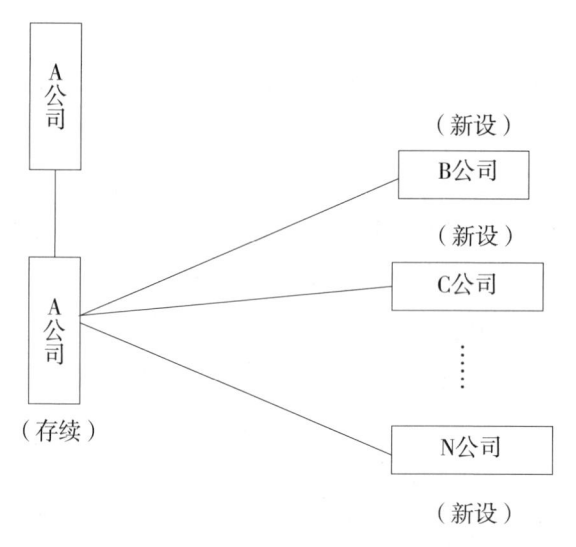

图 10-4　原公司存续的企业分立图

（3）将企业的某些部分卖掉，以收缩战线。比如一些实行横向多元化经营的企业，由于业务跨越许多领域，企业很难驾驭，在企业蜕变期，就出售一些盈利少甚至亏损的部门或子公司，集中力量搞好优势产业和中坚公司。有些实行纵向一体化经营的公司也逐渐解体，集中力量在整个过程中的某一环节上发展。

（4）对公司进行重组。股份有限公司的经营陷于困难，管理混乱，处于严重衰退的状况，面临破产的危险时，可以经过法定程序，对公司进行重组。重组后的公司，虽然其名称未发生变化，但是公司的全部或部分债权人或股东的权力、经营范围、公司章程、管理组织结构、股权结构、公司的高层领导人等都会发生变化，所以重组后的公司实际上来了一次脱胎换骨的变化，完成了企业的蜕变。

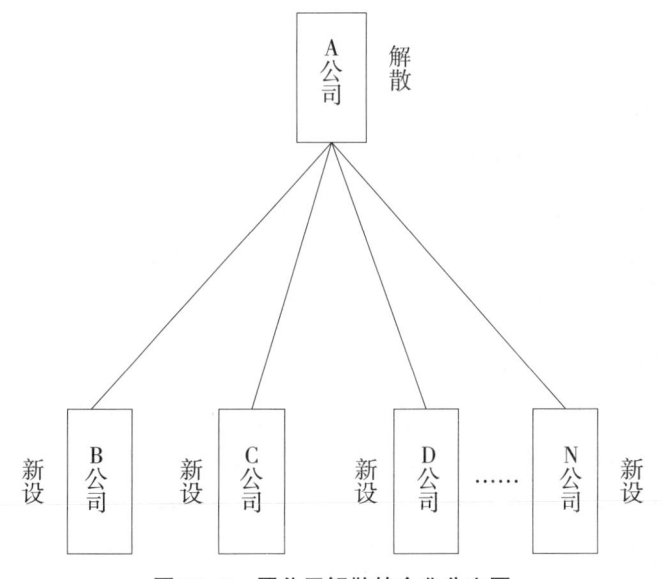

图 10-5 原公司解散的企业分立图

2. 实物形态的蜕变。所谓实物形态的蜕变就是指企业的技术改造。许多处于衰退期的企业，通过对技术装备、工艺的更新改造使企业获得了新生。近些年来，西方市场经济国家企业技术改造的一个显著特点是大量采用高新技术改造老企业。比如钢铁工业，它称得上是古老的传统产业，所以被称为"夕阳工业"，老企业很多，这些企业使用的设备大多是三四十年代的老设备，近些年来企业家们纷纷采用高新技术对企业进行改造，使这些企业焕发了青春。汽车工业也是如此。世界上一些汽车工业企业得以持续发展也归功于用高新技术进行改造。

处于衰退期的企业要大规模地进行技术改造是困难的。通常的做法是,统一规划,突出重点,分步实施。我国乌鲁木齐铝厂在这方面创造出了较好的经验。这个厂创建于1958年,因效益不好,在1962年的调整中下马,1966年批准重建,1970年建成投产。由于设备差、工艺落后,产品质次价高,投产后效益不好,之后出现亏损,到1982年累计亏损达1025万元,使企业陷入了困境。从1981年起,这个厂分三期对企业进行了技术改造。第一期是1981—1983年,他们将10kA的电解铝生产老工艺改造成60kA的新工艺,建成了16台60kA侧插自焙电解槽及配套的整变电系统。一期工程投资513万元,完成改造后1984年企业就实现利润78万元,一举扭转了连续三年亏损的局面。1984年6月到1985年8月,这个厂按照统一的规划又进行第二期改造。他们投资533万元改造成功20台60kA电解槽,使企业的生产能力提高了2.3倍,经济效益大大改善,1986年这个厂实现利润288万元。由于经济效益好,改造后两年就还清了贷款。1985年5月至1988年5月,他们又实施了第三期改造。这次改造新建了114台60kA电解槽和合金生产线、阳极糊生产线及配套的空气压缩机站,形成了年产电解铝2.25万吨、铝合金8000吨、铝杆6000吨、阳极糊2.5万吨的生产能力,经济实力增强,效益得到提高。第三期改造完成后的第二年,即1988年,它实现利润达到2207万元,并获得自治区一级企业称号。之后,这个企业又进行了一些改造。通过10多年的技术改造,企业获得了新生和发展。1994年,生产铝锭超过2.05万吨,完成工业总产值1.98亿元,销售收入2.45亿元,实现利润2860万元。1995年这个厂正在进行股份制改造,随着经营机制的转换,企业将焕发出新的活力,预计1995年销售收入可达到2.8亿元,实现利润4070万元。

吸引别的企业来参与企业的技术改造也是衰退企业进行技术改造的行之有效的办法。我国就鼓励吸引外资对老企业进行改造,这一政策已经收到了较好的效果。通过引进国外和港、澳、台企业的资金和技术,不仅对企业进行了技术改造,而且引进了适应市场经济的企业经营机制和先进的管理办法,使一批处于衰退期的老企业焕发了青春。天津一轻局系统在吸引外资对老企业进行改造方面就取得了很大进展。这个局到1993年年底已经签约的95家合资企业中有75家是对老企业进行技术改造的,占签约合资企业的79%。通过引进外资进行技术改造救活了一批老企业。天津长城食品厂就是其中之一。前些年,这个老企业由于设备老化、工艺落后、产品单调,在经营过程中遇到了很大困难。后来他们与美国卡通公司合资,通过技术改造生产果珍,开辟了我国固体饮品生产的新时代,从1986年到1992年已经销售2.9万吨,营业额9.1亿美元,实现利税2.2亿美元,企业资本增值25倍。

3. 产品的蜕变。产品蜕变有以下两种形式:

(1) 放弃原先的经营方向,转向别的事业或者产品。在蜕变阶段,企业为了增强自己的活力,不惜对自己"动大手术",放弃原来的经营方向,进行转产。最典型的例子是我国的军工企业向民用工业的转变,许多企业正是运用转产的办法实现了企业的蜕变。比如,中国嘉陵工业股份有限公司(集团),它原来是生产军工产品的,在"军转民"中它转产摩托车,现在它拥有国际先进水平的摩托车专业生产线30余条,已经相继开发出5种排量、20个车型的产品,现在嘉陵公司的摩托车产、销量均占全国摩托车总量的1/4,年产量已经超过60万台,成了全国最大的摩托车生产企业。又如,四川的长虹电器股份有限公司,其前身是一家生产雷达的工厂,在"军转民"中,这个厂通过贷款投资建立了一个电视机厂,后又改组成股份公司,现在该公司生产的长虹牌电视机畅销全国,产量位居全国电视机厂的首位。在西方市场经济国家,不少企业也通过转产实现了企业蜕变。例如,美国的胜家缝纫机公司是一个有130多年历史的老企业,产品曾经风靡全世界。1986年该公司将经营方向转到航天产业方面，1987 年它的 87% 的营业额来自航天产业的高技术产品。美国罐头公司也是有 80 年历史的老企业，但是它现在的主要业务是房地产经营、住房建筑贷款、邮售特购产品等。1914 年创建的美国"灰狗"长途汽车公司，1987 年 3 月把它的资产以 3.8 亿美元的价格卖给了别人，它的经营方向转到了肥皂、意大利饼、汇兑、旅馆和短途运输等业务方面，实现了蜕变。

产品或事业的蜕变应该有计划地进行。当今天生产的事业或产品还能给企业带来盈利的时候，就要考虑到它们将来的发展变化，做到未雨绸缪。所以转产或转业的过程是一个循序渐进的动态变化过程（如图 10-6 所示）。

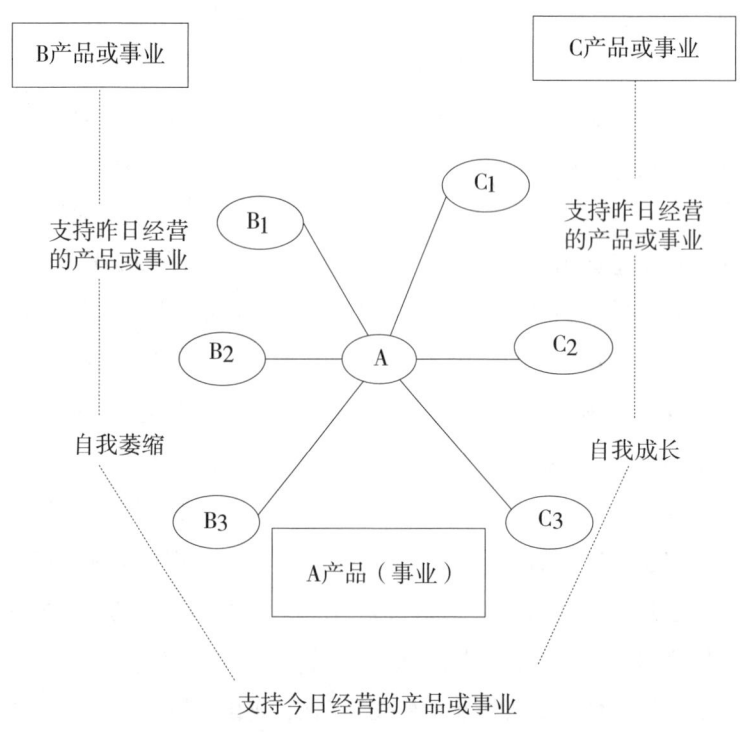

图 10-6　企业转产（转业）过程

图 10-6 显示，企业必须以今天的产品（事业）A 为中心，逐渐使衰退的产品（事业）自我消亡，使有发展前途的产品自我成长。

（2）改变经营重点。有些企业虽然没有彻底转产，但是经营重点却发生了变化。例如，美国通用电气公司 1987 年把营业额达 30 亿美元的电气产品全部卖给了法国的汤姆逊公司，把经营重点转到了它更具优势的医疗设备的生产方面。

三、企业的改革、管理和发展

改革是企业制度、管理体制、管理方法和管理手段等方面的重大变革；管理是对企业各项工作的计划、组织、控制和指挥；发展是指企业在"量"的方面的扩张和"质"的方面的改善和提高。

企业的改革、管理和发展存在着密切的关系。改革是改善企业经营管理、促进企业发展的强大推动力，特别是在我国经济体制的转轨时期，不改革传统的企业制度和转换企业的经营机制，企业的管理水平不可能得到根本性的改善和提高，企业也不能正常地健康发展；管理是巩固改革成果，促进企业发展的可靠保障；发展是改革、管理的最终目标，是企业经营的中心环节。因此，不能把这三者割裂开来、对立起来。不能以改革来代替管理，也不能以管理来代替改革。要把它们紧密地结合起来。要以改革来促进管理工作的改善和提高，以改革、管理来促进企业的发展。

（一）企业改革与企业管理

1. 企业改革能促进改善和加强企业管理。企业改革的内容十分广泛，既包括企业制度的改革，又包括企业管理制度、管理方法和管理手段等方面的改革。

企业制度的变革是企业的一项根本性的改革。在第二章我们讨论过,在西方市场经济国家,企业主要有三种法律形态,或称三种企业制度,即单一业主企业、合伙企业和公司企业。由单一业主企业向合伙企业的转变是企业制度的一次重大变革,从合伙企业向公司企业转变更是企业制度的一次伟大变革。特别是股份有限公司的出现,标志着企业的发展进入了现代企业制度的崭新阶段。西方的许多法学专家和管理学专家对公司法人制度给予了极高的评价,认为它是"新时代"的伟大发现,它的出现可以与蒸汽机和电力的发现媲美。有的学者甚至认为,现代资本主义之所以还能较好地发展,与现代企业制度的建立有很大的关系。马克思也曾经对股份公司给予过肯定的评价,他指出:股份公司出现后,"公司规模惊人地扩大了,个别资本不可能建立的企业出现了。同时,这种以前由政府经营的企业,成了公司的企业"。[①] 在股份公司中,"那种本身建立在社会生产方式的基础上并以生产资料和劳动力的社会集中为前提的资本,在这里直接取得了社会资本(即那些直接联合起来的个人的资本)的形式,而与私人资本相对立,并且它的企业也表现为社会企业,而与私人企业相对立。这是作为私人财产的资本在资本主义生产方式本身范围内的扬弃"。[②] 当然,股份公司制度的出现并不意味着企业制度变革的完结,企业制度还需要在实践中继续变革、发展。

与企业法律制度改革比较,企业管理制度的变革则要经常得多、频繁得多。企业管理制度包含的内容十分丰富。以对企业具有普遍影响的企业管理组织结构为例,它也是在不断变革的。从19世纪末到20世纪初,企业普遍采用的是直线制,企业由业主个人集权管理。业主主宰整个企业,对企业的重要事情直接决策、指挥,专门的管理人员较

---

① 马克思:《马克思恩格斯全集》第25卷。
② 同上。

少，它们的作用也很有限。从本世纪初开始，随着企业规模的扩大和管理工作越来越复杂，管理组织结构开始变革，直线制逐渐被集权的职能部制和直线-参谋组织结构取代。到20世纪20年代，不少企业开始向产品多样化方向发展，原来的管理组织结构越来越不适应这种变化，于是产生了事业部制。后来，随着不少企业向跨国公司方向发展，又产生了超事业部制、矩阵制等集权和分权相结合的管理组织结构。现在为了适应新形势的要求，西方市场经济国家的管理组织结构正在向多样化方向发展。企业管理组织结构的每一次重大变化也促进了企业其他管理制度的变革。

管理方法也在不断进行变革。企业管理既是一门科学，又是一种艺术，特别是在当代，人们将管理学、数学、经济学、行为科学、政治学等学科的知识和原理运用到企业管理中来，使企业管理的方法发生了革命性的变化，计划与决策、生产管理、质量管理、技术管理、物资管理、销售管理、财务成本管理、人事管理等方面，都产生了许多新的管理方法。比如，在质量管理方面，从事后质量检验阶段、质量统计阶段发展到全面质量管理阶段，从而引起了质量管理方法的根本性变化；在生产管理方面，采用了先进的看板管理、成组技术等管理方法，也使管理方法发生了重大变革。

管理手段的变革也是企业改革的一项重要内容。特别是计算机在企业管理中的广泛运用，为管理决策和各种专业管理提供了准确、迅速、详细的信息和资料，大大提高了决策的质量和其他管理的水平。

从上述企业改革的内容不难看出，任何正确的措施无疑都会促进企业管理工作的加强和管理水平的提高。

2. 企业管理能巩固、改善和发展企业改革的成果。由于企业改革是企业法律制度、企业管理制度、管理方法和管理手段等方面的重大的革命性的变革，因此改革总是具有创造性、试验性、冒险性、阶段性等特征，而企业管理则是艰苦细致的经常性的工作。任何改革措施都必须变为具体的管理制度、管理方法，并在实践中贯彻落实，因此，管理不仅会巩固改革的成果，而且会使改革措施在实践中不断完善、发展。

3. 企业既要重视改革，又要重视管理。从上面的分析可以知道，改革和管理既存在密切的联系，又存在一定的区别。因此，既要重视改革，又要重视管理。不能以改革来代替管理，或以管理来代替改革。特别是当前我国处在经济体制改革转轨的特殊时期，更要处理好改革和管理的关系。要坚持把改革放在首位，以改革来促进企业管理工作的改善和企业管理水平的提高。这是因为：

（1）我国的企业改革是以转换企业经营机制为中心环节进行的。有些时候，西方市场经济国家的企业改革也会涉及企业制度和企业机制的改革，但是在更多的情况下，它们的企业改革只是管理制度和管理方法的改革。我国现在处于经济体制的转轨时期，经济体制改革的目标是要建立社会主义市场经济，这就要求必须有适应这种经济体制的企业制度。但是，我国传统的国有企业制度是适应高度集中的计划体制而建立起来的，它们只具有适应高度集中的计划经济体制的经营机制，而缺乏适应社会主义市场经济的经营机制。因此，我国企业改革的头等大事，就是要改革传统的企业制度，建立一种适应社会主义市场经济的新的企业制度，以转换国有企业的经营机制。在对国有企业的制度进行改革、转换国有企业机制的过程中，也一定会涉及企业管理制度的改革，比如国有企业进行公司化改组，就要改革国有企业原来的一些管理制度，建立与公司制度相适应的法人治理结构、成本会计制度、分配制度，等等。当然，也会涉及管理方法、管理手段的改革。但是这些改革不少是由于改革企业制度、转换企业经营机制所引起的，它们是围绕企业制度改革而展开的。

（2）我国的企业改革是将改制、改组和改造结合进行的。所谓改制就是转换企业的经营机制;改组就是企业组织结构(西方称作产业组织结构)的调整,包括组建企业集团,鼓励企业之间的兼并、合并以及发展各种联合、协作关系等等;改造就是企业的技术改造。如上所述,当前,资本主义国家的企业主要是以改革管理制度、管理方法和管理手段为主,企业的兼并、合并也时有发生,但是它们并不涉及企业制度和企业机制的变革。

(3)我国的企业改革是和其他改革配套进行的。在西方市场经济国家,改革是企业自己的事情,在许多情况下,又只涉及管理制度、管理方法和管理手段的改革,所以企业改革不存在配套的问题。而我国的企业改革就不同,我国的企业改革只是整个经济体制改革的一个重要的组成部分,它不仅要和计划、投资、财政、金融、流通、外贸等宏观经济体制改革配套进行,而且要和劳动用工制度、分配制度、福利制度等企业的其他改革配套进行。不对这些体制进行改革,企业改革就不能深入,企业改革的目标就不能实现。

正因为如此,我国许多著名的企业家都很注意处理改革和管理的关系,他们既是著名的管理专家,又是改革家。比如,中纺机总公司董事长兼总经理黄冠从就是这样的著名企业家。他在上海二纺机股份有限公司时,发扬改革创新精神,抓住时机,对这个企业进行了公司制改造,转换了企业机制,使这个企业的经济效益显著提高。他调任原中国纺织机械厂后,又积极争取各方面的支持,在很短的时间里将这个企业改造为一个股票上市的合资企业。同时,对公司内部组织结构进行了大改组,将一些具备独立经营条件的生产单位分离出去,让它们变成总公司的子公司,进行独立经营,从而大大调动了这些经营单位的积极性。他调任上海太平洋集团公司后,又继续大胆进行改革。杭州万向节厂的著名企业家鲁冠球也是一位改革家。在他的企业里早就进行了用工制度的改革,实行了正式工、合同工和临时工等三种形式的用工制度，而且根据企业的需要和职工的表现，这三种形式可以转换，即临时工可以变为长期合同工，长期合同工可以变为正式工，反之亦然。而且他还大胆对企业制度进行了改革，较早地将万向节厂改组成了股份有限公司，理顺了企业的产权关系，转换了企业机制，使企业获得了更快的发展，它的产品不仅畅销国内市场，在国际市场也颇受欢迎。

（二）企业管理与企业发展

1. 企业管理是企业发展的重要保障。随着科学技术的发展，生产社会化程度的提高，人们对管理越来越重视。在西方市场经济国家，企业无不把提高管理水平放在非常突出的地位。有的把管理、科学和技术看成是现代文明的"三鼎足"，看成是关系企业能否存在和发展的"三根支柱"；有的把科学管理和现代化技术比作经济高速增长的"两个车轮"；有的把管理比作电子计算机系统中的"软件"；还有的把管理看成是一种与有形的物质资源并存的无形的物质资源。人们如此重视管理，是因为管理和科学技术一样，是促进企业发展的一种非物质要素的生产力，是企业发展的重要保障。马克思指出："不论生产的社会形式如何，劳动者和生产资料始终是生产的因素。但是二者在彼此分离的情况下只在可能性上是生产因素。凡要进行生产，就必须使它们结合起来。"[1] 马克思还指出："一切规模较大的社会劳动或共同劳动，都或多或少地需要指挥，以协调个人的活动，并执行生产总体运动——不同于这一总体的独立器官的运行——所产生的各种职能。"[2] 把劳动者和生产资料结合起来的正是管理。它对生产力的三个物质要素劳动者、劳动工具和劳动对象起着一种全局性的组织作用，具有使潜在的生产力转化为现实的生产力的功能。换句话说，管理是结合各种生产要

---

[1] 《马克思恩格斯全集》第 24 卷。
[2] 《马克思恩格斯全集》第 23 卷。

素的纽带,没有管理,就没有生产劳动。没有生产劳动,也就无所谓生产力。从这个意义上说,管理、科学技术是比劳动者、生产资料层次更高的生产力要素。

管理既然是生产力的要素,它对企业的发展、企业经济效益的高低必然会产生重要的影响。现在一些企业家认为:在一个企业里,如果投资占一分,科技占三分,管理则占六分。国外一个研究机构提供的资料表明:在一个现代化企业里,每增加一名合格的体力劳动者,可以取得1∶1.5的经济效果;每增加一名合格的技术人员,可以取得1∶2.5的经济效果;而每增加一名有效的管理者,可以取得1∶6的经济效果。我国有关部门的测算表明,我国的工业固定资产每增加1%,生产只增长0.2%;工业劳动力每增加1%,生产只增长0.75%,而每增加1%的训练有素、懂管理、会经营的管理人员,企业的生产则可以增长1.8%。[①]

以上分析说明管理对企业的发展和企业经济效益的高低有重大影响。在一个企业里,如果管理水平低,生产要素得不到合理运用,职工的积极性得不到很好发挥,企业就不可能获得健康、迅速的发展。

2. 企业发展要求不断加强和改善企业管理。良好的管理能促进企业发展,企业的发展又要求加强企业管理。企业发展既表现为企业生产经营单位、生产线、职工人数、产品品种、产品数量、销售收入、地区分布等"量"的扩张,也表现为先进工艺的采用、先进技术和装配的引进等"质"的提高。这两方面都要求加强企业管理。特别在企业的高速增长期,企业各个方面都发展很快,如果企业的管理跟不上去,就会出现"增速不增效,增产不增收"的局面,让管理拖了企业发展的后腿。以日本为例,它从50年代初开始大量引进美国的先进技术,但是管理问题没有引起企业的足够重视,结果虽然从美国引进了先进技术,产品

---

① 《管理科学文选》1985年第22期。

产量、劳动生产率和成本水平却大大落后于美国。在50年代后期，企业通过总结经验教训，在学习美国先进管理方法的基础上，创造了一套以提高产品质量和服务水平为中心的现代管理方法，从而使企业获得了迅速发展，对整个日本经济的腾飞也起到了很好的作用。我国也存在类似情况，一些企业花巨资从国外引进了先进设备、技术，扩大了企业的规模，但由于管理和其他工作没跟上，却不能很好发挥这些技术和装备的作用，经济效益也不理想。

（三）企业改革与企业发展

1. 企业改革是促进企业发展的强大动力。企业改革能解放和发展生产力。当一种企业制度阻碍了企业生产力发展的时候，改革这种企业制度就能起到解放生产力的作用。所以，合伙企业、公司企业，特别是有限责任公司和股份有限公司的出现都起到了解放生产力的作用。我国的传统的国有企业制度已不适应社会主义市场经济发展的要求，用现代企业制度来代替传统的国有企业制度也必将起到解放生产力的作用。

建立新的企业制度是对企业生产关系的革命性的变革。但是，新的企业制度的建立，并不意味着改革的完结。企业在新的企业制度下发展，还会出现许多新的问题。比如，企业规模扩大了，就要相应改革企业的组织结构，处理好集权和分权的关系。随着企业在国外业务的增加，企业会由一个国内公司向跨国公司发展，必须建立与这种公司形式相适应的管理体制。企业在发展过程中也还会对管理方法和管理手段等进行不断改革，使新的企业制度能得到完善、巩固和发展。所以，企业管理制度、管理方法和管理手段的改革能起到发展生产力的作用。

2. 企业的发展是检验企业改革措施的试金石。企业改革的各项措施,必须落实到企业发展上。衡量各项改革措施是否正确,没有别的标准,就是要看它是否促进了企业的发展。凡是正确的改革,必然有利于企业的发达和生产的发展,有利于企业实力的增强,有利于企业人员素质、技术装备素质、管理素质的提高,有利于企业经济效益的提高。

参考文献

吴敬琏:《大中型企业改革:建立现代企业制度》,天津人民出版社 1993 年版。
周叔莲、陈佳贵:《市场经济与现代企业制度》,经济管理出版社 1994 年版。
和铭、梁玉年:《美国企业管理》,三联书店 1979 年版。
吴德庆、邓荣林:《美国企业经营管理学》,中国人民大学出版社 1987 年版。
王北辰等:《现代企业经营与发展战略》,经济管理出版社 1987 年版。
龚维政:《美国垄断资本集中》,人民出版社 1986 年版。
郑海航:《企业组织学导论》,中国劳动出版社 1990 年版。
陈志宏:《企业家的新观念》,上海社会科学院出版社 1993 年版。
史正富:《现代企业的结构与管理》,上海人民出版社 1994 年版。
金爱华等:《比较管理学》,经济管理出版社 1990 年版。
《当代国外发展考察与研究》,中国社会科学出版社 1993 年版。
伯利:《现代股份公司与私有财产》,台湾银行出版社 1981 年版。
雷蒙德·弗农、小路易斯·T. 威尔斯:《国际企业的经济环境》,上海三联书店 1990 年版。
彼得斯、沃特曼:《成功之路》,中国对外翻译出版公司 1985 年版。
哈罗德·孔茨、西里尔·奥唐奈:《管理学》,贵州人民出版社 1982 年版。
乔治·H. 拉博维茨:《管理与生产率》,经济管理出版社 1988 年版。
利普西:《经济学》第 9 版,纽约,Harper & Row 出版公司 1993 年版。
R. 库姆斯、P. 萨维奥蒂、V. 沃尔什:《经济学与技术进步》,商务印书馆 1989 年版。
尼尔·胡德、斯蒂芬·扬:《跨国企业经济学》,经济科学出版社 1994 年版。
P. J. 巴克利、M. 卡森:《跨国公司的未来》,伦敦,麦克米兰出版社 1976 年版。
J. H. 邓宁:《国际生产和跨国公司》,伦敦,艾伦与昂温出版社 1984 年版。
克拉潘:《现代英国经济史》(下卷),商务印书馆 1977 年版。
埃尔文·格罗赫拉:《企业组织》,经济管理出版社 1991 年版。

F.F.舒马赫:《小的是美好的》,商务印书馆1984年版。
藤芳诚一:《蜕变的经营》,泉文堂1978年版。
若山富士雄、杉本忠明:《丰田的秘密》,北京出版社1978年版。
江夏健一:《全球战略——竞争优势的再构造》,诚文堂新光社1988年版。
拉格曼:《跨国公司和内部化理论》(日文版),密奈鲁巴书房1983年版。